桂城（平洲）粤剧、粤曲名家

二 氍毹伉俪——白超鸿、林小群

桂城（平洲）粤剧、粤曲名家编委会 编

SPM
南方传媒
广东人民出版社
·广州·

图书在版编目（CIP）数据

桂城（平洲）粤剧、粤曲名家 / 桂城（平洲）粤剧、粤曲名家编委会
编 . —广州：广东人民出版社，2022.6
ISBN 978-7-218-15796-2

Ⅰ . ①桂… Ⅱ . ①桂… Ⅲ . ①粤剧—戏剧家—列传—南海区 ②粤
曲—音乐家—列传—南海区 Ⅳ . ①K825.78

中国版本图书馆CIP数据核字（2022）第101164号

GUICHENG（PINGZHOU）YUEJU、YUEQU MINGJIA

桂城（平洲）粤剧、粤曲名家

桂城（平洲）粤剧、粤曲名家编委会 编

出 版 人：肖风华

责任编辑：梁 茵 胡 萍
封面设计：集力书装
责任技编：吴彦斌 周星奎

出版发行：广东人民出版社
地　　址：广州市越秀区大沙头四马路 10 号（邮政编码：510102）
电　　话：（020）85716809（总编室）
传　　真：（020）85716872
网　　址：http：//www.gdpph.com
印　　刷：广州市豪威彩色印务有限公司
开　　本：787mm×1092mm　1/16
印　　张：22　　字　数：300 千
版　　次：2022 年 6 月第 1 版
印　　次：2022 年 6 月第 1 次印刷
定　　价：128.00 元（全三册）

如发现印装质量问题，影响阅读，请与出版社（020-85716849）联系调换。
售书热线：（020）87716172

桂城（平洲）粤剧、粤曲名家
二 氍毹伉俪——白超鸿、林小群

编委会

主　　任：曹莉敏

副 主 任：江国强　何　政　金　珺

委　　员：陈小梨　李耀安　梁锦江　郑　迅
　　　　　谢安流　莫庆棠

执行主编：崔颂明

副 主 编：梁春凤　张嘉丽　叶明芳　关紫君

编　　务：孔妙然　张棣怡　李易彪　范家强
　　　　　程子浏

　　在中央大力倡导弘扬中华传统文化精神指引下，在桂城街道党工委有力领导和桂城文化发展中心积极推动下，2017年，《百年大戏传天下——桂城（平洲）粤剧粤曲今昔》《乐群英童子班图卷》和桂城粤剧艺术馆先后问世，引起区内外人士广泛关注，获得各方好评，广大父老乡亲奔走相告，引以为荣。文化是一个地区综合竞争力的重要组成部分，是经济持续发展的有力后盾，也是提升国民素质的基本途径，更是社会精神文明的重要体现。文化被称为软实力，恒久深远，力量无穷。桂城街道党工委因应时代潮流的发展，有眼光、有见地，继续大力推进本地文化事业走向新高度，在积极开展群众性文化娱乐、戏曲活动的同时，把握时机，投入力量，对桂城（平洲）地区戏曲史料进行深入挖掘、整理，组织乡亲及有志之士，从长计议，计划出版一套系列丛书，全面彰显有"粤剧摇篮"之称的桂城（平洲）的灿烂辉煌。不断扩大影响，启迪、激励后人，进一步深入普及岭南传统文化，广泛传播精神文明，为桂城留下永恒记忆，也为地方戏曲史料汇集贡献力量，功在千秋。

　　粤剧发源于珠江三角洲地区，是我国重要的地方剧种之一，2009年经联合国教科文组织批准，被列入"人类非物质文化遗产代表作名录"，获世界公认。桂城（平洲）地处佛山南海腹地，与广州相邻，具有独特的人文优势。一百多年来，在这片沃土上，粤剧名家辈出，先后有金山和、林超群、林小群、白超鸿、林慧、林锦屏、金枝叶、靓少佳、梁醒波、陈卓莹、陈仲琰、叶大富、叶兆柏、梁玉嵘、麦穗秀等戏曲名家，为粤剧的形成、发展作出了贡献，为世人瞩目。这些艺坛精英，大多数出现在20世纪初叶，处于粤剧大发展、大变化时期，正值由"戏棚官话"转变成广州话本地方言，本地戏班发展、壮大取代外江班，粤剧从农村进入城市戏院、剧场演出，最终步入粤剧本土化的成熟期。这些老一辈伶人都是历史的参与者和见证人，承先启后，继往开来。逐一总结、整理每一位行家的艺术生涯，有着丰富的内容和史实，对于研究、考察、充实粤剧发展史都有重要的历史意义和宝贵价值，也有利于地方文献的不断汇总、积累，为后世借鉴、参考。

　　编写这套书，本着求真务实精神，以史料为依据，本地戏曲名家为传主，寓知识性、趣味性、学术性于一体，通俗易懂，雅俗共赏，图文并茂，具有可读性。让我们协力同心，为桂城文化事业贡献绵力。

崔颂明

2021年3月　南海桂城

氍毹为毛织的布或地毯，旧日演戏多用来铺在戏台地上，广东人习惯叫地毡，故此"氍毹"常用借指舞台，或泛称戏班。

在岭南大戏舞台上，有一对夫妻相濡以沫、休戚与共，双双献身于粤剧艺术七八十年，耄耋之年，仍不离不弃，孜孜以求，实为艺坛所罕见，这就是白超鸿、林小群伉俪，为广大戏迷所瞩目。

白超鸿、林小群于20世纪50年代中叶在广州结婚，迄今已60余年。天作之合，金玉良缘。他们两人的姻缘有巧合的"四同"，这就是：

同为广东南海平洲（今桂城）乡里，两村毗邻，近在咫尺，鸡犬之声相闻，尽管他们离开家乡多年，但乡梓情深，终生不忘；

同样学戏，继承父业，白超鸿随父亲金山和做小生（文武生），林小群跟父亲男花旦林超群做花旦，他们从艺的行当不同，但都勤奋、诚心、执着，先后扎起，各有建树，成为名家，蜚声海内外；

同袍戏班，从广州民营"太阳升"剧团到广东粤剧院，一起共事数十年；

　　同为岭南戏班的一对寿星，晚年身体健康，思维清晰，记忆力强，老当益壮，练功不辍，唱腔始终保持，是他俩高寿幸福之所在，堪称岭南艺坛的奇葩，令无数人所向往。

　　20世纪80年代末，白超鸿、林小群从广东粤剧院退休，后离开广州，移居美国华人聚居地旧金山。不久，应当地华侨要求，再度粉墨登场，开腔唱曲，传播、讲授粤剧艺术，并参与、主持美西八和会馆工作多年。"群鸿剧艺"在异国他乡焕发青春，比翼齐飞，经过近30年辛勤耕耘，在远离祖国万里之遥的北美地区，培育了一众高素质的粤剧、粤曲人才，获所在地州议会表彰。

　　他们诚心、自觉地继承了平洲粤剧科班精神，不愧是百年大戏传天下的忠实践行者和领头人，为粤剧艺术在海外华人社区广泛传播作出了不朽的贡献。

目 录

晚晴篇

白超鸿篇

第一章

双双反叛
同行小生

在珠江三角洲腹地南海平洲（今桂城）东南部有个梅园村，始建于元代，陈氏族人南迁而来。沿河村两岸聚居繁衍，成为一个兴旺的村落。明末清初，当地有富户围地数十亩建起庄园种植杨梅树，故名梅园。

清道光年间，平洲开辟梅园新圩，又在村内办私塾、小学，故又称新圩、书楼坊，富有书香氛围。旧时，该村曾建陈氏宗祠（观察祠），存有"国土书室"牌匾，并有平洲旧八景之一的"社坛樵唱"。在一片空阔的田园地带，坛上安有社稷之神，人称"大社"，不少挑夫、樵夫在此歇息，有人在此吹笛哼曲，吸引当地民众围观聚听，催生了戏曲艺术萌芽，孕育了一众戏班人才。

梅园陈福三（1865—1964），艺名金山和，本是个富家公子，其父是开设布铺及生熟烟铺的巨商，在佛山、广州、香港都有店铺。他少年时是西关阔少、太子爷，父亲本希望他继承父业，所以让他读了不少诗书之后，便叫他到店中学做生意，练习打算盘。但对于父亲这份好意的安排，他并不愿意。由于当时许多戏人常到店中买烟，因此他认识了不少戏人，久而久之，对演戏发生了兴趣。他是个读过不少书的人，学唱戏很容易上手，不久，他如愿地粉墨登场，做起老倌，不再学习从商了。这个改变，给了他父亲很大的刺激，但奈何不得，后来只有任他去演戏。福三违背了父亲的初衷，16岁那年到"乐韵英"戏班学戏，22岁担正印小生，以艺名小生和前往越南（时称安南）堤岸演大戏。24岁往日本、加拿大、温哥华、美国旧金山及檀香山等地演出，从此取名金山和。他晚年曾接受访问，回忆自己第一次远涉重洋的光景。他说，当年和全戏班人马，是坐一艘大木船去的，花了7个月的时间才抵达旧金山，途中挨了不少风浪，曾经吃了不少咸水饭（因缺淡水）。"那种滋味真够受。想起当年的勇敢和傻劲，现在我还佩服自己的意志坚强呢。"他在旧金山演出3年才回国，到了35岁时，又再度去旧金山演出，年余便返。他的第三次出洋是在40岁，在檀香山演戏时，适逢梁启超和康有为避难海外。金山和受了新思想影响，组织了志士班，利用粤剧舞台空间以古讽今，令侨胞认识到清廷时政败坏。此后，金山和奔走于广州、港澳和华南各地演出。其拿手好戏除《柴桑吊孝》外，就是《石狮流泪》。戏中，金山和对着石狮指桑骂槐，痛斥清廷腐败，祸国殃民，迭诉疾呼，石狮听后也感动流泪。因此触怒了清政府而被逮捕入狱，过了3年的政治牢狱生活。金山和出狱后，便辍演，回到故乡平洲。

金山和退出舞台，但他不忘粤剧。在平洲，他出钱出力，创办了一个名为"乐群英"的科班，由妻子李自莲料理学生的生活。这个科班培养出不少名演员，如林超群、金枝叶等，为岭南大戏传天下作出了巨大贡献。

1938年，广州沦陷，兵荒马

二十世纪二十年代戏桥（海报）
金山和演出的戏桥（郑迅翻拍）

二 氍毹伉俪——白超鸿、林小群

白超鸿篇

香港八和会馆理事合影，左四为关德兴，左五为金山和（郑迅翻拍）

乱，百业萧条，宁静的乡间生活再不能继续下去了。金山和举家迁往香港，几经周折，定居在九龙弥敦道大华戏院楼上。他有六子六女，其乐融融，安享晚年。他为人正派，生活有规律，健谈而风趣。他对粤剧不离不弃，戏班演出前，常到后台跟工作人员打招呼，关怀备至。戏班同行对这位老前辈十分尊重，都会"和叔"前"和叔"后地叫着他。因为他为人真如其名，和蔼可亲，是个慈祥长者。他还会替一些粤剧戏班管理财务，积极参与香港八和会馆的事务。到了95岁高龄，他还出席大小粤剧活动。因他是粤剧的老叔父，不少粤剧班上演，都会请他去看戏、提意见，给他一份不用工作的顾问费，可见他在粤剧界中的地位。

1960年2月16日《华侨日报》报道："昨午'八和'（香港八和会馆）第六届理事就职典礼，出席红伶包括有白雪仙、林家声、麦炳荣、陈皮梅等……连任四届主席关德兴致辞，第一句便介绍一位'八和之宝'，他就是金山和。他老人家今年95岁，特别被邀请到大会做监誓官。"

监誓官金山和致辞，他希望"八和"能设立粤剧艺术养成所，训练新人，学习粤剧真正的传统艺术，愿意不辞劳苦传授这些传统艺术。

他热切期望香港粤剧界能同心搞好粤剧，让粤剧艺术在此地开出灿烂之花。

金山和对粤剧掌故、唱念做打都很熟悉。"八和"中人，有什么粤剧疑难之处，要问教于他，他便——解答，因此被称为"八和之宝"。金山和晚年曾将粤剧"江湖十八本"完整地手抄记录，并写下很多关于粤剧的文章，在病榻中交予儿子白超鸿。可惜这些珍贵的文稿，在"文革"中被烧得了无痕迹。

🎭 粤剧知识

香港八和会馆 1953年，香港八和会馆在广东八和粤剧职业（公）会（八和会馆）香港分会的基础上于香港注册成立，为香港粤剧工作者的团体组织。历任会长有新马师曾、关德兴、何非凡、梁醒波、麦炳荣、黄炎、陈剑声、汪明荃等。有香港"花旦王"之称的芳艳芬热心八和公益，慷慨捐出九龙旺角砵兰街一个住宅单位，作为香港八和会馆的永久会址，是创馆的"功臣"，被选为香港八和会馆永远名誉会长。香港八和会馆以弘扬传统粤剧艺术、保障同业权益和生活福利为宗旨，关怀老弱、协助孤寡、祭祀前贤，并积极参与社会公益事务，为推动粤剧人才培训而不懈努力。

🎭 粤剧名家

关德兴（1906—1961），艺名新靓就，广东开平人，13岁到新加坡谋生，拜"普长春"班小生新北为师，17岁在"祝华年"班任第二小武，后在"共和乐"班任正印小武，22岁组织"大罗天"班，与曾三多、林超群、马师曾等合作。两年后自组"新靓就"剧团远赴越南，1933年到美国旧金山大中华戏院演出，以《神鞭侠》名噪一时，并拍摄电影《歌如情潮》。七七事变后，关德兴即投入抗日救国筹款活动，组织救亡服务团，在广西梧州组织八和会馆，被誉为"爱国艺人"。抗日战争胜利后回港，拍摄多部黄飞鸿电影，1957年当选香港八和会馆主席。

二 氍毹优俪——白超鸿、林小群

白超鸿篇

1960年香港《华侨日报》记者徐非采访了金山和，称他为健康而风趣的老艺人。文章写道：

金山和今年95岁了。或许有人以为这样高龄的人，一定一副老态龙钟、精神不振的外表，这样的想象对于他是不大合适，除了那微弯的腰背和记录着风霜经历的脸上皱纹，可以看出他在这世上活了许多日子而显得苍老之外，他的精神好得令人惊奇。他可以坐在圆凳上三四个钟，和你细谈往事，并且说得有声有色，有条有理，不漏一些细节，当谈到他壮年时的一段得意往事，他的眼睛更显得光芒四射，他说呀说呀，不让你插嘴，这不是令人感到惊奇吗？他已是个近百岁的老人了呀。日前，记者和他一谈就是谈了几个钟，他仍毫不觉倦，若不是已经到了晚餐时间，他还不愿停止谈话呢。他为什么如此起劲儿呢？他豪爽地说，这有如酒逢知己似的，把记者看为是他的老友。很显然，他的健康情况很好，他说他的饭量非常大，肚子饿的时候可吃十二两米，而且能够熟睡。不良嗜好中的嫖、赌、饮、荡、吹，除了其中"饮"，他都一无沾染，从此可以理解，他的健康之所以好，就是因为他生活有规律而且正常的缘故，他所嗜好的"饮"也不是狂饮酒徒的那一类。他喝酒，但喝得很讲究，一年春夏秋冬四季，每季他喝的酒不同。比如，春天他喝的是能起祛湿作用的虎骨木瓜酒，冬天则喝补身的参茸酒。他生活愉快和精神好，除了上述几点，还有一个幸福快乐的原因，他有一个美好的晚年，谈到两个儿子，他的语气更带骄傲的意味，别看他年纪已老，而不能工作，他近年还替一些粤剧班管理财务呢。最近他的眼睛由于饮酒多了些而有了毛病，不能很清楚地辨别眼前的事物，因此，没有出外走动。从前，他不时在外边自由活动，因为他是粤剧戏行中的老叔父，粤剧界中人都很尊敬他。有不少粤剧班，每届上演都请他去看戏、提意见，给他一份不用工作的薪金。比如任白（任剑辉和白雪仙）主持的"仙凤鸣"剧团，每届演出都给他每天五元，作为他当顾问的酬劳。这可想见他在粤剧界中的地位。

金山和的第九个儿子陈永熙（熙仔）移居香港后，入读九龙喇沙书院，该校创建于1932年，由七位修士共同管理，艾玛修士成为首任校长，是香港名校之一。金山和希望熙仔在学校接受系统的新式教育，提高文化素养，日后成为一个有文化、自觉、自信的专业人才。

其间，熙仔都随着父亲金山和在家，呆呆看着父亲在家打扬琴，或帮父亲整理剧本，渐渐对粤剧艺术产生了兴趣。那时候虽然香港的戏剧市场不景气，有"小生王"之称的白驹荣由于有市场影响力，时有演出。白驹荣住在港岛铜锣湾附近，每到九龙演出的时候，他就一定到大华戏院和叔家住。一日，白驹荣与金山和闲谈，问金山和："你让儿子跟你学戏呀！"金山和说："学戏不成三大害，我是不会让儿子学戏的。"金山和态度异常坚决。在戏行，子承父业、薪火相传是一个惯例，可能是金山和由于做戏不如意的经历，对他打击太深了，才坚决不让儿子学戏。当时熙仔在父亲身边，白驹荣仔细看了他上下，只见他五官端正，一表人才，便脱口而出："为什么不让他学戏呢？"顿时，金山和百感交集，他说："我已经挨了这么多苦，不想他再传承自己的艺术，不希望他再受苦。如果他要学戏，我就用药，让他变成哑巴。"

白驹荣与金山和毕竟算是同道中人，私交甚笃，也是很理解金山和的，白驹荣耐心地说服金山和让儿子学做戏。白驹荣说："不是吧！如果他是人才的话，那就应该让他去学做戏，因为我们大家都是搞粤剧艺术谋生的，如果你儿子学有所成，也算是一条生路，做人不能这样固执，浪费大好人才。"金山和沉默良久，最后，默许了儿子学做戏。白驹荣趁金山和默许的机会，让熙仔试唱，看他的声音怎么样，那时他由于不懂得唱粤剧，就唱了首英文歌。白驹荣听后连声说："有声、有样、可造之材。"决定收他为徒。

后来，白驹荣对金山和说出了原委。原来，当时白驹荣的眼睛视力已经不怎么好了，很想找一个好学生来照顾自己，帮手抄曲谱。当时，熙仔信心满满地对父亲说："如果我学戏不成，两年不成名，我就回来读书或工作。"金山和见儿子这么大决心，就应允他学戏了。

时空叙写血脉轮回，少年气盛的熙仔选择粤剧艺术，入行年纪竟也是与其父亲相同，都是16岁，皆是充满梦想的少年时代。而白驹荣是白超鸿的开山师父，对其艺术的发展、人生的价值观之影响，也许是命也运也！

🎭 粤剧名家

白驹荣（1892—1974），原名陈荣、字少波，广东顺德人。其父陈厚英是粤剧演员，白驹荣9岁丧父，只读了4年书，后当店员。19岁到倡导粤剧改良的"天演台"戏班学戏，1912年在吴友山组建的"民寿年"班任第二小生，不久升为正印小生。1913年，白驹荣进入"国丰年"班。他演出《金生挑盒》时，精心设计开朗谐趣的书生形象，并用广州话演唱部分唱段，观众反响热烈。1915年，白驹荣在"国丰年"班任正印小生，经小武周瑜林指点后，技艺大进。1917年，他转入"周丰年"班任正印小生，在澳门、香港上演《再生缘》。他饰演的皇帝特别吸引观众。其后他与千里驹合作，主演《金生挑盒》《泣荆花》，剧中他创造了"八字二黄慢板"，丰富了粤剧的唱腔板式。他演唱的南音《客途秋恨》就是戏曲瞽师（失明艺人）的"扬州腔"，形成风格独特的"白腔平喉"。中华人民共和国成立后，白驹荣担任广东粤剧院艺术总指导、广东粤剧学校校长，培育了大批粤剧接班人。

白驹荣收徒仪式在九龙大华戏院的后台举行。拜师后，实际上，他就什么都没有教。因为他演的是文戏，他就把"把子"给了熙仔，让他向"大碌木"学。对熙仔说："那你就是我的开山徒弟了。入行就靠师父，修道就要就靠自己啦。"这句话熙仔记得很深刻，师父只能带你入行，你成不成名、成不成才，就要看你自己努力不努力了。既然入了这行，当然是要努力了。奇怪的是，熙仔进了剧团，大家都很喜欢他。他也很尊重这些前辈，他们叫他做什么他就做什么，像从上环跑到中环去买东西之类，什么都干，什么都做。师父教他，他认真学，也向大家学。最初是帮师父抄剧本，在抄剧本中学唱腔，学念口白，在虎度门看看老倌做戏，有样学样地学些基本功。兵仔没

金山和
（郑迅翻拍）

有跑过，很快就跟着师父开口唱，第一次上台开口通报，吓得他要死了。先喝凉水镇惊，喝完了以后还发抖，一出舞台，开口说："参见大人。"第二句就忘了。第一次踏台板失败的教训，使他深感艺术非要苦练功夫不可。香港沦陷后，由于内地难民大量迁入，香港人口达160多万，粤剧市场曾有短暂的繁荣，熙仔有机会在"胜寿年""大龙凤"等剧团与名家合作演出，从中偷师学艺。

有幸粉墨登台、当众表演是艺人的崇高心愿。熙仔苦思冥想，要为自己取个响亮的艺名，当年他心中的偶像除了师父白驹荣之外，还有当红的罗品超和陆飞鸿。他取的艺名就是选白驹荣的白、罗品超的超、陆飞鸿的鸿，各取一字，取名白超鸿。回忆起取艺名的经过，他风趣地说："我日思夜想，终于有一天在厕所里想到的，尽管自己很满意，但说出来似乎有些不雅呀。"白超鸿取白驹荣的唱腔及口白之长，学罗品超在传统南派基础上吸收北派的优势，模仿陆飞鸿的短打扮相，努力形成了自己的艺术风格。18岁那一年就成为"大龙凤"剧团的正印小生，在省港粤剧界初露头角，能与当年的著名花旦如秦小梨、芳艳芬、陈非

二　氍毹伉俪——白超鸿、林小群

白超鸿篇

侬、卫少芳、邓碧云等同台演出，特别与芳艳芬合作得最长久。父亲见到儿子只用了年余时间便开始扎起、成名，自然感到无比欣慰。熙仔非常喜欢白驹荣的舞台表演艺术，其中最有名的戏之一，是《宝莲灯》里《二堂放子》的一场戏，其中四句滚花唱到观众动容。当年《二堂放子》的几句滚花是由熙仔读曲给他听的，他每天早上都练曲。喝一杯茶，唱一遍。徒弟坐在他身边，每天都听他唱，每唱一遍，他就问熙仔一次："可以吗？感情出来了没有？"师父对艺术精益求精，令熙仔学艺更加刻苦、自觉、勤力。

白超鸿踌躇满志，暗下决心做个戏班"领军人物"文武生。在粤剧历史上，有小生和小武行当，其实"六柱"中的小生行当也可以是文武生，其演出章法与文武生无异，但小生行当在剧行中永远是第二线人物。在20世纪30年代前后，小生行当也都不是人人皆兼擅武场的，如白驹荣，他只演文场戏，连拿起一把刀冲来冲去都做不了。但这并不表示他缺乏功底，相反，白驹荣演文戏的卓绝，正由于他的功底好，受过武功底子训练，所以，文戏也得"武做"。

"文武生"行当的出现是有其历史故事的。早期著名小武靓少华，其后他自称"文武生"，是粤剧首个用"文武生"头衔的老倌。靓少华在自组"梨园乐""大中华"等大班时，邀请著名小武靓仙合作，把正印小武的头衔让给靓仙，自己却另立一个新称谓"文武生"，意为能文能武，兼演小生、小武两个行当的戏，在戏班的宣传海报上，把文武生列于小武之前。此后，省港澳粤剧戏班群起效仿，于是文武生就风行于粤剧舞台了。

文武生是粤剧的新兴行当，也是最具粤剧特色的行当。在全国各地剧种中，也唯有粤剧特别看重文武生。文武生既是全班的"领军人物"，又是男主角，或更确切地说，这一角色的重要性，其实主要还是这一行当作为全剧主角的事实，从30年代初靓少华等老倌始为第一辈文武生，白超鸿应该是第二辈，是承先启后的杰出人物之一。

白超鸿较注重表演，注意感情，重视对角色的揣摩，如他演《王宝钏》一剧，"别窑"时他担当小武，到"回窑"一场，则担当须生，是一个较成功的文武生角色。

20世纪40年代中后期，白超鸿在舞台上扮相靓，"寸度"好，尤其是武打中的"把子"，能做到眼到、手到、脚到、枪到，干净利落，演武戏威风凛凛，做文戏时则风流倜傥，凭着扎实的基本功，能文场武做、武场文做，成为著名省港大班的一颗艺术新星。后来回内地就和白玉堂、李海泉、罗家权这些大腕合作，扎得快，上得快。白超鸿说："当时我是个很帅的美少年，人才不多，很难找到这样的小生，自己深感自豪与骄傲。"

沐浴春风
剧坛新星

第二章

20世纪三四十年代是粤剧鼎盛时期，在竞争中出人才、出名剧、出名牌大班。在此期间，广州、香港、澳门等地演出的省港大班就有：薛觉先、上海妹的"觉先声"剧团；马师曾、红线女的"太平"剧团；白玉堂、卫少芳的"兴中华"剧团（后"大龙凤"剧团）。刚成名的白超鸿在白玉堂领衔的"大龙凤"剧团受益匪浅。该团阵容强盛，文武生白玉堂、正印花旦芳艳芬、武生黄君武，剧目有《万马拥天门》《雷峰塔》《鱼肠剑》《黄飞虎反五关》《文姬归汉》等。几十年过了，白超鸿还对《雷峰塔》一剧，在舞台布景、唱腔音乐等方面的推陈出新如数家珍。如该剧第四场西湖景是下真雨的。芳艳芬演的白蛇唱做俱佳，后来成了她的首本戏。

粤剧名家

白玉堂（1901—1994），原名毕焜生，又名毕剑南。广东花县（今广州花都区）人，12岁到广州戏班学艺，一年后开始登台，19岁任正印小生。22岁时，他在《五鼠闹东京》中饰演锦毛鼠白玉堂，演来惟妙惟肖，备受赞赏。从此改艺名为白玉堂，应工小武。白玉堂唱功老到，运腔流畅，文武双全，武打功底深厚，发展了南派"四星""打藤牌""场胜败"等排场的武功，功架扎实，动作利索，有"小武状元"之称。有一次击乐师配合他的威猛表演，一晚竟打破两面大铙，一时传为戏班佳话。1936年，他与曾三多、林超群组班，演《黄飞虎反五关》，"逼反"一场，设计叠罗汉套路，一跃两三尺，站于人墙上亮相，突出将军的威风，令观众叹为观止。白玉堂的表演艺术被称为粤剧五大流派之"白派"。

白超鸿回忆起与名家前辈共事的日子，深有感触地说："那时候，罗家宝与我是同时出道的。我做正印小生，他是第二小生。白玉堂对我们两个都非常严格，每天早晨，要我们跑步，跑跑跑，跑完了就上山去练声、喊声。两个人斗喊，在山上，要喊到山脚都听得到。如果你在舞台上喊，我在最后一排都要能听得见，那时候是在剧场，相隔很远的嘛，天天就这样喊，勤学苦练。当时，练声，罗家宝喊到顶不顺了。空肚子，没有吃东西，就在那喊，喊到他晕乎晕乎地对着他父亲说：'我不去喊了，行不行啊？我要晕乎了。''衰仔呀，嗯，你想不想扎呀？''每个人都想扎。''那你想扎就要继续喊吧。'"

白超鸿的师父白驹荣是戏班正印小生，早年在香港、澳门上演《再生缘》。他饰演的皇帝特别吸引观众，其后他与千里驹合作主演《金生挑盒》《泣荆花》等剧，更是脍炙人口，被誉为"小生王"。在《泣荆花》一剧中，他创造了"八字二黄慢板"，丰富了粤剧的唱腔板式。白驹荣注意向民间艺术和其他艺术形式学习，他演唱的南音《客途秋恨》就是吸收了失明艺人的"扬州腔"形成风格独特的"白腔平喉"。白超鸿说："我师父的唱功很好，影响巨大，但我好惭愧，没有学好，当时我都没追求，因为自己年轻嘛，就喜欢武打。"

白超鸿仰慕罗品超的艺术造诣，他功底深厚，能文能武。表演刚柔相济，精湛洗练，唱腔高亢激越，优美抒情，而且善于吸纳京剧、话剧、电影和其他戏剧艺术之所长，在继承传统的基础上，大胆创造，力

二　氍毹伉俪——白超鸿、林小群
白超鸿篇

创新声。陆飞鸿其时为桂派之全才人物，能文能武，化妆美妙，一表人才，演技精湛，尤以演马超、吴汉、薛应龙、杨文广等角最为出众，英姿飒爽。以其台风功架而论，有称陆飞鸿台风逼近薛氏（觉先）、工架追桂氏（名扬）之势。

年轻气盛的白超鸿一边做戏，一边明里暗里就跟着这些师父学了很多东西，文戏、武戏都学。把这三个前辈的艺术长处都认真地学，集各家之所长，为我所用。在小生这个角色上努力下功夫，在先后演出的《鱼肠剑》《黄飞虎反五关》《文姬归汉》等古装剧目中均获好评。观众盛赞他戏路宽广，除善演火气十足的小武戏外，还能演温柔多情的角色。白超鸿回顾自己的艺术生涯，恳切地说："我现在告诫那些戏班里的青年，不能光是练武打，唱也是十分重要的，因为出台就要听你的声音，整个晚上做戏都是唱戏。唱功没练好，这是我失败的原因，就后悔莫及了。为什么？我就要总结一下，为什么观众喜欢听唱呢？唱情唱情嘛！看武打戏，打了一下就没有了，是过眼云烟，过后就没有印象了，就算你打得很好，都没有印象。做戏讲'唱、念、做、打'，唱属第一位，是真正传世的艺术。"

白超鸿
（郑迅翻拍）

白超鸿一九六四年《鸳鸯谱》
反串女角剧照（郑迅翻拍）

🎭 粤剧名家

罗品超（1912—2010），原名罗肇鉴，广东南海人。12岁入广州芳村花地孤儿院举办的粤剧班及广州八和粤剧养成所学习，打下扎实的基本功。1930年起，先后在"千秋鉴""九华台""觉先声""义擎天"等戏班担任小生、小武，后进入广东粤剧院，先后与薛觉先、靓少凤、千里驹、余丽珍、红线女、文觉非、郎筠玉、林小群等合作，演出足迹遍及省港澳及东南亚、美国、加拿大及澳大利亚等地。

马师曾说过："马腔是怎么出来的？香港的那些阔太欣赏别的唱腔，而我的唱腔是（面向）下层的观众，他们来看戏，就要打瞌睡。我就咿咿呀呀，把他们弄醒。这就是马大哥唱的乞儿腔。把全部观众弄醒了，这就是马腔的力量。何非凡呢？很多人就说，凡哥的腔是狗仔腔。像狗仔叫。有人问：'你怎么会有何非凡腔啊？'他说：'这样唱，节省体力。'凡哥唱戏，真的是很省力气的。唱下唱下就休息一下，就是偷偷喘气，就像狗仔一样，汪汪叫。"

白超鸿诚心向前辈学，观察、分析他们每个人的特点，从中取其所长，丰富、充实自己。他说："罗家宝很重视声音的保养，每天晚上做完戏就喝杏仁茶，一定要喝，这是养生。林家声后来也慢慢扎起来了，我和他是老朋友，又是师兄弟。有一次，我到香港演出，林家声请我们到扯旗山饮茶。我说你平时做戏怎么样啊？他说：'我有很多规矩，我不睡到六点不上台。我睡不好，就没有声音了。'他练武功也很厉害，他有他的特色，在我们行中应该是没有得说的了，整整齐齐，那些寸度，那些唱功，高点或低点都不成，我们同行看，真是好嘢。他不愧是'万能老倌'薛觉先的杰出弟子。这些与我同辈的戏班老友，各有所长，都值得虚心学习。"

及至抗日战争结束，芳艳芬在广州组建"大龙凤"剧团，演员有芳艳芬、新马师曾、梁瑞冰、绿衣郎和年仅21岁的白超鸿，演出的剧目有《夜祭雷峰塔》《宝玉哭晴雯》《桃花扇》等。芳艳芬扎起当红，表演文静，举止大方，擅演闺秀戏，在《夜祭雷峰塔》的主题曲中，她唱的"反线二黄"圆润柔美，很好地表达了人物的内心感情，受到广大观众的称赞，被认为可与当年李雪芳演唱的"祭塔腔"相媲美，此曲成为日后形成的"芳腔"流派的代表作。由于演员阵容较强，剧目适合演员"戏路"，加上在布景、灯光方面出"新招"，如在《夜祭雷峰塔》第一场西湖景中以"下真雨"吸引观众，演出十分卖座。此剧成为该团和芳艳芬的首本戏，"大龙凤"当时在广州雄踞一方，是与何非凡领衔的"非凡响"剧团、廖侠怀领衔的"大利年"剧团齐名的一个大班。年轻漂亮、如日初升的白超鸿大显身手，他的表演备受观众的关注、赞誉，并在前辈和名家的引领、影响下，不断进步，茁壮成长。

白超鸿清楚记得，中华人民共和国成立前夕，国民党反动统治岌岌可危，广州的经济陷入崩溃的边缘，人心浮动，娱乐业一片萧条，大批粤剧艺人纷纷离开广州，避往香港。广州粤剧市场一片惨淡。随着广州解放，广州百业待兴，戏剧配合人民政府政策方针的需要，经过"改戏、改制、改人"的工作，逐渐得以恢复、发展，呈现一派繁荣兴旺的景象，戏班同仁无不感到欢欣喜悦，迎接新时代的来临。

20世纪50年代初，广州的粤剧市场逐步复苏，出现了如"珠江""永光明""新世界""太阳升"等私有制民主班，大批滞留在香港的粤剧演员回到广州。白超鸿加入"永光明"剧团，并有幸认识了后来的岳父林超群。林超群早年为金山和在平洲创办的"乐群英"童子班的艺童，后为驰名省港澳戏班的男花旦，有丰富的舞台经验，具有独到的选才、用才、惜才的本领，是戏班中的伯乐，"永光明"剧团于1949年成立，原为永兴公司的戏班。中华人民共和国成立之后即恢复在广州演出，并参加1949年11月11日举行的庆祝广州解放大游行，此后还投入抗美援朝等宣传演出活动。主要演员有吕玉郎、楚岫云、陆云飞、小飞红、黄君武、冯侠魂、白超鸿、吕雁声等，编剧冯志芬。剧团以小

一九六一年三月二十三日，广东粤剧团访问越南，与胡志明主席在河内合影（郑迅翻拍）

生、花旦、丑生、小旦行当的力量较强，以演文戏为主，兼演武戏，还有丑生担纲的喜剧，主要演出剧目有《刘金定斩四门》《鸳鸯剑》《鸳鸯玫瑰》《牛郎织女》《嫦娥奔月》《董小宛》《凄凉姐妹碑》《十三妹大闹能仁寺》《碧容探监》《偷祭潇湘馆》《巧结凤凰俦》《相见不相亲》《怡红公子悼金钏》和《翼王石达开》等，并演出由华南文学艺术联合会筹委会编写的"新粤剧"《红娘子》《刘永福》《三打节妇碑》，开一时潮流，引起各方关注。当时，广州报刊就《刘永福》及刘永福这一人物开展讨论。"永光明"剧团成为20世纪50年代广州著名大班之一。白超鸿面对新时期的新的演艺生涯充满了激情，全情投入，成为其中的一个积极分子。

应戏剧新形势的发展，1952年，林超群与广州平安戏院老板合作成立"太阳升"粤剧团，属民主班，林超群出

任团长、班主。主要演员有丁公醒、王中王、李候安、小木兰、白超鸿、林小群、梁鹤龄、何紫英、张玉珍、吕玉郎，后期还有罗家宝、孔雀屏等，编剧家先后有徐若呆、何建青、林仙根、谭青霜等，是广州当年五大剧团之一。所谓民主班，就是由艺人自愿合作、集体经营、民主管理的民营剧团。林超群的"太阳升"剧团当时虽属中型班，但演员年轻、有朝气、唱功好，能与大型班争胜，有如梨园中的一阵清风，吹遍城乡各地。演出剧目有《燕子楼》《木头夫婿》《虎符》《花王之女》《玉河浸女》《荔枝换绛桃》《潇湘秋夜雨》等。林超群精神焕发，充满活力，沐浴在戏剧改革的春风里，他率领全艺人同心协力，创造了现代粤剧的新篇章。

林超群认为白超鸿是一个可以造就的人才，让白超鸿等人主持"太阳升"剧团，与林小群拍档，这一拍档成就了70年的艺术伴侣和生活伴侣，成为粤剧界的连理常青树。这时候，林小群刚刚从上海做完正印花旦回到广州，正需要找个文武生拍档，白超鸿成了当然的配对。在林超群的指引下，林小群、白超鸿的表演艺术日益长进。白超鸿随后任"太阳升"剧团团长，林超群负责行政管理事务，行内称作"座舱"。在"太阳升"，白超鸿拍档的第一个花旦是林小群，演出《梁山伯与祝英台》，此剧是典型的生旦戏，擅长小武的白超鸿也演绎得游刃有余，受到了观众的好评。之后白超鸿与李燕清拍档演《打金枝》，显露了他戏路广、风流倜傥的风格，艺术上踏上了一个台阶。

白超鸿在"太阳升"最早演出的现代戏是《木头夫婿》，他在该剧中演得妙趣横生，以其圆润动听的唱腔、潇洒俊逸的台风使不少戏迷倾倒。由于白超鸿当年擅长小武行当，为了发挥他的艺术专长，剧团请了著名编剧徐若呆专门撰写，度身订造适合白超鸿的戏，如《姑嫂劫》《桐城间谍》等抗日题材的戏。那时中华人民共和国刚成立，白超鸿年轻、充满热情，配合当年社会的需要到处演出宣传，排了近20套戏。"太阳升"剧团在短时间内成为100多人的大班，享誉广州及附近四乡。在50年代初广州的几大民主班中，"太阳升"剧团是较有朝气、锐意传承的新剧团，他们除了执行"推陈出新"的方针外，又秉着"百花齐放"的指示开展工作。

林超群是个戏班行家、好策划、好导演、好老师，艺术上追求精益求精。当年为了锻炼新演员，他与编剧谭青霜为演员度身定造了《荔枝换绛桃》《玉河浸女》《柳毅传书》等剧目，其中《柳毅传书》这部戏的诞生，充满了神奇色彩。根据林家姐妹三人的回忆，林慧执笔写道：

20世纪50年代初，父亲任"太阳升"剧团经理，一位二十出头的年轻人应聘入职创作。他原是记者，对粤剧有兴趣，开始学写剧本。父亲看到他有一定的文学修养，人又谦虚朴实，勤奋好学，创作态度严肃，很喜欢他，认定他日后是一个能写剧本的好苗子。果然，他后来成为优秀的粤剧编剧家。这个年轻人叫谭青霜（1925—1993），广东南海人。父亲虽然没有执笔写戏，可他纵横粤剧舞台几十年，演戏无数，积累了经验，可谓触类旁通。父亲虽不善执笔，但他懂得怎样编排剧情（桥段），能够紧紧抓住观众的心，情节越是变幻莫测，高潮起伏，越能扣人心弦。父亲在这方面十分精通，对于初学写戏的人来讲，父亲当老师是绰绰有余了，还有更重要的一环，粤剧不同话剧，因为是戏曲，必须对全剧所有人物的唱段、唱腔有一个统筹的铺排。粤剧是一个宝库，既有种类繁多的曲牌，大调小调，又有丰富多彩的小曲，光是梆子类的板式就有三种调式（正线、反线、二反线），变化多端。句子规格十分严谨，如果没有丰富的粤曲结构知识，别说写整个戏的唱腔，就连写一个唱段也是不容易的。父亲这方面的知识根底深厚，运用时如探囊取物，得心应手。谭青霜初来乍到，入门新手，但他非常勤奋好学，父亲寄予厚望，毫无保留把粤剧知识传授给他。我姐回忆说，他们的感情非常融洽，情同父子，父亲经常带着他，有时还捎上我大姐上茶楼，讲戏度桥、度曲……谭青霜

一九五六年，广州粤剧团三团陈小茶、白超鸿演出《刘胡兰》（郑迅翻拍）

白超鸿《风雪访沉冤》公安局长戏剧扮相（郑迅翻拍）

对父亲尊崇有加，言听计从，最令人瞩目的代表作，是根据元杂剧改编的《柳毅传书》，这个剧目从情节（桥段）构思，到人物唱腔设计、演员的挑选，父亲起了主导作用。

《柳毅传书》早期是安排林小群演龙女，白超鸿演柳毅，两人担纲主演。由于该剧以小生戏为主，曲词唱段较长，白超鸿饰演的柳毅，观众不太受落（粤语，乐意接受之意）。适逢此时，广州市组建国营剧团，剧团找人说服白超鸿到市团，并有意将"太阳升"整团并入市团。白超鸿当时认为自己是"革命派"，率先进入了市团。这样"太阳升"剧团就缺了合适的文武生来演出《柳毅传书》。1954年，林超群通过剧团的行政主任吴余享，让他带着自己的亲笔信，到香港邀请罗家宝加盟，罗家宝欣然接受邀请。林超群将舞台上的唱、念、做、打等经验亲自传授给林小群等。1954年底，由谭青霜写词、林超群撰曲，经反复演出打磨的重排版《柳毅传书》由罗家宝、林小群担纲演出，令观众耳目一新。白超鸿说："柳毅和龙女对唱的小曲《柳摇金》就是谭青霜按岳父林超群的设计，字斟句酌地编写的，岳父还亲自导演这个片段的动作调度，其设计巧妙——把柳毅在龙宫饮宴中龙女传情的情景在眼前再现，使柳毅明白新娘就是龙王公主。"《柳毅传书》一剧，不但令演员和编剧声名鹊起，还令林小群、罗家宝奠定了"群腔""虾腔"的基础。

白超鸿擅演武场戏，罗家宝唱功是一流的，尤其唱文场戏。如果白超鸿不退出的话，就没有罗家宝。从某种意义上讲，捧红了罗家宝，变相把白超鸿推倒了。其实，艺术家都有自己的艺术特征，各有千秋，取长补短。白超鸿吸取了演《柳毅传书》的教训，对他以后的艺术道路影响深远。他更深刻理解了艺术规律，除了刻苦练习基本功外，个人的自身条件也需要扬长避短，方显自己的艺术风格。

白超鸿有高尚的品格，对于罗家宝的成功有着客观的分析、精确的评价，令人心悦诚服、肃然起敬，充分显现一个艺术大家的广阔胸怀、优秀品德。他说："罗家宝有很多优秀的地方，我很佩服他。"好一派君子风范。2002年，白超鸿写了一篇题为《浅谈罗家宝唱腔成就》的文章，主要内容如下：歌唱艺术是建立在语言艺术上的艺术，这正是歌唱比任何器乐更易于被人们接受的原因。任何器乐都不能代替人体器乐。在粤剧演唱中，问字取腔，腔随字转，做到字正腔圆，以字带声，以字领先，声情并茂，包括发音叮板准确，这是对演员的基本要求。罗家宝就是严格按照这规律，发挥自身器乐即"声带与共鸣"，去创造自己独特的"虾腔"。

罗家宝的吐字清晰利落，不拖泥带水，收音有韵、干净、圆美，善于掌握中低音声区和正确运用口腔共鸣，他唱出来的声音，字字不漏，字字厚亮，流畅自然，铿锵有力，磁性十足，规整有序，"累累如贯球"，像一条均匀有光彩的丝线穿着颗颗明珠，加上曲中深情，使人由衷赞美。

1954年，罗家宝回内地受聘于"太阳升"剧团，初期上演的剧目未能发挥其所长，到了上演《荔枝换绛桃》《玉河浸女》时，特别在《柳毅传书》一剧中，他的唱腔功力广受欢迎，从此"虾腔"奠定了牢固基础，街头巷尾都唱起"虾腔"来，真是一曲惊人，一剧成名。

"剧本，一剧之本"，林超群慧眼识英雄，伯乐遇知音，他选了几个能发挥罗家宝所长的好剧本。剧团旺不旺，全靠好拍档。林小群嗓音甜润、纤细、柔婉，在中低音区行腔特别流丽畅达，宛如"珠落玉盆"，自成一家，具有强烈的感染力。"虾腔"与林小群的优美唱腔（一个唱生，一个唱旦），合起来真是"天衣无缝"，使观众着迷。他们的歌声如听中低音管弦乐合奏，抒情柔美，悦耳动听。这对生旦的美妙歌声传遍五羊城。

白超鸿回忆道：

我记得在1960年往港探亲，任剑辉与白雪仙问我："听说罗家宝的唱腔很受欢迎，它有何好听？"我的回答很简单："罗家宝有个人独特唱腔风格，与众不同，又易上口，难能可贵。"我话虽"简单"，但罗家宝所取得的成就是绝不简单的。当然，罗家宝怎样从"合尺"两字入手进行勤学苦练，我了解不多，但也知点滴。记得抗日（战争）时期，我和罗家宝同在"周丰年""兴中华"剧团。每下乡，他便随名家白玉堂往空旷地方学吊嗓，天未亮就起床，晨早去跑步、吊嗓了。为了"扎起"（即成名），他一直坚持苦练下去，同时，有空便向冯镜华学古老唱腔。罗家宝就是这样，勤学苦练，不断吸收。他学薛觉先唱腔的干净、幼细，"骨子"集白玉堂、桂名扬、白驹荣与冯镜华等所长，抑扬顿挫换气偷气。句句有味，句句动情。由于受罗家树（罗家宝之父）"掌板"的潜移默化，他练的叮板稳实、坚如磐石。

　　新组建的广州粤剧团根据白超鸿擅武场又能演文戏的特点，特地排演了《打金枝》，这是表演排场，出自传统粤剧《郭子仪祝寿》，汾阳王郭子仪功高权重，唐皇为笼络重臣，将女儿配与郭子仪的第四子郭暧。公主自幼娇生惯养，任性刁蛮，自恃金枝玉叶，拒不到汾阳王府为家翁郭子仪祝寿，使郭暧遭兄嫂奚落，郭暧恼羞成怒，回家借醉责打公主。郭暧由小武扮演，公主由花旦扮演。白超鸿与陈小茶合作，他反复琢磨剧本，在唱腔、动作、表情、内在心理的刻画等表演皆恰到好处，特别是他把郭暧的怒（因金枝不给公公拜寿）与忍（因金枝是皇帝女，打不下手），年少将军因兄嫂的嘲弄引起的刚烈之火，更因金枝公主恃势娇横，造成了两极心态，不火不成，不忍不成，最后忍无可忍才把公主打了。白超鸿把郭暧演活了。这样，白超鸿的《打金枝》就成了后学者的演出范本。

20世纪50年代初，政务院发出《关于戏曲改革工作的指示》，根据"百花齐放，推陈出新"的方针，提出："中国戏曲种类极为丰富，应普遍地加以采用、改造与发展，鼓励各种戏曲形式的自由竞赛，促成戏曲艺术的'百花齐放'。"白超鸿积极参加了戏曲改革（简称戏改）工作。当年，在广州东山恤孤院路附近，集中了省市剧团的团体和老倌，先后成立了广东省粤剧团、广州粤剧工作团。随后，举办粤剧青年演员集训班，集训的课程主要是关于演员道德和如何继承传统表演艺术。由李门、郑达、黄宁婴讲授演员道德课，靓少佳、曾三多、靓少英等讲授传统表演艺术课，还作示范表演。当年，学员们还学习表演技巧和程式，有"大架""配马""韦陀架"等，"手桥"则从"一二三"、"牛角捶"开始到"打和尚"全套程式，"把子"则从"一二三"、"十字背剑"到"场胜败"。当时的戏曲改革委员会将粤剧青年演训班的学员视为粤剧艺术承先启后的中坚力量。白超鸿意气风发，认真聆听戏班前辈的系统教导，刻苦练功，提升技艺，迎接粤剧发展新高潮。

为了抢救艺术，有关部门派出专业人员，李门、杨子静、林仙根、林堃等人到粤西，收集记录了《李槐卖箭》《七状词》等一批传统剧目，在广州的老艺人曾三多等整理、演出《斩二王》，又从广西请来老天寿、叶炳才等老艺人。会同广州的老艺人苏民生、卢九、郭式等向学员授课，口述传统剧目，言传身教，竭尽全力，为青年学员打下了良好的传统艺术基础。一大批青年演员的涌现，为粤剧的繁荣发展作了人才的准备。通过戏改集训，白超鸿的思想境界和艺术水平得到了提高，经过多年的舞台实践，从一个旧艺人变成新时代的艺术工作者。他感叹道，光辉历史已成过去，艺术传承任重道远。

1958年4月，广东省粤剧团和广州粤剧工作团进行合并，定名为"广东省粤剧团"，下辖五个分团，白超鸿先后出任三团、四团团长，成为新时代戏班的中坚力量。三团的主要演员是陈小茶、小木兰、文少

一九五四年，白驹荣率广州粤剧工作团到上海演出，与薛觉先等合影。图为《西施》剧组主要演员。前排左起：李燕青、陈小茶、薛觉先、谭玉真、马金娘。后排左起：何锦泉、区少基、白超鸿、梁少声、薛觉明

非、梁瑞冰等，主要剧目有陈晃宫的现代戏《刘胡兰》《落霞孤鹜》及望江南的《梅开二度》等。四团的主要演员有新名扬、梁瑞冰、刘美卿、罗冠声等，主要剧目有杨子静和林仙根的《画皮》、莫汝城的《天庙火》、陈自强的《三里湾》等。

　　1958年下半年，由莫汝城编剧、白超鸿主演的《天庙火》曾轰动省港澳。他在舞台上扮演的多是风流逸美的角色，且有扎实的基本功，武艺身手不凡。白超鸿在《天庙火》一剧中饰演刘郎，文场武打，均属上乘，演来朴实无华，清新可喜，展现了他良好的艺术功底。剧中他唱的主题曲融入了白驹荣和罗品超的唱腔精华，极有韵致。《天庙火》尾场，陈郎被奸人追杀，走投无路，突然满腔怒火，化成烈焰，从口中喷火，烧死了奸人，自己则与爱人化作并蒂莲，在烈火中翩翩起舞。这些精彩的舞蹈艺术非一日练就。白超鸿除了借助舞台特技外，还运用了好些武功，将这一节精彩的戏，演得生色异常，充分展现出他在舞台上风流逸美的姿采、扎实的基本功和武艺身手的不同凡响，深受观众欢迎。

二　氍毹伉俪——白超鸿、林小群

白超鸿篇

白超鸿善于取各名家艺术之长，在舞台表演的实践上勇于探索，他总结自己的从艺心得：艺术的传承，老师只能传授基础，传授心得，指点迷津，言传身教，庄子说"意之所随者，不可言传也"。艺术之神韵，只能靠自己领略摸索、创作。常言道：师父领进门，修行靠自己。只安于学老师的风格，不求发展突破也不能算真正的传承。

1954年4月，粤剧大师薛觉先与夫人唐雪卿从香港返广州定居，踏上新的生活历程，不久，出任广州粤剧工作团艺术委员会主任。

薛觉先上任新职不久，就随白驹荣为团长的广州粤剧工作团一道应邀到上海访问。火车抵达上海火车站，在欢迎人群前列的竟是梅兰芳、周信芳、盖叫天等京剧名家及沪上大批文化名人、粤剧界同行，他们兴高采烈，鼓掌致谢。薛觉先引领着失明的白驹荣团长，与欢迎人群一一握手致意。梅兰芳此行专程从北京赴沪欢迎薛觉先、白驹荣和广东粤剧界人士一行70余人，规格高、规模大，场面热烈，前所未见，随行粤剧界同仁都感到无比光荣和自豪。广州粤剧工作团演出的剧目有《龟山起祸》《白蛇传》和《秋江》等，考虑到薛觉先从香港回内地不久，行程仓促，原来未及安排他参与演出，应上海"薛迷"的强烈要求，随即赶排演出了传统剧码《宝玉怨婚》及由编剧家陈卓莹突击赶写的新戏《闯王进京》。临时赶制戏服，印制剧照，大受观众欢迎，戏票被买个精光。《闯王进京》随后更出版了公仔书，发行全国。梅兰芳大师亲自到虹口剧场观看薛觉先演出，他没有在台下就座，而是在虎度门细心观看，并不时和演员打招呼，亲切、随和、热情，丝毫没有名家的架子，令各人十分感动。梅兰芳盛赞薛觉先的艺术成就，说他"文场戏静如处子，武场戏火气十足，真是惟妙惟肖"。梅兰芳的评价，精确地道出了薛觉先表演艺术的重要特征，梅兰芳还赠送一把扇子给薛觉先，扇面有梅兰芳亲手绘画的梅花和书写的七律诗。其时，随团访沪的粤剧同仁都看在眼里，记在心上，深有感触地说："薛五叔真够面子，有梅大师这样的礼遇，谁可企及，真不愧'南薛北梅'之美誉。"薛觉先为使大家增广见识，还带领广州粤剧工作团同仁去听上海京剧院院长周信芳先生讲课。周先生说：演戏重在神韵，"扮龙要像龙，扮虎要似虎"。听了名家指导，大家都感到获益不浅。

白超鸿清楚记得在上海与薛觉先相处的日子。他说："在上海演出，我天天和薛大师一起吃早餐，他最喜欢吃油炸鬼（油条）和豆浆，肠粉有虾米，天天都是我出钱请他。演出《范蠡与西施》，我扮勾践，他演范蠡，西施是陈小茶、谭玉真（AB角）。勾践的《卧薪尝胆》，我一曲走天涯，走遍了美国，走遍了内地，到哪里都是唱这首曲。有一晚，薛五叔来看演出，'扫马房'这场戏，唱主题曲时，我整蛊作怪，有什么本事，都把它全端出来，唱完了也还不够，用扫堂腿甩毛巾这个动作表演，这个动作是很难的，我不停地扫，观众就马上拍掌，我好开心。我入场后薛大师就对我说：'你今天很多掌声啊，今晚你可以睡个好觉啦。但是，熙仔，你错了，一个亡国之君，受尽凌辱，心情悲郁，岂能这样的轻松举动，哗众取宠的表演是不可取的。'薛大师语重心长

白超鸿演现代戏剧照

二　氍毹伉俪——白超鸿、林小群

白超鸿篇

地教导说：'粤剧的程式不是随便搬到舞台的，需要懂得使用，这次你用错了。是让观众听完你唱主题曲流泪，心里受感动好呢，还是鼓掌好？你的扫堂腿是粤剧的程式，但你用错地方，你应该是扫完了之后，才唱主题曲，这样舞台艺术效果就不一样了。'薛大师无私携掖晚辈的精神让我终生难忘，受益匪浅。"之后，白超鸿就把认真捉摸剧中人物的思想感情，准确表现角色，作为自己的努力方向。

在上海演出期间，按照师父白驹荣的安排，白超鸿负责照顾薛觉先的生活。有一次，在后台，白超鸿照料他着戏装，一时不慎，令他很不舒适，引起不愉快。事后，薛觉先说："帮老倌'上背旗'，要用暗力、韧力，力度适中，过松过紧，都会影响表演，在戏班里处处都不可以粗心大意啊！"

第三章

奔丧起祸
雨过天晴

20世纪60年代初，随着"戏改"的不断深入，为贯彻执行"百花齐放，推陈出新"方针，广东省委领导向全省文艺工作者提出"写现代，演现戏，唱现代"为主要方向，强调文艺为社会主义经济基础服务，文艺工作者要走革命化道路。粤剧演出了一批现代戏剧目：《红花岗》《金银花》《今歌昔泪》《白毛女》《夺印》《红珊瑚》《李双双》《四只肥鸡》等。国家领导同志亲临广东，观看粤剧演出，并接见了白超鸿在内的17个剧团负责人和主要演员。白超鸿深受鼓舞，积极下乡下厂体验生活，寻找创作的源泉，接受洗礼，做一个自觉的文艺工作者。

白超鸿演出现代戏《刘胡兰》后，发表题为《首先要熟悉工农兵》的文章，他写道：

上演现代剧目意义很重大：第一，它能够反映当前的生活，真正做到为政治服务。第二，新中国成立以来，出现了许多伟大和动人的事迹，我们应该用戏曲来表现它，歌颂它，使得后代也能从中看到我们今天的生活……当然，演现代剧目也是有困难的。主要困难是我们对工农兵，对劳动群众还不熟悉，不了解。我就有这样的体会，比如早期演《木头夫婿》，当时我演反派人物，因为自己对这类人比较熟悉，不用怎样揣摩就把他演好了。可是后来演《刘胡兰》中的连长时，自己对部队的生活不熟悉，就感到很困难，不知道如何去创造这个人物，手举高了不像，手放低了也不像。最近我演《三里湾》的一个农民，由于自己不时下乡和农民接触，多少了解一些农民的情况，扮演起来困难就少些。从这几次演出中，自己体会最深刻的是：要演好现代剧目，首先自己要熟悉工农兵，要有他们的思想感情。这个问题不解决，是很难演得好的。但我们也不要被困难吓住，不要怕，不要灰心，一次演不好，再演，一直演好为止。要不断地克服困难，为今后演出现代剧目打开一条道路。

讲到体验生活，白超鸿津津乐道，他提到香港有"丑声王"之称的梁醒波，他说："梁醒波是我们的老前辈，艺术老到的，由文武生转谐角，香港观众好受落。有一次，我问他：'波叔，为什么你演什么就

一九五三年六月二十二日"太阳升"剧团青年同志合影
（郑迅翻拍）

白超鸿（右前一）下乡演出
（郑迅翻拍）

像什么呢？'他就不懂什么叫体验生活，我们在内地就要体验生活嘛，就有这种讲法。波叔说：'早年我天天在长堤，没有事。就走来走去，老的看，精神不错的也看，后生的也看，看看老人是怎样的状态，讲嘢（粤语，讲话之意）是怎样的，后生的又怎样，捉摸他们的举止言行。舞台上的人物当然不是生活上的这个人，但可以套用。体会这种感情。'当我们去农村，体验一下农民是怎样生活，用于演现代戏，是有实际意义的。波叔不懂得说体验生活，但他是有这样的经验。我们前辈有很多优秀的传统，值得学习、借鉴。"

1964年某日，白超鸿接到在香港居住的父亲金山和病危的家书，他通过办理正式手续赴港探亲。白超鸿凭赴港双程证过罗湖港英海关，被海关告知：不能过关。白超鸿听后，感到无可奈何，徘徊在罗湖口岸附近。望着一桥之隔的香港，回想到自己回内地10多年来，未能与父亲谋面，也未能对父亲尽孝，感到无比的惭愧。只身暂住在旅馆，打算回

二　甌龊伉俪——白超鸿、林小群
白超鸿篇

一九五八年"八和"大集会，演《玉皇登殿》彩排前全体工作者合影（郑迅翻拍）

广州。这一天，他心情非常沉重，漫无目的地在荒凉的边陲渔村深圳游荡。眺望着隔岸的香港，思念病危的父亲。此时此刻他的心是与父亲贴近的，但现实是一水隔天涯。尽孝无期，人生奈何，命运多舛。白超鸿感到无助、自责，脑海一时静如止水，一片茫然。突然听到有人对他说："你不是白超鸿吗？为什么来深圳？是来演出吗？"叫他的人，原来是当年白超鸿到蛇口演出时认识的在当地的戏迷朋友。

白超鸿将赴港探父受阻的原委告诉了这个戏迷。他对白超鸿的遭遇极表同情，表示愿意提供帮助。在公安局人员的护送下，用艇仔走专门指定的水路到了香港大雾山上岸，白超鸿打电话通知家人来接应。

当时白超鸿的父亲已年近百岁，虽是病重，但见到儿子后，什么都没说，只是不停地唱《六国大封相》大腔给儿子听。还将他早年亲手抄写的"江湖十八本"和一本粤剧历史资料交给儿子，让他带回广州。并郑重地嘱咐儿子，要继续努力学习粤剧艺术，好好珍惜这套誊抄的"江湖十八本"古剧本（《一捧雪》《二度梅》《三官堂》《四进士》《五子登科》《六月雪》《七贤眷》《八美图》《九更天》《十奏严嵩》《十一辆铁华车》《十二道金牌》《十三岁童子封王》《十四国临潼斗宝》《十五贯奇冤》《十六面铜旗阵》《十七年马上王》《十八路诸侯》）。一再交代，切勿遗失。白超鸿默默记在心中。

金山和一生关心粤剧事业，矢志不移。在香港八和会馆第六届新理事就职典礼会上，他是监誓员，发表谈话，对香港粤剧的发展，表示了深切的关怀。他说，如果八和会馆成立粤剧艺术养成所，他愿意不辞劳苦传授传统粤剧，包括有名的"江湖十八本"古剧，热切期望香港粤剧界能万众一心，搞好粤剧，让粤剧艺术在此地开出灿烂之花。

不久，病重的金山和带着无限遗愿驾鹤西去，享年99岁。白超鸿怀着崇敬的心情忆及金山和，他说："说起我父亲，他是个好人，做慈善一辈子，在乡下有老人看病，交不起医药费，就由我父亲付钱。在平洲办童子班，也是我父亲出钱、出力。修桥筑路，我父亲也落力捐助，他是个从不留名的慈善家。在我们戏行内，他也是个好人，人称'八和

平地大宗祠，太阳升剧团戏桥，一九五二年十一月二日（郑迅翻拍）

二 氍毹伉俪——白超鸿、林小群
白超鸿篇

之宝'。"金山和逝世后，香港戏班同仁和八和会馆在殡仪馆举行了隆重的仪式，寄托哀思。白超鸿含泪办完父亲的后事，在香港拜访了任剑辉、白雪仙等同行好友，并在任、白位于跑马地附近的住所住了一段时间，其间还与"仙凤鸣"剧团排演了《白蛇传》。

粤剧名家

　　白雪仙（1928—　　），原名陈淑良，广东顺德人。其父白驹荣。12岁拜薛觉先为师，改艺名为白雪仙。1956年她参加"仙凤鸣"剧团，从此开始了与任剑辉长期的舞台合作。演出了《帝女花》《牡丹亭惊梦》《紫钗记》《再世红梅记》《西楼错梦》等多部名剧，成功地塑造了多个性格刚毅、顽强地追求幸福的古代女性形象。白雪仙先后拍摄了约200部电影，并组织"仙凤鸣"电影公司，成立任白基金，参与慈善活动，培育粤剧新人。1996年荣获香港演艺学院颁授荣誉院士，并获香港电影金像奖大会颁发的"终身成就奖"。

粤剧知识

　　"仙凤鸣"剧团　任剑辉、白雪仙于1956年在香港成立的职业剧团。班主白雪仙，主要演员先后有任剑辉、白雪仙、梁醒波、靓次伯、任冰儿、林家声、朱少秋等，编剧唐涤生，根据元曲、明清传奇、京昆剧种等优秀剧目改编、创作了《蝶影红梅记》《花田八喜》《帝女花》《牡丹亭惊梦》《紫钗记》《九云玄女》《西楼错梦》等剧目。每届演出，白雪仙均邀请文艺界人士、专家、学者进行座谈。唐涤生则根据意见进一步修改演出剧本，使得这些剧目文辞清丽，人物生动鲜明，具有较高的文学价值，其中不少剧目传播甚广，成为香港粤剧的代表作品，流传至今。唐涤生编写的新剧目，通过任剑辉、白雪仙、梁醒波、靓次伯等的配合演出，使"仙凤鸣"剧团成为20世纪60年代香港粤剧界的一代名班。

香港八和会馆第五届理事
就职合影（郑迅翻拍）

白超鸿与任剑辉、白雪仙合照
（郑迅翻拍）

二　氍毹伉俪——白超鸿、林小群

白超鸿篇

　　金山和晚年被视为粤剧的"老叔父"，备受戏班同仁尊敬。"仙凤鸣"剧团每届演出都请他看戏、提意见，给他每天5元，作为当顾问的酬劳。白超鸿作为金山和的儿子，又是白驹荣的入室弟子，在港期间，受到任剑辉和白雪仙白无微不至的关照。他们相处和睦，畅谈甚欢。任剑辉、白雪仙恳切地挽留白超鸿，希望他不要回广州，而是加盟"仙凤鸣"剧团，留在香港发展。她俩甚至将白超鸿的证件收藏起来，意在不让他离港。但白超鸿想到广州的妻儿，还有师父白驹荣、助他赴港的戏迷朋友，情与义所在，都不能连累他人，他决意要返回广州。后来，白超鸿想了点办法，取回证件，悄然返回广州。

1966年，白超鸿被送去英德"五七干校"劳动，在思想改造时，白超鸿在英德"五七干校"易名"梦艺""江鸟"。"梦艺"，一个美好的艺名，意重情深，苦中求乐！白超鸿暂别演艺事业，唯有把鸿字分为两边成"江鸟"，寓意有如小鸟，在江上飞翔，何等自由快乐呀！白超鸿以自己的乐观精神，对艺术人生的痴爱，借"梦艺、江鸟"之名自我陶醉。几十年后的今天，白超鸿还赋顺口溜："梦艺浮生九十余，江鸟飞翔任逍遥。粤韵靓曲随心唱，白头偕老逾百年。"

在英德茶场，他们学会了采茶、喷药、杀虫等基本劳作。在劳动小休时，白超鸿与新名扬躲到泥坑内，低头咀嚼花生，其乐无穷。

古人说"宁可食无肉，不可居无竹"，枯燥乏味的茶场生活，对于视粤剧为生命的"戏痴"白超鸿等人，可谓"宁可食无肉，不可日无（戏）曲"。

白超鸿剧照
（郑迅翻拍）

白超鸿为了保护自己的声音、身段，在工余时间，利用喷茶的药杆当枪、当剑耍，躲在山边偶尔练练压腿等基本功。每天出工时，吟唱自编的顺口溜"茶场、茶场，茶场文武生……"聊以自慰，后来，被场友冠以"茶场文武生"的绰号。白超鸿生性开朗活泼，与区少基、新名扬被戏称为英德茶场的"三宝石佛"。

　　进入70年代，陈冠卿为白超鸿写了一套独角戏《喷药》，他在表演中动作诙谐夸张，过足息演多年的戏瘾。几十年后的今天，他回忆《喷药》的情景，心里还有丝丝的安慰，因为他是当年茶场里上台表演的第一人。

　　随后，剧院落实政策，他们陆续返回广州，参与演出"样板戏"，白超鸿排演了《沙家兵》《海菡》《龙江颂》等剧目。

　　"文化大革命"结束后，粤剧界百废待兴，逐步恢复传统戏和现代戏的演出。白超鸿推出《洛神》，喜不自胜，焕发青春。由于扮相、人物感情的刻画恰到好处，将曹丕的艺术形象演活了，《洛神》一剧轰动了省港剧坛。当年《洛神》曾到香港演出，新马师曾看了这部戏后，中肯地说："《洛神》这部戏，香港、广州有不同的演出版本，白超鸿演绎的曹丕形象，在心理活动、人物的内心刻画方面比港版略胜，白超鸿演出了曹丕的真实感情，演活了曹丕的人物性格。"在20世纪80年代初，白超鸿饰演现代戏《风雪访沉冤》一剧。在该剧中，白超鸿饰演的王公伯这个人物，给人们留下了深刻的印象。白超鸿在现代戏中塑造像王公伯这样戏份很重的英雄形象，可以说是第一次，但由于他对所扮演的角色有炽热的感情，其丰富的人生阅历也派上了用场，加上他认真钻研剧本，运用丰富的舞台经验，恰到好处地刻画人物的内心情感，所以演来动人，收到良好的艺术效果。

　　白超鸿以颇为细腻的艺术手段，有层次地展示王公伯的内心世界。如第二场访犯人白舜时，王公伯起初听劳教队长汇报白舜被折磨的经过，已经引起他内心一阵疑惑；到与白舜见面时，一个缓慢的"推磨"动作，一段节奏渐紧的《可怜我》牌子，表现出他由惊诧到愤慨的情绪；接着他缓步走近白舜，蹲下来用一段亲切的念白向白舜了解案情；最后因白舜不理解他而谈不拢，他双手颤抖着拿起林芳写给白舜的血书，不胜感慨地双眼仰望长空，呼喊着："林芳，你在哪里？"令人不禁潸然泪下。又如演王公伯寻访杨琼（第五场），时而用旁唱，在深沉的眼神里表现出他对杨琼思想的细致分析；时而用对唱，以坦诚、正直的目光追向杨琼，点燃她心灵的火焰。当杨琼内心激烈斗争时，他随着锣鼓点静静地细心观察；当杨琼在男朋友面前内心慌乱时，他又诚挚地用双关语启发她，并为她遮掩。这些细致入微的处理，表演动作幅度不大，白超鸿却表现得恰到好处，使人深深感到王公伯可爱可敬的形象。

为了塑造好王公伯的形象，白超鸿还很注意在唱功上花气力，力图充分发挥粤剧唱腔的表现力和感染力。如在医院里静场唱的那段从"寒关月"到"长句二黄"转"反线二黄"再到"快打慢二流"的一大套唱段，充分地抒发了王公伯强忍揪心之痛，坚持斗争到底的火热情怀，其中的"二黄"还运用了跌宕有致的新腔和颇具特色的拖腔，表达出王公伯以周总理为光辉榜样的坚强决心。在第六场王公伯听完杨琼的哭诉后，他先唱一句"二黄滚花"："野心家尚隐藏在后。"然后突然翻高五度，转唱一段"二黄"，并借鉴了传统戏《罗成写书》中"二黄"的唱法，唱得粗犷挺拔，倾诉出对顽敌的无比仇恨；再转"霸腔慢板"时，更用坠慢、抛高腔的唱法，使王公伯鲜明的爱憎立场得到更为强烈的表现，令观众听至此，真有怦怦然不能自已之感。

通过《风雪访沉冤》一剧，白超鸿饰演王公伯的艺术形象，较充分地体现了他既有深厚的传统艺术功底，又有锐意的创新精神，并勇于付之于舞台实践的艺术功力。

白超鸿具有扎实的基本功，传统古装戏演来得心应手，现代戏也演得戏味十足，有鲜明的时代气息，是不可多得的既能演古装戏，又能演现代戏的文武生。

继现代戏《风雪访沉冤》演出成功后，他饰演六场现代戏《一场之隔》，又令艺术造诣再上了一个新台阶。白超鸿在该戏中以文丑应工，饰演一毛不拔的王进财，动作节奏鲜明，脸部表情细腻，把绰号"玻璃猫"的王进财吝啬的丑相刻画得活灵活现，被观众誉为"宝刀未老的白超鸿"。

　　1985年，白超鸿年届六十，在广东粤剧院退休了。两年后由于家庭团聚等原因，前往美国。广州再见了！离开自己痴情的粤剧艺术，心情惆怅，"戏"归何处，大西洋彼岸还有"戏"吗？

　　晚年，白超鸿虽然已耄耋之年，但身体健康，腰板硬朗，精神矍铄，记忆力强，依然能引吭高歌，时常粉墨登场；兴致一来便会提笔挥毫，吟诗作对。最令人惊讶的是他能紧跟潮流，用手机微信游刃有余，不让年轻人专美。有人曾经向他请教长寿秘诀，他热情地推荐——唱粤曲。白超鸿与朋友一道，总结出唱粤曲有益身心的诸多好处：

　　个人素质得以提升。粤剧、戏曲的故事内容很好，特别强调惩恶扬善的美德和善恶有报的结果，是起教化世人的作用，日子久了，我们会受到潜移默化的影响，令个人素质更加善美。

白超鸿与林小群戏装合影
（郑迅翻拍）

二　鹣鲽伉俪——白超鸿、林小群
白超鸿篇

得以品尝不同身份的滋味。粤剧戏曲故事多取材于古代的皇侯将相、才子佳人。当我们唱戏曲的时候，会将自己投入角色中。有时会演绎皇帝、贵妃、公主、驸马，或者民间的才子佳人等。这些角色的扮演，使我们得以一一品尝在现实里无法实现的不同身份的滋味。

情绪得以抒发，有益身心。唱曲可以抒发感情，有益健康。因为曲情里有喜怒哀乐的变化，我们可以随着曲情尽量抒发自己的感情，把心中的不快尽寄曲中，得以舒解；又从唱曲中得到其他的欢愉和满足感。

提升个人文学的水平。戏曲文字精练流利，优美文雅。正如香港已故的文人黄霑先生所说："戏曲《帝女花》里面有短短的一句曲词'落花满天蔽月光'，已经尽然道出当时的意境，有质感、有动感，相当丰富，如画如诗。又另一句曲词'宿鸟窥人树上悄无声'，字意是有鸟儿在树上静静地偷窥人，但实际的意思是'小心隔墙有耳'。"曲词用字之精练文雅，对提高我们唱者的文学水平大有裨益。

自信和自豪。在演唱会上，除了歌喉妙曼，又可穿着各式彩艳闪耀的戏服，把自己打扮得极尽妍美，让美好的一面展示人前，从而获得大小满足和自信。登台演出，除了自己娱乐外，更可供人欣赏，为大众的生活余暇平添点点闲情雅趣。

林小群篇

第一章

名师指引
踏足舞台

　　20世纪20年代末，粤剧男花旦林超群声名鹊起，接手有"花旦王"之称的千里驹，出任省港大班"人寿年"正印花旦，有丰厚薪俸。他没有在省城或香港购置房产，却乡土情深，返平洲西河村买了约500平方米土地，四周筑起围墙，在花园中间建了水泥结构的二层楼房，光彩夺目。林超群让父母、姐弟都住进新居，自己亦住在二楼的一个房间。

　　就是在这座楼房，多个粤剧名旦在此诞生。1931年，林超群回家娶妻黎碧华。翌年，长女淑仪（林小群）在平洲出生，亲朋好友热烈庆贺，喜气洋洋。古语有云：夫妻和而家道成。林家儿女满堂，枝繁叶茂。林小群回忆说："我的乳名叫大猪，出生时不足六斤，很瘦弱，令父母好担心，不知能否养得大？阿妈问老豆：'叫乜嘢（粤语，什么）名好呢？'他随口答道，就叫大猪吧！粗生粗养，快高长大。随后弟妹陆续出世，直到六猪、七猪，即林慧（艳玲）、林锦屏长大后都是粤剧艺人，这就是我们的粤剧世家。"

　　1938年，日军大举侵华，广州沦陷。林超群举家迁往香港，一家七口居住在九龙茂林街，房屋虽小，却欢乐融融。林超群在"兴中华"剧团任正印花旦，与白玉堂合演《黄飞虎反五关》《白蟒抗魔王》《红孩儿》《罗卜救母》等剧目。天真乖巧的大猪上幼儿园，参加教会的诗歌班，声线甜润，初显了她歌唱的天赋，获得老师的称赞。美好的童年生活，令她几十年后还记忆犹新。在香港生活了近4年，1942年12月香港沦陷后，她童年的读书梦从此破灭了。不久，年仅10岁的大猪随父亲返回广州。由于戏班男花旦不受落，林超群只好到中型班演酬神戏。童年的大猪在乡村祠堂看父亲演出，夜间只能睡在祠堂门口的石台上。她形容这段日子如"麻鹰叼鸡仔，流离失所，不堪回首"。人生艰难时，最惨不过的是"屋漏兼逢连夜雨"，有一次下乡演出，船工在搬运私伙时，戏箱不幸跌落河中，戏服、道具尽毁。年少的大猪亲耳听到父亲叹息"时不兴我兮，唯有息演"。历尽坎坷开始懂事的她，预算到未来的日子将更加艰难。前路究竟在何方？

战乱和失业使林家陷入极度的困境中。林小群回忆："那时我们全家住在广州西关莲桂坊，家徒四壁，父亲精神甚是失落，母亲每餐只能用少许米粒混些芋头或番薯度日，我看见就怕，不想吃，因为不好消化，吃了就烧心，好难受。我宁愿挨饿，有时吃个芭蕉，勉强充饥，好

粤剧瑰宝誉满梨园
南国艺术杰出贡献
林小群

林小群剧照
（郑迅翻拍）

二 氍毹伉俪——白超鸿、林小群
林小群篇

过吃番薯、芋头。几十年过去了，现在看到番薯都惊。"看着5个年少的弟妹，林小群觉得不能坐以待毙。1945年初，13岁的她决定分担养家的责任，而唯一懂得的就是自小耳濡目染的粤剧。她瞒着父亲，告诉母亲想去学戏，慈祥的母亲在柜底取出收藏多年的救命钱——20元日本军票，让她到家附近的莲登里邓肖兰芳师傅那里报名学艺。

邓肖兰芳（1893—1961），广东顺德人，原名邓超，又名邓贺钊，字文铎，艺名肖兰芳，授徒时称邓俏兰芳。邓超原为30年代粤剧男花旦，传统艺术渊博精湛，曾领"醒中华"班活跃在香港、广州等地，主演《十三妹大闹能仁寺》和《舍子奉姑》等首本戏。30年代，由于香港粤剧男女合班兴起，男花旦式微，渐被女花旦取代，邓超以开办学院教戏、为演员排戏兼任演出经纪等为业。30年代中期在香港创办的兰芳粤剧学院，早期院址位于香港红磡。1941年底香港沦陷后，学院暂停教学，邓肖兰芳回到广州。1945年8月复办，院址迁往香港九龙油麻地砵兰街，50年代中期停办。据著名粤剧演员陈少珍、陈少棠姐弟回忆，邓肖兰芳是有史以来授徒最多、成才最广的粤剧教育大师之一。桃李遍及省港澳，远至美国、加拿大、新加坡、马来西亚等地区，行中传颂"经过钊叔教过嘅（粤话用词，的），个个都扎起（成名）"，据香港报刊载：兰芳粤剧学院是"制造大佬倌的大本营"。在他教导的多辈粤剧精英中，有各种行当的名演员，也有名教师、名作曲及改行后仍在经济上赞助粤剧的门生。经他"开山"的有：芳艳芬、邓碧云、邹洁云、紫罗兰、紫罗莲、罗艳娜、林小群、绕云娘、陈少珍、陈少棠、林家仪、林家声、陈好逑、梁少芯、梁汉威、潘有声、黄金曼、吴君丽等。邓肖兰芳是个杰出老师，又是个粤剧伯乐，对戏班新人爱护有加。他曾介绍芳艳芬在广州先施天台"大东亚剧团"任第三花旦，安排林家仪和林家声姐弟到广州百乐门大酒家音乐茶座演出粤剧《打洞结拜》等。抗日战争胜利后，邓肖兰芳返回香港，继续教授粤剧，所招收学员多为10多岁的少年，也有少数有一定演戏基础的青年演员来此进行深造。

　　大猪在这两个月里头学了什么呢？邓肖兰芳师父的教学有方吗？据林小群回忆："师父开始就要你喊声、练声。喊什么声呢？练《穆桂英下山》的首板'叫木瓜'三个字，这是要把你的声音打开，打开你的喉咙，这个方法很好。喊完声以后就学唱西皮，'老爷端坐府堂上'，是用官话唱的，这也是要打开你的喉咙，都是开声音的。一个是首板，再就是四六句，是梆黄，这是必学的。学完了就唱，再就学表演，这就是要让你动了。学的是《潘金莲戏叔》。《潘金莲戏叔》唱的也是西皮。潘金莲搓烧饼，练的是排场，每一个排场都有它的专曲。再学呢，就是《夜送京娘》，就是慢板，西皮、慢板都是梆黄，让你声音上了口，懂得运气，还会表演。"大猪生性懂事，知道自己家穷，必须加倍努力，用心学艺，才会有希望，走出困境。她在师父面前聚精会神听讲听教，回家之后，不停练习，曲不离口，连晚上在被窝里也念道白、哼唱段，往往嘴里哼着唱着就进入梦乡。

　　两个月以后，邓肖兰芳看到林小群的确没钱交学费，不能继续上学，只好作罢。师父见她聪敏乖巧，悟性高，就介绍她到"大环球"下乡班，跟班做见习演梅香，踏足台板做哑口梅香。

　　据《粤剧大辞典》称：梅香是表演行当。传统粤剧十大行当中没有"梅香"这个称谓，其舞台表演职能归马旦负责，马旦在十大行当中属于"杂"类。只是随着花旦行当的出现，花旦的戏份逐渐增多，才产生跟随花旦出场的梅香称谓，并将之列入戏班的群角编制，逐渐取代了马旦的位置。梅香又可分为哑口梅香和开口梅香两种：哑口，就是不用张嘴的意思，哑口梅香在演出中无需念白和演唱，只负担一些最基础的群体性舞台调度，通常由初入行的学徒担任；开口梅香则除了要求掌握一般性的群体性舞台调度和基本表演程序外，还需掌握如唱"四六句"（"七字清中板"）、数（念）"白榄"等基础唱念技巧，以应付演出中一些必要的简单唱念表演。"梅香"成为剧团中专演丫鬟、宫女、女兵、过场群众、仙女等群角类型演员的统称。

二　氍毹伉俪——白超鸿、林小群
林小群篇

当林超群知道女儿向邓俏兰芳学戏后，十分无奈地说："阿猪，老豆做戏咁辛苦，你点解仲要学戏呀？（父亲演戏都那么辛苦，你干吗还要学戏呀？）"大猪说："辛苦也要学呀，不然就没饭开了。"林超群见女儿学戏的决心已定，同时觉得她也有做戏的天分，于是，不但同意她学习，还主动在家辅导她，并把她的名字由林淑仪改为林小群，以示超群后继有人。林小群清楚记得自己第一次提着小包袱独自出门，父亲百般无奈，眼里含着歉意的泪光依依不舍地送她出家门，流露出无限深情。

承传着父亲的遗传基因，林小群天资聪敏，口齿伶俐，活泼可爱。当她六七岁的时候，林超群就拉着二胡，或打着扬琴逐字逐句教唱古曲《燕子楼》："乌衣巷口斜阳晚，朱雀桥边野草寒……"这是林小群童年受的戏曲艺术的熏陶与启蒙。《燕子楼》古曲描写的是唐贞元年间，名妓关盼盼在一座"燕子楼"中思念逝去的情人张尚书的情节。《燕子楼》的曲牌只有中板、慢板和滚花，曲词古朴典雅，唱腔十分讲究，此曲为她日后艺术生涯留下宝贵记忆，毕生难忘。

戏曲演员从小学艺、练功，头一条就是要有志气。志气是一个人追求生活理想和现实奋斗目标的原动力。1944年冬天，"大环球"落乡班正演春班。广东的冬天，特别阴冷，林小群身上仅穿一件破毛衣，并不御寒。她手提着装有简单衣物和戏服的藤箱，每到一地，先捡四块砖头做炉灶，再捡些树枝柴草煮饭吃，晚上散场，就蜷缩在祠堂门口的长石凳上睡觉，没有棉被，只好将草席当被子。这就是广东人形容极度贫困的俗称——"睏石盖席"啦！在此之前，她也曾随父亲下乡演出，同样经历过此情此景，饥寒难耐，印象犹深。戏行有话"热死文武生，冻死花旦"。

林小群开始做开口梅香。着梅香衫前，先将毛衣脱下，由于受饿挨冻，牙关直打战。听见急急锣鼓响起，连忙冲出台口："老爷，不好！""何事不好？""是宝……宝……宝刀失去了。"老爷怒吼一声："下去！"她回到后台，开戏师爷骂她"失魂鱼"，连念一句口白都口疾疾，令她心里很难过。然而，那件唯一御寒的破毛衣不见了，更是当头一棒！为此她哭了。随后，林小群转到"日月星"剧团做梅香。"日月星"于1930年由廖侠怀、肖丽章发起组建，初期主要演员有廖侠怀、肖丽章、少新泉、小苏苏等。后因肖丽章离开，廖侠怀、桂名扬、曾三多重组"日月星"班，演出大锣大鼓袍甲戏，抗日战争后一度解散。后由曾三多主持重建，并领衔主演，成为为数不多的以武生（花脸）行当演员担纲的一个大班。主要演员有曾三多、卢海天、谭秀珍、车秀英、胡铁铮、王中王等，该团当家花旦车秀英。据梁俨然编著的《粤剧梨园旧典》称，车秀英凤眼杏脸，温文娇美，歌喉清脆，风姿动人。演《赵子龙》之樊氏、《钗头凤》之唐氏、《辩才释妖》之柳青、《金瓶梅》之李瓶儿、《血滴子》之吕四娘等，细腻精刻，宜喜宜嗔，文武皆宜。林小群在车秀英身边做戏，细心观察，认定她为自己心底里的偶像。这位偶像做工细腻，台风镇定自若，真实自然，而且七情上面，唱念问字取腔，字露腔美。林小群的另一位偶像是上海妹，她将其奉为自己学习的楷模。"日月星"的正印花旦是车秀英，文武生是罗海天，他们唱和做工，都是走薛觉先和上海妹的戏路，当剧团演出粤剧

林小群（左四）与车秀英（左三）合影

《胡不归》时，车秀英让林小群饰演她的贴身丫环春桃，以便可以近距离学习自己的唱功和做功。车秀英还耐心向林小群讲："做戏讲究入骨三分，最忌脸死，眼无神，声线不食弦。"她说，妹腔最主要是唱"禾虫滚花"，其腔似断还连，如泣如诉……林小群对前辈的提携、指教十分难忘。她说："车姐是上海妹的传承人，我很崇拜她的艺术，对她很敬重。记得2016年，我从美国回来探亲，途经香港，有幸与她见面，并拍照留念。"

🎭 粤剧名家

薛觉先（1904—1956），广东顺德人，1921年入"环球乐"班学艺，翌年入"人寿年"班，被千里驹破格提拔，担任《三伯爵》一角成名。1929年起自组"觉先声"剧团，长期在广州、香港及东南亚各地演出。他技艺全面，戏路宽广，以文武生驰名，又能反串旦角，以扮演风流儒雅、潇洒俊逸的小生最享盛誉。一生演过约500部戏，拍过36部电影。薛觉先的艺术自成一家，人称"薛派"。他的唱腔被称为"薛腔"，被尊为粤剧"万能老倌""一代宗师"。

🎭 粤剧名家

上海妹（1909—1954），原名顾思庄，广东中山人，出生于新加坡。父亲是粤剧小生，上海妹6岁学艺，打下了扎实、全面的艺术基础。1937年上海妹应薛觉先邀请，加盟"觉先声"剧团，在薛觉先指导下，艺术上更上一层楼，与薛觉先合演《胡不归》《前程万里》《燕归来》《嫣然一笑》《玉梨魂》等剧，名声大噪，被时人誉为"花旦王"。她擅演温柔贤淑的古代女子，台风典雅大方，人物刻画细致，行内外人称她的表演是"过水磨磨出来的"，又赞她"连戏骨戏鳞都做尽，连手指脚趾都有戏"。她戏路宽广，适应性强，还能反串生角，在唱腔上善于继承和吸收传统的唱腔艺术，结合自己的嗓音条件创造了"妹腔"，演唱"滚花"与"反线中板"最为出色，她的唱腔和演技在粤剧界中甚有影响。

　　林小群初踏台板，为了克服怯台的毛病，在天光戏中争取多一些戏份，还心甘情愿将自己微薄的戏金奉送给开戏师爷。果然，师爷让她在天光戏的出头戏《游花园》里演小姐，对手小生是初踏台板的王中玉。那天晚上，王中玉不断起高句又接下句，循环往复，不懂得收煞。林小群看着直想笑，却忍住了，小声叫对手唱下句腔收煞的办法，终于救了场。两年以来，她手提藤箱，走遍番禺、东莞、南海等城乡演出，每转换一个点，走上四五个小时是平常事。有时，晚上演天光戏，白天边走路边睡觉，还有一次演戏，离她上场还有两场戏，由于过度疲劳，她娇小的身躯蜷缩在两个大箱之间，甜甜地睡着了。此时，提场师爷到处找不到她，好不容易在大箱的空隙处找到了她，"你失场了，还不快起来！"一声吼叫，惊醒梦中人，从此她不敢再偷睡了。

　　林小群性情温良，又尊重前辈，体贴别人，她在剧团内很受大家欢迎。历经磨炼，林小群结束了梅香角色，转做第五花旦，迈开新的人生历程。在林小群刚出道时，林超群每次都很耐心、很仔细地观看她的演出，一丝不苟，谆谆教诲。父亲对她说，成败得失台上见，你若要演戏谋生，就必须做到如下几点：第一，要练好唱腔。他要求女儿每一句都要唱得干净利落，千万不要拖泥带水，也不要画蛇添足。第二，控制好高低、轻重、快慢，同时要运用好丹田气唱高音曲腔。第三，要捉摸自己所扮演人物的性格特征，做到心中有数、了如指掌、形神兼备，要抓住人物特性，表演自然。

林超群观看了女儿一段时间的表演后，认为她在台上镇定了许多，且显出了灵气，于是便开始用秦琴带她发声练唱。父亲听她声音虽稚嫩，却清朗如金石，纯净如流水，婉转动听。便语重心长地说："声音很重要，一声压三丑。若你想取得高深造诣，必须下苦功夫，做到拳不离手，曲不离口，没有十年八载磨炼是难以成才的；你热爱演戏，有演戏天分，但更重要的是有当名演员的修养。为此，你必须加倍努力，要有不到长城非好汉的决心。"他每天要求女儿踩翘、扎脚，站着唱，苦练功，样样都要做好，坚持练到一支香烧完为止。

为了训练林小群唱腔的高音，林超群亲力亲为做示范，手把手要求她唱梆黄《小叶吊影》、唱反线二黄的《仕林祭塔》《秋江别》。唱功要怎样控制才能上得去、下得来，要有感情，要训练自己的声音，轻重、高低、快慢、强弱，每一个细节都很严格。林小群说："父亲是绝顶聪明之人，对于我练习唱什么，他有很全面的要求，所有类型的唱段，要求我每天都是这样练。之后父亲又把我交给了黄不灭，后来又找了崔蔚林，古腔《黛玉归天》是崔老师教我唱的。所以说，我获得很多难得的学习机会，都是父亲给提供的。"

林超群被省港澳和东南亚观众认同，是一代粤剧著名男花旦。他对粤剧艺术执着忠诚，对同行朋友真挚友善，亲如手足。林小群视父亲为毕生楷模，她说："家父长相清朗瘦长，中等身材，体态洒脱，专注于闺门旦，他做戏严肃认真、细致周到、寸度准确、精益求精，在戏中扮演的小姐、少夫人，都能将人物身份之大家闺秀、少女的贤淑恬静，表

林超群全家合影
（郑迅翻拍）

演得惟妙惟肖。"

　　林超群对林小群要求甚高，除了艺术上很严格，还有就是要求她必须勤奋。他常对女儿说："猪，你一定要做好啊，因为你是我的女儿。"林超群还为女儿接班做戏，一个月一届，到"陶陶居"去接戏。接到戏回来以后就说，"猪，我们接到戏，有排期了，你要好好看剧本啊。"有一次，他接了香港马洪班的戏，让林小群去当第四花旦。林小群说："第四花旦要跳罗伞架，我连罗伞服装都没有，如何去接戏呢？"林超群叹道："阿猪，你现在让我去找罗伞服装，就等于乞丐想住洋楼，多困难啊！找一套罗伞服装不容易啊。"后来他就去找中华戏服店的老板借钱，做了一套罗伞服装给林小群。林小群有了服装，就可以到香港去演出了。香港的那个团是十分出名的。林超群对女儿说："你穿着这件罗伞装，就一定要跳好这个罗伞架啊！"

　　人生不会总是一帆风顺的。林小群记得，抗日战争胜利后去香港"胜利"剧团做第四花旦，是父亲给接的戏，当时"胜利"剧团就是马师曾、红线女当班的，有一出戏安排她做马师曾的老母亲，第一晚站在台上唱中板，马师曾在虎度门后等场，突然听到有人大声叫骂，吓得林小群差点忘记唱词，后来才知道马师曾觉得林小群戴的二转髻不合适，

二　氍毹伉俪——白超鸿、林小群
林小群篇

二十世纪五十年代，林超群、林小群为『太阳升』剧团下乡演出（郑迅翻拍）

乱了场。跟着这些大老倌做戏，时时刻刻都不能放松。父亲一而再再而三提醒她，登台演出要处处小心谨慎，丝毫大意不得。林小群回忆道："林超群不但是我的好父亲，更是我艺途上的良师。他在艺术上勤奋好学，善于思考，孜孜不倦，精益求精，坚持不懈，是我不断努力提高自己艺术水平的精神支柱和无尽力量。"她说："我是父亲一手培养起来的。我演的是闺门旦，我父亲他又教又讲，竭尽全力。"林超群传授粤剧艺术很有系统，特点非常鲜明。他要求林小群演花旦，一定要落落大方，要端庄得体，千万不要有俗不可耐的表演，要有大家闺秀的模样，这一切都深深铭刻在林小群心中。

获父亲的言传身教，林小群在舞台上崭露头角，叔父辈也对她爱护有加。一天，林小群对父亲说："我唔（粤语用词，不）做猪，我要做爸爸您的掌上明珠，是珍珠的珠。"父亲听后会意地笑了。此后，原来的"大猪"就变成后来的"大珠"了。

第二章 茁壮成长 饮誉岭南

1947年，仔姐（郎筠玉）和佳叔（靓少佳）从越南回到广州，与老友、平洲乡里林超群一起重组"胜寿年"剧团，是省港澳大班。林超群当时在"胜寿年"当经理，为靓少佳和郎筠玉打理戏班事务。他把出道不久的林小群交给仔姐和佳叔，让林小群正式成为他们的入室弟子。据林小群在《恩师难忘》一文中写道：

行过拜师礼后，两位师父还摆了几桌酒菜。那天晚上，一是高兴，二是年少不懂喝酒，喝了一点酒，不胜酒力，整晚笑个不停，故此印象甚深。两位师父对我关怀备至，要求甚严。

仔姐到哪里都一定携带着我，故戏行的人都笑我是仔姐的手抽（手提包），意思是随身携带。仔姐做新衣服也一定做两件，自己一件，给我一件，可见（仔姐）师父对我是何等关心和疼爱。当时剧团的演出十分繁忙，（仔姐）师父不可能抽出太多时间设堂授课，就要求我每天晚上，自己不上戏的时候一定要在虎度门看戏。如果她发现我不留心看戏，便会责备我，她说："看是最好的学。"正因为（仔姐）师父的严格要求，所以我记熟了"胜寿年"剧团每套戏的台词和每个人的表演。当时，我是第五花旦，但只要哪个花旦不舒服，我随时都可以顶上戏。

所以，我很快便胜任了第三花旦的戏。后来第二花旦蟾宫女前辈不演出了，我便正式成了第二花旦。有一次仔姐的手不舒服，她还让我演《六国大封相》正式花旦的推车。那时候，我很年轻，其实是不太懂演戏的。仔姐便教导我，演戏一定要有"意道"，要懂得与对手、与戏中的其他角色交流。我理解这个"意道"就是要有感情，要掌握表演的情感和尺度。她要求我演戏要感情充沛，与对手交流戏要做足，不能交白卷。对观众也一样，一定要把人物的喜怒哀乐清清楚楚交给观众。如果观众看完戏，什么印象都没有，不知道你在演什么，这只能说这个演员没有什么表演才能，你的戏失败了。仔姐这个教导，使我终身受益。我现在教学生，也一样要求他们演戏要有"意道"，要充分理解角色，恰如其分地表演。

此外，有些戏两位师父都是手把手、一招一式地教我演。佳叔是最喜欢看戏的，他经常悄悄地去观看别人的表演。他嘱咐我要多看戏，博览众长。

两位师父还经常带我去看电影，这一点与我父亲是不谋而合的。我10岁前，家住香港弥敦道，在路口有所大华电影院，我父亲也是经常带我去看电影。一边看，一边解释电影中的剧情和表演，他说电影的表情是最细致的。后来，师父也经常带我看电影，如西片《魂断蓝桥》《乱世佳人》，苏联电影《静静的顿河》《复活》……观看电影，提高了我对艺术的鉴别能力，让我的眼光更开阔，拓宽了视野。电影表演艺术家的表演给了我很多表演上的启示。看电影可以看到导演艺术上的处理手法，让自己受益良多。很感谢两位师父培养了我看戏和看电影的习惯，这个学习方法是不可忽视的。

师父对我的栽培着实不遗余力。仔姐非常疼爱我，生活上艺术上非常关心我，她当时如果有事不能上场，就会叫我顶上。她在《六国大封相》里做推车，也是经常说："今晚我不推了，你顶上吧！"她的很多戏，成套都在我的脑里。她的曲是怎么样唱的，我全部都能记住。很

快，我就从第四花旦升到第二花旦。

一天，我父亲说："鱼唔过塘唔得大。"（粤语，"鱼不换新鱼塘就养不大"，暗喻不转换环境，就没法得到更大的发展空间）。新中国成立后不久，仔姐托人组织了一个剧团，到上海的丽都剧场演出。她自己没有参加，却让我和佳叔担纲演出，做正印花旦，那时候有几十万广东人生活在上海，广东戏在那里都很"好受"（粤语，受到欢迎）。我在上海演出，差不多是做"擂台罡"，四个月内换了几个文武生搭档，几乎是一日一套新戏，一个月三十日，我做了二十八套新戏，几乎就是一晚开一套新戏，每天晚上我刚做完一套戏，回到后台时，新戏的剧本就给我了，我在临睡之前就"攦攦攦"（快速浏览的意思），攦完就知道这个戏大概是做什么内容。第二天就是看曲，看上下句接的是什么介口、什么曲。到了化妆那个时候就一边提场一边记唱词，当时劳雪红坐在我旁边读剧本，除了记介口就是记曲词，这样差不多就能记住九成几啦。就这样异常紧密的演出，使我积累了很多实际经验。几个文武生，最早是佳叔，后来梁荫棠、曾君瑞、名驹扬等，我全部都应付得了。（有次）做《六国大封相》，戏班为了给观众新鲜刺激，还叫我挂须出去坐车，所以我有名叫"沙骝猪"（粤语俚语称，古怪主意多、机灵调皮的人）啊。

在艺术之家成长起来的林小群凭着自身的聪慧灵气和勤奋努力，不断成长。她深深知道师父引进门，但学艺在自身，故此，处处留心观察各位艺术大师的演出神情，事事认真开动脑筋找窍门。14岁的林小群在郎筠玉、靓少佳的提携下，吸纳车秀英、上海妹等各大师之长，为己所用，其演技突飞猛进。师父一直让林小群多看戏，各套戏从头到尾都很熟悉，谁病了，她随时都可以顶上。

中华人民共和国成立后，作为一项适应新时代、建立新文化的举措，全国性的戏曲改革运动（简称戏改）拉开序幕：改戏、改人、改制。华南文学艺术界联合会筹备委员会（简称华南文联筹委会）设立了粤剧研究组，专事创作和改编新粤剧。戏改的第一炮，是把延安鲁迅艺术学院的原创歌剧《白毛女》改编为新粤剧，剧本就出自以下9位广东知名作家、戏剧家、诗人、导演、粤剧编剧之手，他们是：欧阳山、华嘉、黄宁婴、林榆、易巩、虞迅、符公望、陈卓莹、杨子静。

1950年，立秋刚过，南国天气渐凉。"胜寿年"剧团新戏开锣，由郎筠玉和靓少佳担纲，在广州海珠大戏院隆重首演创新粤剧《白毛女》。白毛女由郎筠玉出演，林小群担纲二帮花旦，在剧中饰演袁美心。郎筠玉时年31岁，她早年以青衣戏成名。戏迷中流传过一句话："想哭就看郎筠玉。"其艺术魅力可想而知。林小群当年18岁，师徒同台演出，擦出粤剧现代戏表演的新火花，这是新时代粤剧史上的新篇章。广州《南方日报》发表评论表示，新中国人民在粤剧舞台上做了主角、成了主人；又称这部戏的出现是粤剧史上的大革命。当时的海珠大戏院，乃广州戏院之王者，建于1902年，临珠江而筑，位于灯光璀璨的长堤大马路，有三层观众厅，座设近两千。无论是一众赫赫有名的省港粤剧大老倌，还是京城京剧大师梅兰芳，都以在海珠大戏院登过台为荣。

粤剧《白毛女》首演一鸣惊人，随后连续演了几个月，观众场场爆满，领导、专家和观众都高度评价。欧阳山作为当时文艺界的领导人，熟悉文艺规律，还熟悉市场的运作；作为作家，他又十分了解人性；而作为喜好粤剧的观众，他既懂戏曲艺术，也了解观众的心理。他指出，在当时以名伶效应去推广新粤剧，堪称绝招。同年7月，欧阳山在《我们对粤剧改进的意见》中提出了"好睇（看）有益"四个字的指引。

《白毛女》的主题是旧社会把人变成鬼，新社会把鬼变回人。新粤剧旨在向观众传达一种新的意识形态，意味着不但戏剧题材要更新，连表演、服装、布景、灯光等也要改变。林小群参加了"粤剧改革"第一个实验品的创作过程。

《白毛女》保留了粤剧表演的"六柱制"的各个"行当"，根据角色类型去分类，同时又将导演制在戏改中引入了戏曲界。学话剧的林榆初次执导粤剧《白毛女》，他怎样与艺人沟通呢？林小群深有体会地说："全靠启发。林榆从人物出发，用人物去启发我们进行创作，要求我们投入到戏里。他与演员分析人物性格，比如，白毛女是这样的，大春是这样的，黄世仁是这样的，袁美心是这样的。我们理解了人物之后，再根据粤剧传统的手法和规律去进行处理。"粤剧《白毛女》无论唱念做打、手眼身法步都是传统表演的形式，而服装和舞台布景却是现代的。观众听到的是传统的粤曲，看到的人物的表情都是粤剧程序化的表达。林小群认为，这部戏的尝试加强了她日后演现代戏的信心，获取了宝贵的经验。

当时，观众争着买票是为了看郎筠玉怎样扮演白毛女。"人们充满好奇心，她是穿古装戏服，用传统戏的身段做手演出呢，还是穿现代便服唱粤剧？粤剧舞台上第一个白毛女并没有让观众失望。"林小群当

二 氍毹伉俪——白超鸿、林小群
林小群篇

年正随郎筠玉学艺，谈到演出效果，她特别推崇白毛女梦会大春一场："假红喜在台上做梦，真红喜从观众席冲上舞台，观众觉得这种艺术手法好新奇，反应好强烈。那一场是戏肉（即精彩部分），他们俩演得好动人，感情好真实。按照传统来说，就是'生旦戏'了。但无论古代或者现代，比如白毛女和大春相会，都离不开生离死别与悲欢离合的感情，演员都要表现人性的真善美。这是成功的关键。"

作为一部实验性作品，新粤剧《白毛女》至少达到三个成就：其一，从形式到内容被观众接受并喜闻乐见；其二，给粤剧剧种带来了新气象；其三，该剧风格一直影响着粤剧现代戏的发展。新粤剧《白毛女》的诞生，折射出戏改充满了激情与活力。面对传统戏曲艺术和市场规律，文艺管理者们所持态度比较开明、尊重、慎重。新秩序以理想主义姿态呈现，卓有成效地激发了旧艺人的翻身感和爱国情怀，进而调动起他们自觉为人民服务的积极性。粤剧《白毛女》堪称新文艺工作者与旧文艺工作者精诚合作的经典。"这是划时代的大事，应该载入粤剧史册。"原创歌剧《白毛女》已经成为非物质文化遗产，而具有"划时代意义"的新粤剧《白毛女》，也是一部一直影响着粤剧现代剧发展的优秀作品，林小群有幸参与了这一重大的改革实践。

1953年6月10日，中华全国青年第二次代表大会在北京召开，林小群第一次坐飞机去北京，与杜近芳等先进青年代表一起，参加了全国青年代表大会，受到国家领导人的亲切接见，这就为她指明了前进的方向，激励她为传承粤剧艺术作出贡献。

随后，广州粤剧界改制，林超群再当"胜寿年"剧团座舱，就组织了"太阳升"剧团，并任经理。

林小群说："在'太阳升'剧团演出期间，父亲每天晚上都等（到）我散粉（粤语，卸妆的意思）之后，同我一起坐三轮车回家。因演出的时候，他就坐在观众席里，注意听周围观众看戏时的意见，然后一坐上三轮车就开始指点我，从来没说过一句表扬的话，而是具体到哪

平洲粤剧博物馆收藏的二十世纪五十年代林小群演唱的《东湖春晚》手抄油印唱词本（郑迅摄）

二十世纪五十年代谭青霜编剧的《柳毅传书》泥印剧本封面（郑迅翻拍）

一段观众反应不好，哪个字唱得听不清楚，（并）及时指出。我就请教他怎么样才能做得好，唱得好。他就逐个动作，逐个音教我怎么样处理，每天晚上都是这样。这对我有很大的督促作用。"林小群成功的背后倾注了慈父多少个日日夜夜和良苦用心。

千里驹的首本戏《燕子楼》是传统剧，经过资深音乐家黄不灭依据旦腔特点和歌唱条件精心设计，不同凡响，使全剧有创造性突破，成为粤剧和钻研粤曲的音乐教材。林小群说："在'太阳升'剧团，我同白驹荣演的《燕子楼》印象最深了。有一支主题曲，整首《燕子楼（中板）》全部唱完。这套《燕子楼》是我爸爸开的戏，那个时候，我爸爸说做什么戏，我就要做的，我没有什么话事权。这整首《燕子楼（中板）》我点唱呢？于是就去找黄不灭老师，当时他就将这首曲做了改动，每天教我两句，多一句都不会再教的。黄师傅对音乐钻研得很深，又要求得十分严格。乌衣巷口斜阳晚的乌—，问字拗腔；依—巷口，斜—阳—晚啊—啊，运腔吐字。一钉一板，朱—雀—桥—边—，问字拗

二 氍毹伉俪——白超鸿、林小群

林小群篇

腔；边—，吐字归音；野—草—寒—，吐字归音。很严格，每天两句，一大早就去学，直到全部学完。上台唱出来之后，反应很好，被唱片公司灌制了唱片，陈卓莹老师在戏曲改革委员会开会时就特地播放了我这首《燕子楼》，获得行内认可。"

林超群为了把"太阳升"这个民营剧团办好，倾尽了心思。20世纪50年代初，一位20出头的年轻人应聘入职创作。他原是记者，对粤剧有兴趣而入行，开始学写剧本。林超群看到他有一定的文学修养，人又谦虚朴实，勤奋好学，很喜欢他，认定他日后是一个能写（出）优秀剧本的好苗子。果然，他后来成为优秀的粤剧编剧家，这个年轻人叫谭青霜。

林超群虽然没有执笔写戏，可他纵横粤剧舞台几十年，演戏无数，积累的经验使他能触类旁通。谭青霜初来乍到，入门新手，对这个宝库

二十世纪五十年代林小群、白超鸿结婚旧照。前排左一林慧、左二小少佳、左四林锦屏。第二排左一林超群、左二黎碧华、左三白超鸿母亲、左四靓少佳母亲、左五靓少佳。后排左四白超鸿、左五林小群、左六郎筠玉（郑迅翻拍）

虽然不能说是一张白纸，但写戏就很棘手了。他非常勤奋好学，林超群寄予厚望，毫无保留把粤剧知识传授给他。他们的感情非常融洽，情同父子。林超群经常带着他，有时还捎上林小群上茶楼，讲戏度桥，度曲……谭青霜对林超群尊崇有加，言听计从。他的处女作是《卖油郎与花魁女》。几年内写了几个剧本（包括改编），有《玉河浸女》《荔枝换绛桃》《花王之女》《附荐何文秀》《牡丹亭》等。他的创作技巧进步神速，以上剧目的后三个在《南方日报》举办的评选中，被评为最受欢迎的剧目。而他最令人瞩目的代表作，是根据元杂剧改编的《柳毅传书》。这个剧目从情节（桥段）构思，到人物唱腔设计、演员的挑选，林超群起了主导作用。

当时，白超鸿去了广州粤剧团，这样，"太阳升"剧团就没有文武生了。林超群知道林小群当年和罗家宝曾经拍档做过天光戏，演过《胡不归》，认为罗家宝这个年轻人不错，就想从香港请罗家宝到广州来，加入到"太阳升"剧团。于是，他就写了一封信，要剧团的行政主任吴余享到香港交给罗家宝。罗家宝看信后欣然接受，立即回广州加入了"太阳升"剧团。

《柳毅传书》这出戏，林超群是一手一脚亲自策划的，"因人写戏"，这是粤剧的一个传统、一个特点。林小群、罗家宝各自的优势在这出戏里可谓发挥得淋漓尽致。他俩各有千秋，有长有短，取长补短，这就是艺术。在剧中，柳毅和龙女这里怎么演，那里怎么唱，都是林超群设计、指导的。到现在这套戏还保留的"柳摇金""千盼万盼"等唱段，都出自他的手。他让谭青霜写词，与他一起度曲；教林小群、罗家宝这个介口怎么唱，那段戏怎么做。实际上，他是当了编剧、撰曲加导演的角色。那个时候的"龙女牧羊"安排的是用"真羊"，由两个人来扮演，最初的时候是这样的。排戏时，龙女在龙宫向柳毅敬酒那一段，其中有一个动作，两人相互碰了一下，龙女撞到了柳毅，这是林超群特意设计的。几十年了，林小群一演到这里，就会想起她父亲，那时候林

小群做给父亲看，对他说："爸爸你看看，这样行不行？"林超群说："好。"林小群深情地回忆说："总而言之，《柳毅传书》整出戏的统筹都是我父亲做的，他的贡献非常大。"

1954年12月，由罗家宝、林小群担纲在广州首演《柳毅传书》，连演数百场都是场场爆满，饮誉羊城。此剧目不少剧团争先上演，历演数十年不衰。其中一些唱段脍炙人口，在海内外广为传唱。《柳毅传书》由于受到广大群众欢迎，每星期要演八场，整天都要唱，星期六、星期天都有，日夜场一起演，这就慢慢形成了林小群和罗家宝的唱腔了。林小群说："运声要有支力，如果靠前，声音出来是扁的、散的；靠后，声音就出不来。每天都演出，就等于每天去上课，天天都唱，就和上课一样。加上有我父亲指点，唱腔和表演都慢慢成熟了。"那时候，罗家宝不能放声唱，为了悭气，他的"虾腔"就这样逐步形成了。

一台戏，和其他演员合作，大家就要默契。舞台实践培养了演员要互相融洽。在唱的方面，你唱得不够好，就由对方补救。好像《柳毅传书》中，"两家爱，情义重"这一段，原来安排是罗家宝独唱的，罗家宝扯着嗓子来唱，唱得很辛苦。林小群看他唱得那么辛苦，就提出来："合唱吧，我们两个一起唱，非常默契；大家一起唱，互相补充，又好听。"此后，这段唱就由初时罗家宝他一个人独唱，变成两个人合唱了，通过不断的磨合、互补，达到共赢。

一直到现在，《荔枝换绛桃》《玉河浸女》《柳毅传书》这三出戏都是粤剧的保留剧目，其中《柳毅传书》更成为粤剧的传世之作、首本经典。

林小群说："我认为艺术是综合的，是需要沟通的。我感谢剧团给了我许多机会。"罗家宝说："《柳毅传书》一戏，亦可说是我的成名戏，因为生、旦都比较年轻，有声、有样。当时我和林小群都是20出头，又是大型神话戏，而我的唱腔亦为广大观众所接受。所以这个戏反成为我的成名戏。我在'太阳升'剧团两年多，已经一共演了百多场。及后，我在'东方红'剧团亦和陈绮绮演过这个戏。"

1958年11月，广东粤剧院成立，集中了广州地区著名粤剧演员、乐师、编导和舞台设计人员，首任院长马师曾、副院长罗品超、艺术总指导白驹荣。林小群进入广东粤剧院担任正印花旦。靓少佳、郎筠玉也同时进入广东粤剧院任职。林小群回忆道：

组建广东粤剧院，我与仔姐又可以在一起演戏了。为了培养我们这些新秀，仔姐还甘当绿叶来扶持我们。那年，我演刘胡兰，仔姐饰演刘胡兰的母亲。在"大审"一场中，她声情并茂的表演，带动着我的表演，令我无法不入戏，无法不流泪。她是一个如此有名气的演员，都能这样甘当绿叶，来为年轻一代配戏，培养青年，此高尚品格确令人称颂。

时光过去60多年，香山粤剧团团长邓志驹重听了林小群主演的《刘胡兰》的录音，他说，大珠姐这出戏演得好，唱得都好。堪称粤剧现代戏的一个传世经典，不容忽视，值得后世认真学习、借鉴。

1960年3月，文化部在北京中国戏曲学院举办了全国戏曲表演艺术研究班，为期三个月，集中了当时全国知名的戏曲表演艺术家和优秀的戏曲演员，涉及京剧、评剧、川剧、汉剧、越剧、晋剧、湘剧、豫剧、昆剧、粤剧、花鼓戏、河北梆子、秦腔13个剧种。其中有很多演员当时是各戏曲剧种的领军人物，甚至是开宗立派者，比如评剧花派创始人花淑兰、云南京剧院的关肃霜、"汉剧梅兰芳"陈伯华、越剧大师袁雪芬、豫剧大师常香玉、著名程派演员李蔷华等，研究班班主任是京剧大师梅兰芳先生。群贤毕至，少长咸集。

表演艺术研究班学员的组成大致有两种情况：一是有一定成就的艺术家，中华人民共和国成立前就是名角，他们从旧社会走过来，艺术观、价值观还没有完全和新社会并行；二是当时刚刚崭露头角、由新中国培养的青年演员，他们接受的是新教育，在艺术上都有很好的条件，有待名师调教升华。戏曲研究班分为博士班和学士班。来自广东的红线女、马师曾是在博士班；在学士班的有"四小"：小生是罗家宝，小旦是林小群，小丑是罗思，还有一个音乐师黄英谋。

林小群、罗家宝都是广东粤剧院优秀青年演员，是重点培养对象。据罗家宝文章记述："我们一行四人北上乘特快火车……我和林小群是软席卧铺，黄英谋和罗思是硬席卧铺。因为文艺级别有规定，文艺五级才有资格坐软席卧铺。"罗家宝写道："中国戏曲艺术研究班第一届开学典礼，十分庄严隆重，所有全国各地的知名艺术大师、艺术家济济一堂，他们当中有京剧的梅兰芳、姜妙香、荀慧生、萧长华，昆曲的俞振飞、徐凌云等名家，中央宣传部副部长林默涵出席并主持会议。他首先说明中央办这个班的目的意义，是希望为全国戏曲培养一批人才，在全国各地挑选一些尖子人才来京学习，希望你们学成归去，开花结果，不要辜负政府对你们的期望。"

又据罗家宝回忆："《游园惊梦》是明代戏剧家汤显祖的'临川四梦'之一，原称《还魂记》，又名《牡丹亭》。《游园惊梦》只不过是其中一小节，说的是南安太守的女儿杜丽娘游园，梦见书生柳梦梅的故事。俞振飞老师扮演柳梦梅，穿海青戴福如金，手执柳枝上场，一出场，那种飘逸潇洒的派势，确是无人能及，当见到杜丽娘，便用手上的柳枝把丽娘的水袖按低。跟着一见丽娘的美丽，惊为天人，倒吸一口冷气的惊诧表情，恰到好处。后来我演《柳毅传书》龙宫敬酒那一幕，重见龙女那一刹那，便借用了这个表演和动作。《游园惊梦》还有很多舞蹈动作，十分优美，我们都学了。到1961年，我和林小群在广州上演《牡丹亭》时，将我们在北京学到的东西，全部应用在戏里。同年，俞老师带团到香港演出，路过广州，在太平戏院看了我们《牡丹亭》的演出。中休时他老人家到后台找我和林小群，很高兴地说：'你们在北京学的东西还未扔，还没有忘记。'我说：'俞老师教我们的东西，一直都记在心里，永远都不会忘记的。'"

在研究班上，林小群反复学习梅兰芳的《游园惊梦》，陈伯华的《宇宙锋》。通过这个研究班，各地艺术家们在唱腔、程序、表演上都大有收获，林小群在后来的创作过程中，都吸收消化了研究班上学到的各剧种的特色，丰富了自己粤剧艺术的表现力。在广东粤剧院工作30年，有各级领导、粤剧前辈的关怀、鼓舞；同辈的大力帮助、支持；更有自己的努力进取、勇于实践，林小群的艺术人生绽放出灿烂的光彩，写下了动人的篇章。

林小群先后主演的剧目有：《三闯留春苑》《阿霞》《珠江春潮》

二
林小群篇
氍毹伉俪——白超鸿、林小群

林小群与罗品超主演《蝴蝶杯》
（郑迅翻拍）

《刘胡兰》《红霞》《洛神》《荆轲》《附荐何文秀》《蝴蝶杯》《碾玉观音》《玉簪记》《拜月记》《关汉卿》《苏小妹三难新郎》《游园惊梦》等。她在《黛玉归天》《拜月记》《柳毅传书》《钗头凤》《玉簪记》《洛神》《何文秀》等剧中表演细腻感人，受到观众和粤剧界人士的热烈赞赏。陆风创作的《竹伯返唐山》写的是华侨题材，她和白驹荣精心演唱，在海内外电台播出，引起轰动。

在粤剧院，她先后随团到美国、加拿大、澳大利亚等国家和中国香港、澳门等地区演出，誉满海内外。

粤剧《关汉卿》一剧，林小群演赛帘秀，演这个角色很困难，要用布裹住双眼，只能发挥唱腔的特色去塑造人物。粤剧电影《关汉卿》是在上海拍的。在上海，这个戏拍了半年，几个主要演员马师曾、红线女、罗品超、靓少佳、文觉非、吕玉郎、林小群住在五星级锦江饭店。林小群最年轻，被选为生活组组长，要管吃饭、叫起床。林小群回忆道：马院长最嗜睡，还有红线女，每天这样子拍戏，一拍就十几个小时，大家真的非常累，房门口都挂着"请勿打扰"，到了早饭时间，真不知该不该叫醒他们。在上海还拍了一组短剧，包括林小群和吕玉郎主演的、原本是长剧的《抢伞》。

1966年开始的"文化大革命"，林小群和白超鸿被分配到粤北一个茶场。白超鸿就在那里待了5年，林小群后被调回参加样板戏剧团，不过不是演戏，而是在后台做杂务。

"文革"后林小群的声带严重受损，休养了很久，才得以重新登上舞台演出传统戏。直到粉碎"四人帮"后，广东粤剧艺术才得到了新生。

1978年，剧院重排现代粤剧《刘胡兰》，对于林小群来说，同样是一个新的考验。她对排演此剧十分重视，翻看了不少关于刘胡兰的资料。她说："就靠刘胡兰的精神鼓励自己。"加上有名家郎筠玉、白超鸿、文觉非共同配合，又作了新的音乐设计，使她在表演和唱腔上都能有较多的变化和发挥。戏中的主要唱段，她精心处理，曲末的"南音"拉了深情婉转的新腔，表现刘胡兰"朝近红日想延安"的热望和对党的无限忠诚。此外，林小群演刘胡兰与妈妈见面诀别的一段戏，将其内心世界揭示得尤为细腻，刘胡兰摘下顶针请母亲保留，配合着动作唱出了一段"新曲"，到尾四句："但愿它伴随妈妈早日迎解放，绣成那红旗千面高插在吕梁，儿见红旗心欢畅，长眠地下梦也香！"确实甚为动听，感人肺腑，令人鼓舞！

1984年，林小群参加文化部组织的"中国艺术团"，赴美国进行文化交流，走了11个地方；后来还去了澳大利亚，为中外文化艺术交流作出了贡献。

1986年5月，林小群被任命为广东粤剧院副院长；在2002年元旦的粤剧新年晚会上，林小群获得了广东省所授予的粤剧"突出成就奖"。

林小群与白超鸿相爱、相知、相守，一起辉煌，一起变老。他们用

二　甝鮞伉俪——白超鸿、林小群
林小群篇

丰饶的人生证明了，爱情令生命绚丽，艺术令生命长青。他们情系南国红豆数十载，到了耄耋之年依旧活跃在粤剧舞台上。

林小群、白超鸿说：他们最开心的是观众喜欢粤剧，年轻一辈接好班，能将粤剧一代一代地传下去，传到世界每一个角落，使得粤剧生生不息。

第三章　一代名伶　自在人心

　　翻开20世纪90年代末，由香港电台一群有识之士倾力编印、出版的《香港粤语唱片收藏指南——粤剧粤曲歌坛（二十至八十年代）》，赫然看到"林小群篇目"，内有该台珍藏的唱片40张，并称林小群为"四五十年代走红广州的花旦。她出身梨园世家，父亲是上一代的著名男花旦林超群，因此，自小耳濡目染，学得传家之技，故演出极为细致"。这本书把数以万首的粤曲曲目和粤剧剧目整理成书，是何等艰巨的使命，为保存岭南戏曲文化作出了不朽的贡献，令人肃然起敬。林小群上述曲目，仅是她艺术人生的一小部分，冰山一角，值得认真关注、探索，有待细细道来，作出客观、公正评价，还历史的真实面目。

　　2008年出版的《粤剧大辞典》人物条目介绍称，林小群扮相靓丽，做工细致，举止大方，特别擅长运用眼神与身段，她的音质纤细柔美，唱腔委婉酣畅。自成一格，擅演闺门旦和小旦。

　　中国当代著名剧作家、文艺理论家阳翰笙，20世纪60年代到广东指导文艺工作，观看了广东粤剧院演出的《牡丹亭》后，盛赞此剧演得好。并在座谈会上指出："林小群的唱腔细腻委婉，其表演眉目传情。声腔与人物表演表现之精彩，奇在细工。"阳翰笙先生的评价与《粤剧大辞典》何其相似，有异曲同工之妙。

二　氍毹伉俪——白超鸿、林小群　林小群篇

        1958年，马师曾、杨子静、莫志勤根据田汉同名话剧改编的粤剧
《关汉卿》，由马师曾、红线女等主演；两年后，该剧由海燕电影制片
厂与珠江电影制片厂联合拍摄为有声彩色古装片。这是粤剧演员马、红
的代表作，保存了他们两人的粤剧唱腔和精彩表演，轰动一时，在省港
澳及海外产生广泛影响。与此同时，由罗家宝、林小群主演的《柳毅
传书》在广州中山纪念堂连演六场，场场满座，同样引起艺坛震动。
广东粤剧院的编剧、导演、老倌开展热烈讨论，一致认为，这两出都
是好戏，好完美。两位女主角红线女、林小群演出都很成功，各具特
色，值得充分肯定。著名粤剧编剧家杨子静先生说："如果将红线女、
林小群两位伶人的唱腔风格作比喻，红线女如伏特加酒浓烈，而林小
群则如茅台酒柔绵。"杨子静自幼酷爱古典文学，广读诗词歌赋，他的
比喻形象生动、饶有风趣。众所周知，伏特加是俄罗斯一种传统蒸馏
酒，主要用谷物或马铃薯为原料，经发酵、蒸馏后，用烧碱和高锰酸钾
处理、蒸发，再用水稀释和活性碳处理而成。不含酸，亦无脂肪等，有
特殊香味，酒精含量36%—60%。据品酒行家称，俄罗斯伏特加酒液透

林小群演唱的粤曲《燕子楼》
唱片封面（郑迅翻拍）

林小群接受献花
（郑迅摄）

明，除酒香外几乎没有其他味道，口感浓烈，劲大冲鼻，具有烈焰般的刺激，适合高寒地带人喝。茅台酒为中国名酒之一，产于贵州省仁怀市茅台镇，是世界三大蒸馏名酒之一。酒液清澈，醇香馥郁，有独特"茅香"，味感醇厚。据品酒行家称，茅台酒的特点，酱香味突出，优雅细腻，酒体醇厚，回味柔长而又不上头。杨子静先生是精通古文和音律的粤剧行家，他将两位粤剧伶人相提并论，作出形象独特的比喻，实在高明、独到，耐人寻味。

🎭 粤剧名家

　　杨子静（1913—2006），广州人，中学时因家境贫困而停学，当过小学教师，抗日战争期间结识了马师曾。中华人民共和国成立后，历任广东粤剧院编剧、艺术委员会副主任，广东省粤剧家协会会长。多年来，他笔耕不辍、单独或与别人合作编写的剧本有40多部，佳作迭出。他创作态度认真，剧本格调高雅，人物形象鲜明；加之文学修养高，精通戏曲韵律，戏曲语言精确生动，雅俗共赏，深受演员与观众喜爱。

🎭 粤剧名家

　　陈冠卿（1920—2003），广东顺德人，早年曾任语文、音乐教师，1941年起在剧团担任音乐员兼撰曲，后在"非凡响""宝丰""大龙凤""百福"等剧团担任编剧。1958年起，一直在广东粤剧院任编剧。他编写的粤剧剧本过百个，在粤剧创作上卓有建树，名剧迭出，硕果累累。他的作品选材严谨，风格多样，特别重视从中国古典名著中选取题材，善于以精炼、优美、富有文采的唱词和大段成套的主题曲去揭示人物的内心世界，并发挥戏曲道具和景物的作用，以出戏生情，达到以情动人的戏剧效果。所以他的作品有着强烈的抒情性、文学性和感染力，很受同行与观众的欢迎。由于他早年当过音乐员，精通音律，苦心钻研粤乐，所以他的剧作音乐性特别强，为同行一致认可。

二　甄姒伉俪——白超鸿、林小群
林小群篇

　　著名撰曲家、编剧家陈冠卿先生长期与林小群在广东粤剧院共事，对她的艺术人生了如指掌，写了一篇题为《林小群唱腔艺术浅析》的文章，中肯平实，分析透彻，言之有物，他写道：20世纪50年代，广东开平县的邝健廉（红线女）创造了"红腔"，以《昭君出塞》等名曲享誉全球，为粤曲写下了光荣的历史。而那个时代，林小群则是与红线女齐名的粤剧名伶。当然她们的艺术成就各有千秋。如果说红线女是粤曲大师的话，那么林小群则可称为粤曲大家。林小群《残夜泣笺》的首句"斜栏秀影"堪与红线女《昭君出塞》的首句"独抱琵琶"比美，不妨称之为粤剧首句之"双璧"。总的来说，林小群的唱腔，经历了几十年的磨炼，从清新飘逸到刚健深沉，以至委曲苍劲；发口自然，吐词清亮，运气自如，节奏徐疾有致；亦俗亦雅，宜悲宜喜。其音调不及红线女的高亢，但比芳艳芬（香港著名"芳腔"创始人）则显得刚健，其唱腔自成一格，无以名之，可否称之为"群腔"？

林小群、罗家宝演唱乐曲《柳毅传书·洞庭送别》唱片封面（郑迅翻拍）

白超鸿、林小群剧照（郑迅翻拍）

　　杨子静、陈冠卿，都是粤剧界的有名人士。杨子静是粤剧《关汉卿》编剧，陈冠卿根据谭青霜本子成功改编《柳毅传书》，均在20世纪岭南文坛传为佳话。两位大家同时为林小群发出声音，实在不同凡响。红线女为广东粤剧界著名表演艺术家，《粤剧大辞典》称，红线女曾任广东粤剧院副院长，广州粤剧团艺术总指导，是第三、第四、第七、第八、第九届全国人民代表大会代表。她以高超的创作功夫，形成了独具一格的"红派"表演艺术，她所创建的"红腔"誉满海内外，"红派"戏极新、极热、极奇，却又极稳，雅不伤俗，俗不失雅。为表彰红线女对粤剧艺术的杰出贡献，承传红线女流派艺术，中共广州市委、广州市人民政府批准成立红线女艺术中心。在红线女亲自策划、领导下，为弘扬粤剧做了大量工作。纵观中国戏曲界人士，获此殊荣者绝不多见。

　　两位编剧家将林小群与之比较，将红线女的唱腔比作俄罗斯的伏特加酒，林小群的唱腔比作国产茅台；称林小群与红线女是"齐名的'粤剧名伶'"。陈冠卿先生根据自己的综合观察、分析，认为林小群的唱腔自成一格，提出岭南粤剧"群腔"之说。关于该论题，有待行家和粤剧、粤曲爱好者进一步商议、争鸣。

粤剧名家

芳艳芬（1929—　），原名梁燕芳，祖籍广东恩平，10岁随白洁初学戏，也曾向男花旦肖兰芳学习粤剧排场，11岁在"胜寿年"班初登舞台，与红线女一同做提灯宫女，16岁为正印花旦，先后与何非凡、白玉堂、梁醒波、文觉非、罗品超等合作。1953年在香港《娱乐知音》杂志举办的读者评选中获"粤剧花旦王"称号。她擅演悲情戏，用鼻膛发声，腔调圆润雅淡，唱腔幽怨缠绵，声甜意隽，感情丰富，自成一派，人称"芳腔"，并先后拍摄电影150多部。她人缘极好，乐善好施，是香港八和会馆永远名誉主席。

二　氍氍伉俪——白超鸿、林小群
林小群篇

陈冠卿编剧《梦断香销四十年》一直为粤剧界人士所关注，获得好评。广东粤剧院艺术室原主任、编剧家潘邦榛曾著文《欲笺心事泪濛濛——赏析〈残夜泣笺〉》，文章写道："《残夜泣笺》一曲出自著名粤剧编剧家、音乐家陈冠卿（卿叔）所创作的经典名剧《梦断香销四十年》，是该剧女主人公——南宋爱国诗人陆游心爱的表妹唐琬的一段'主题曲'。在编写此剧之前，卿叔曾撰写题为《唐琬绝命词》的一首粤曲，篇幅稍长，到写成剧作时，第五场中由剧中人唐琬唱出的这段曲，经过压缩显得更为精练，就以《残夜泣笺》为曲名一直存唱下来……著名戏剧家田汉先生曾形容粤剧的唱腔音乐'热情似火，缠绵悱恻'，《残夜泣笺》可说是充分体现'缠绵悱恻'风格的代表曲目之一。此曲的文学性与音乐性结合得很好，其文词典雅，句格严谨，将唐琬原词'欲笺心事难难难'之蕴意融入词中，以板腔（【反线中板】与【南音】）和卿叔拿手制谱的新曲三首转接穿插，酣畅自然、委婉沉郁，其内容集中于病重的唐琬挥泪对词笺时个人复杂感情的尽情抒发，具有强烈的感人力量。"多年来，参与饰演唐琬的名旦很多，他们均倾情唱过此曲，大受好评。而在海内外各地举办的多次粤曲演唱大赛中，选唱此曲的子喉选手也特别多，真是脍炙人口，影响很大。人们不难发现，经历了长时间的检验，该剧作者最终认为此曲林小群唱得合心水（合意），最满意。并指出林小群《残夜泣笺》首句"斜栏秀影"堪与红线女《昭君出塞》的首句"独抱琵琶"媲美。

林小群与多位粤剧名家合作，演唱过许多粤剧名曲，广为传扬。2018年，潘邦榛在《南国红豆》杂志发表题为《传唱半个世纪的现代名曲——赏析〈竹伯返唐山〉》一文，文章写道：

《竹伯返唐山》于1963年推出，由陆凤先生根据自己在现实生活中所见所闻及真切感受撰写而成，唱的是一位历经沧桑的老华侨竹伯思念家国与亲人，参加归国观光团到了广州，在华侨大厦与有广东开平口音的一位女服务员倾谈，互诉家事，发现原来她竟是自己未见过面的女儿，骨肉相逢，惊喜不已！全曲奏响了爱国主义的主旋律，弘扬了中华民族的传统美德，有强烈的现实意义。曲中人物形象突出，感情色彩丰富，生活气息浓郁，地方特色鲜明，而且语言朴素，曲词浅白，全用粤剧板腔，又安排了一定的情节，逐步引向深入，富有吸引力和感染力，显出亮点多多，实在难得！

一首曲目能获得成功并广泛传开，自然与首唱者关系甚大，要知道，《竹伯返唐山》是由粤剧一代宗师、人们尊敬的前辈、著名艺术家白驹荣与唱做俱佳的粤剧名花旦林小群合唱的。白驹荣创立了流派唱腔"白腔"，吐字玲珑，行腔朴素而显华彩，尤其擅唱"南音"一类，而最重要的就是对人物感情的把握十分准确，抒发得细腻入微。在《竹伯返唐山》中，他就把老华侨命运的坎坷、辛酸的血泪及对祖国的热爱、对生活的希望唱得令人刻骨铭心！正如笔者去年与从美国归来的林小群交谈到此曲时，林小群说："白七叔是发自内心、含着热泪唱的，虽然录音那时他已失明，但一次过便录成，唱得这样投入、这样动人，我也深受感染！"而林小群自己，也以多种板腔细腻的演唱尽抒竹伯女儿飘零的身世、翻身的庆幸、服务的热诚及蓦地认父的兴奋……两人配合默契，十分成功。此曲先在广东电台播出，马上就由中国唱片社广州公司录制出版，向海内外发行，继后不少同行与业余唱家纷纷学唱，就连有"文武泰斗"之誉的粤剧大师罗品超也看中此曲。那是1984年间，罗品超与林小群参加"中国艺术团"赴美访问演出。通过笔者与原作者商量后，按照演出的要求，对此曲作了压缩，并对某些曲牌和唱词作了改动，重点突出了竹伯父女的深情忆述与相认，在美国演唱时也深受欢迎，继后也在广东电台录音播出，进一步扩大了这首名曲的社会影响。直到2012年，广东粤剧界在广州举行粤剧宗师白驹荣诞辰120周年纪念演出晚会时，广东粤剧院的名家林家宝与蒋文端又特别选唱了此曲（也是做了压缩），反响同样甚为强烈。

二　甄姚伉俪——白超鸿、林小群

林小群篇

此曲在国家级媒体中国国际广播电台向全球播出后，听众反应强烈，纷纷要求重播，说明林小群演唱的此曲有强大的生命力、在海内外造成极大的影响。同时，《香港粤语唱片收藏指南·粤剧粤曲歌坛》也有此曲在内。

陈冠卿先生提出的"群腔"之说，得到粤剧研究者的热诚回应。中山花锦绣粤剧团原班主兼正印花旦、现广东舞蹈戏剧学院（粤剧学校）教师杨春花，祖籍南海丹灶，自小喜爱粤剧，后拜林小群为师。她说道："林小群老师非常有修养，德行高尚，而且从不张扬，待人接物非常平和、真诚，在职责上有担当。她对艺术有不懈的追求，在人生低谷时也不退缩，在到达异国他乡之际，还不忘思考如何将粤剧艺术传承、发展，最后在美西八和会馆传艺，终于如鱼得水。她默默无闻地在粤剧艺术天地耕耘，在国内外收了很多徒弟，桃李满天下。徒弟们从她身上学习技艺、艺德并发扬光大，秉承着将她的艺术财富、精神财富传承和发扬下去的信念，并付诸实践。"

杨春花在教学中发起了一个"名段名家"的专场，倡导师父的艺术精神，并从大量文献中寻找师父的资料和名家的论述，写出了一篇学术论文《粤曲子喉唱腔浅析——论"群腔"》。她写道，红线女、芳艳芬、林小群三位粤剧艺术大师的唱腔各具特色，如诗如画，深藏意蕴，都值得我们后辈学习传承，发扬光大……大珠姐（林小群）热演的粤剧有《柳毅传书》《汉文皇后》《拜月记》《附荐何文秀》《梦断香销四十年》《牡丹亭》《梁山伯与祝英台》等。她牢记京剧大师梅兰芳先生的教导："表演必须具备的是灵气、秀气、端庄。"因此她的舞台作风雅静深沉，表演自然细腻，在对不同人物的艺术提炼当中，契合其美妙声腔，把人物哄托得完美无缺，其唱腔的美妙，犹如集自然与古文化一体的国画笔走龙蛇的妙法，抑、扬、顿、挫，轻、重、强、弱，其婉转甜润自如，其歌声如婴儿初啼，清脆亮丽，且咬字清晰，字字珠玑，随情随意，宛如天籁，不愧被著名撰曲家陈冠卿先生称为"群腔"……"群腔"是百炼成金的，其艺术精粹，蕴藏了艺术大师的多少经验与惊喜。她的《残夜泣笺》唱片问世后，为众多"60后"的戏迷学习珍藏。

一个真正的艺术大师，对艺术的追求是不会满足于现状的。林小群在声名鹊起之后，仍然对艺术执着进取。随着人生经历的丰富与艺术的沉淀，林小群与著名粤剧大师罗家宝主演的《柳毅传书》的唱腔在80年代后又有了新的突破。50年代谭青霜版本《柳毅传书》的唱腔，秀丽中带有一点青涩。而80年代著名编剧陈冠卿版本中，《柳毅传书》的唱腔是华丽中又有沉静的大气。《洞庭送别》中，"转眼洞庭飞彩凤，愧无微物系柔衷，相思岸上相思梦，只怕相思有梦梦难逢"，其声腔高而不尖，纤而不细。用沉静的意绪和圆润的声腔，把龙女极度的悲伤与失望，柔化在幽幽之中，曲韵最是传神。那一句"候我借流将叶送"，大珠姐运用强、弱、阴柔的气息，圆润的声腔，把龙女痴心、无奈、期盼的心情表现得淋漓尽致，入木三分。

岭南百花各领风骚，"红""芳""群"相映。"神"一般的"红"腔，像天山亮剑，明亮铿锵，引领风尚。"小资情调"的"芳腔"，如小桥流水，诗情画意，让人思绪飞扬。如"邻家女儿"的"群

二　氍毹伉俪——白超鸿、林小群

林小群篇

腔"，平和真实、温婉大方，让人心怡神旷。听林小群的"声腔"，又如看到一幅山水画，能抓住富有诗意的情节，尽情挥洒。真山水之烟岚，四时不同，听林小群的乐曲，如在此情景中。

2011年《粤剧大辞典》撰稿人刘玲玉、容剑平发表题为《字字清晰，韵如醇酒——林小群表演艺术评传之一》写道："林小群是广大粤剧观众熟悉和热爱的著名花旦，她颇具特色的唱腔，以委婉柔和、清新味醇的风格在粤剧界独树一帜。她主演的粤剧《柳毅传书》《牡丹亭》《拜月记》《阿霞》《苏小妹三难新郎》《洛神》等戏，在观众中久负盛誉，其中不少唱段脍炙人口，流传甚广。林小群成为粤剧界的一代佼佼者……我们喜爱林小群温婉的柔美风格，更醉心于她那字字清晰、韵如醇酒的唱腔"，欣赏"林小群的七彩艺术人生——生命之光留下的斑斓痕影"。这两位资深粤剧研究者指出，林小群的唱腔韵如醇酒，此酒就是中国茅台，描述得体、贴切，与杨子静先生的比喻吻合，行家所见略同。

深圳粤剧团原团长、编剧家、《粤剧大辞典》撰稿人萧柱荣从小就是个"戏迷"，他口述自己一则趣事："上世纪60年代中期，我在（增城）县城读高中，有一天走到戏院门口，看到罗家宝、林小群演出的广告。此时，我对粤剧尤其是粤剧的唱腔，已有一定的认知。平喉最迷罗家宝，子喉最迷林小群。一看到广告上这两位老倌的名字，我不由得心跳骤急，马上掏出一元八角，买了两晚戏票。待心情稍缓下来，才想起，买戏票那一元八角正是我下来一个月的菜钱。当时我们住校学生一日两餐饭，各自带米到厨房蒸；菜，每人每餐三分钱，一个月一元八角，交学校厨房蒸煮。当时家里每月只能供给我十元。除买米、文具、日用品外，也就剩下一元八角做菜钱了。一个月菜钱看戏花了，就只能吃一个月的白饭了。现在算来，当时那一个月白饭还是吃得划算的……直到1976年'四人帮'倒台后，我才惊喜地在广州市东方宾馆召开的'文革'后广东省第一次文艺工作者会议上见到

林小群饰演刘胡兰，在前期
揣摩角色（郑迅翻拍）

林小群获颁"广东八和会馆"第六届
永远荣誉会长纪念牌（郑迅摄）

林小群，还被编在同一张餐桌上进餐，觥筹交错间，近距离地领略到这位腔如其人、既俏丽又朴实的大佬倌风采。之后不久，我在广州沙河剧场看了罗家宝、林小群主演的新版《柳毅传书》，两位大佬倌的绝妙表演把我绝对征服了。"

多年过后，谈起林小群的艺术人生及其特色，作为一个粤剧行家，萧柱荣自然倍感兴奋。他说，大珠姐演戏成名，最大特点就是贴地气，有人缘，最受观众欢迎。卿叔（陈冠卿）说过，红线女和林小群是粤剧"双璧"。两人各具特色，各有千秋。女姐华丽高贵，曲高和寡；大珠姐亲切近人，贴近民众，亲和力强。她的唱腔平和，言谈举止、处世为人，民众易于接受。不像有的戏班大老倌，气势凌人，高不可攀，让人敬而生畏。萧柱荣毫不掩饰地说："我一直是林小群的忠实戏迷，我中意她多过红线女，这是我的心里话。据我所知，增城的粤剧观众，大多都持有这种态度，这是不容分辩的事实。""支持戏班有三条柱，就是剧本、老倌、观众。谁赢得观众，就是最大的赢家。罗家宝、林小群合演的《柳毅传书》堪称珠联璧合，为传世佳作。卿叔曾评说，罗家宝的唱腔是'平实中见峥嵘'，有人学'虾腔'可以做到平实，但达不到峥

五十年代初，广州粤剧界著名花旦：左一林小群、左二郑绮文、左三郎筠玉、左四红线女、左五谭玉真、左六卫少芳、左七李艳霜、左八练玲珠（郑迅翻拍）

嵘。'虾哥'被誉为'平民老倌'，实至名归。林小群的唱腔同样平实、亲切、自然、随和，有如表演者与观众直接面对面交流、对话，看她的戏，如同与她倾心事，我认为这种演绎唱法最好，最成功，为广大观众接受。而不是居高临下，以一个表演艺术家身份教化观众，（观众只得）仰而视之。伶人一生能够做到与广大观众融为一体，受到（观众）发自内心的拥戴，除了唱腔、演技之外，更重要的是表里德性，为人口碑。总之，一句话，舞台上下的人格魅力。林小群艺术人生充分有此体现，令人心悦诚服。"

编剧家李悦强说，20世纪50年代，广东粤剧有以林小群为首的四大花旦。这就是林小群、郑绮文、陈小茶、小木兰。其中林小群最受观众欢迎，号召力排名第一，承前启后，继往开来。她了解薛（觉先）、马（师曾）、桂（名扬）、廖（侠怀）、白（玉堂）五大流派；同时，又熟悉郎筠玉、楚岫云、李翠芳等著名花旦，对《斩二王》《打洞结拜》《燕子楼》《平贵别窑》等传统戏了如指掌，耳熟能详。林小群学习继承前辈的优秀传统，多演自己的戏，推出一批新剧目，拥有新规范，成为一个时代的鲜艳色彩。她与罗家宝合作演出《柳毅传书》，以及与吕玉郎主演《牡丹亭》，轰动一时，在岭南艺坛引起强烈反响。《牡丹亭》剧中引入昆曲表演，林小群扮相、身段很靓，唱腔很有粤剧传统，用梆子慢板唱，干净动听，顿时戏迷广为传唱，一批青年花旦争相学习模仿，一起共创"群腔"。这就是林小群在观众和戏行中的地位和影响，是自然而然、不断积累的成果。

广东八和会馆理事兼总务部主任小蝶儿，行内都称她为"蝶姐"，出身戏班世家，她父亲是著名武生靓次伯，母亲为粤剧资深演员胡蝶女。蝶姐说："我和林小群童年就相识，彼此都知道各自的家庭。我欣赏她的戏，唱腔好细腻，有传统粤剧味道，是真正的粤韵，好耐听，中规中矩，字正腔圆。我一直有这样看法，林小群的唱腔好听过红线女，我身边不少朋友都有这种想法，只是不愿过多议论就是了。林小群家风好靓，做人踏实平和，好似她做戏一样，凭着自身力量，稳打稳扎，忠厚老实，有情有义，谦逊待人。当年她大红大紫时，我们入后台探班，她总是热情诚恳，阿蝶长阿蝶短，对我们这些无名小卒，从不摆款、拿架子，也从不夸耀自己，高傲张扬。品格高尚，难能可贵。白超鸿、林小群是'八和'忠实弟子，他们移居美国之后，每次回国探亲，必定亲临广东八和会馆拜祭华光师父，捐赠香油款，自动自觉，一派诚心，令人感动。"蝶姐恳切地说，"我对林小群一直很敬仰，尊重她的艺术人品，当下戏班绝无仅有啊，的确是个榜样，值得新一代朋友学习、请益。"

籍贯南海平洲的仇少娥，粤剧爱好者、业余唱家，是平洲西沙村林氏媳妇，与林家有密切接触。她说："我见证了林超群家族的人和事，赞同林小群的艺术，她有独特的声与腔，柔和甜美，发口很好，自成一家，好多师奶都中意听她的腔、睇佢嘅（粤语，她的）戏。有一次，佛山电视台的朋友访问我，记者问道：林小群唱的是'红腔'，还是'芳腔'？我说：都不是，她是根据自己的声线来运用自己的唱腔，走自己的路。为了准确起见。有一次，我特地当面请教林小群，我对她唱腔的理解是否妥当。她说：'啱（粤语用词，对的），就是这样。'""广州的行家将红线女的唱腔比作俄罗斯伏特加酒，林小群的唱腔称之为中国茅台，好恰当、准确，我的感觉大体也是这样。"

　　林小群念旧长情，富有人情味。100多年前，也就是1917年，岭南大戏"乐群英"童子班创办于南海平洲江表村的一间梁氏祠堂内，此举为珠江三角洲地区农村开办童子班的历史先河，培养了一批杰出的戏班人才。林小群的父亲、著名男花旦林超群就是其中的佼佼者，林小群深知，自己的戏剧人生离不开父亲的遗传基因和悉心培养，念念不忘昔日的童子班。几年前，在她的一再要求下，在仇少娥陪同下，到梁氏祠堂旧址探访昔日"乐群英"童子班故地，只见名为石狮街的地方仍在，而当年的祠堂已不复存在，面目全非，一切都无从辨认了。林小群对先贤的思念之情，深深埋藏在依稀记忆中。

晚晴篇

第一章

海外传艺

彪炳千秋

天意怜幽草，人间重晚晴。（李商隐《晚晴》）

　　广州东风东路的广东粤剧院院长办公室，时任粤剧院副院长、主持该院工作的红线女召见林小群，开门见山问道："你演完阿庆嫂了，以后有什么打算呢？"当时全国都在演样板戏，还没恢复古装戏。林小群说："现在没什么可做的，不如我转行做导演吧。"红线女说："做导演要能力很强，特别要有组织能力才行。"林小群说："我现在又胖，年纪又大了，不如从前，怎样做都没有什么发展了。"红线女说："那，这样的话，就改行做老旦吧。"林小群说："女姐，做老旦，我没有平喉。怎么做老旦？"红线女说："那也是。"这是发生在20世纪70年代末的一幕。

　　林小群自知上了一定年纪，继续登台演出实在机会不多，想当导演，又不让做。经过慎重考虑，年届55岁的她尽管挂着粤剧院副院长的名号，正值盛年，但还是决定离开广东粤剧院，宣告退休，告别舞台，义无反顾，不少同业和戏迷都为之惋惜。

　　白超鸿、林小群育有两个儿子，大儿子1958年在广州出生，名陈建国，自小就有曲折经历。建国聪明好学，一表人才，有音乐天赋，酷爱拉小提琴，以优异成绩报考广州音乐专科学校，却因所谓"艺人子弟""资产阶级知识分子家庭"关系，而不被录取。随后，"文化大革命"期间，响应上山下乡号召，在广州郊区做知青务农。他勤奋刻苦，任劳任怨，努力跟上时代步伐，做个新一代农民。其间，居住在香港的祖父金山和年近百岁离世，祖母体弱病重没有亲人照顾，经时任广东省主持文化教育工作的领导人吴南生批示，陈建国获准赴港定居。受父母的教育、家庭的影响，建国积极上进，一边细心照料老人，一边埋头自学文化，补习英语。待祖母过世后，随即申请赴美国留学。先在加州大学半工半读，学士毕业后考取硕士，最终在哈佛大学获经济学博士学位，走过了艰辛的成长历程。建国在美国学有所成，有了稳定的事业，后在纽约华尔街任职，收入不菲。远在万里之遥的父母自然感到无比欣慰。

建国有孝心，随着父母双双退休，就提出申请让两老出国团聚，安度晚年。1987年，62岁的白超鸿离开广州，远涉重洋到达美国旧金山（三藩市，圣弗朗西斯科）定居。100年前，此地是他父亲数度旅居、演出之地，从而改称艺名"金山和"，终生不易，自然倍感亲切与感

白超鸿二〇一七年十月获广东八和会馆第六届理事会永远荣誉会长（郑迅翻拍）

美国华人戏迷赠送的礼物（郑迅摄）

二　氍毹伉俪——白超鸿、林小群
晚晴篇

林小群与同行姐妹（广东粤剧院）合影。左起：小木兰、李燕清、林小群、李艳霜、郑绮文、陈小茶、陈小华（郑迅翻拍）

慨。翌年，56岁的林小群亦抵达旧金山，与阔别多年的儿子团聚，其乐融融。

　　谈起离开中国远赴大洋彼岸定居，过"寓公"生活，白超鸿、林小群夫妇百感交集，思绪万千。他们说，除了上述因素之外，两人希望在有生之年了解、体验西方文化艺术，开阔视野，丰富、充实人生，对比中西文化，才不虚度此生。活到老，学到老，何等豪迈、高远、广阔的思想境界！

　　林小群清楚记得，父亲生前既酷爱粤剧，也热衷于电影，吸纳中西文化精髓，不断丰富、升华自己的艺术修养。她说："早年，我们家在香港，住在九龙弥敦道平安戏院附近，我正在上幼儿园，父亲经常带着我去睇外国电影，学习、借鉴西方表演艺术；及后，举家返回广州，住在西关恩宁路，金星戏院近在咫尺，父亲有空就领着一众儿女睇戏（电影）。"《魂断蓝桥》《乱世佳人》等名剧，深深地铭刻在林小群脑海中。1947年，仔姐（郎筠玉）和佳叔（靓少佳）从越南回到广州，与林超群一起重组"胜寿年"剧团，林小群当时就举行拜师礼，正式成为他们的入室弟子。师父常对林小群说："看戏是最好的学艺。"鼓励她在虎度门睇戏，同时经常带着她去睇电影。这一点与林超群是不谋而合的。观看电影，提高自己的表演技能和艺术鉴赏力，海纳百川，有容乃大。诚心诚意追求艺术的人，必须要有此种胸怀和志气。

林小群决然告别粤剧舞台，情深意长，临别依依。此时此刻，她眷念在广东粤剧院共事多年的舞台姐妹们，当年的一批花旦：刘美卿、郑绮文、小木兰、陈小茶，彼此年纪差不多。年纪最大的是李艳霜，红线女排《搜书院》时让她反串做小生，女扮男装。"李艳霜比我大四年，小木兰比我大两年，我和陈小茶、郑绮文、马丽明同年，再年轻些就到郑培英了，她比我小。我们的关系好得不得了，像亲姐妹一样。我们在艺术舞台上表演是有竞争的，比如郑培英演的是青衣，我演的是花旦，小木兰则演武旦，大家都希望能够演好戏。下了舞台之后，我们情同姐妹，关系相当好。内心是我服你、你也服我。例如郑培英，我非常喜欢她的'唱'和'做'，她的青衣行当非常好，包括《山乡风云》的春花、与罗家宝合演的《血溅乌纱》等，她的青衣戏是我们大家都认可的。小木兰，我们叫她'蛇仔'（'小蛇'），演《白蛇传》的小青，我们也服她。陈小茶的现代戏《刘胡兰》非常干净，她早期是演全剧的，不少人很崇拜她。当时行家们把林小群、郑绮文、小木兰、陈小茶称为粤剧'四小名旦'，彼此关系融洽，终生难忘。"

白超鸿、林小群初到旧金山，在异国他乡感到新鲜、欣慰。时间日久，百无聊赖，无所适从，不知道自己做什么好。想出去工作，打开报纸看一看，做什么工作好呢？不懂英文，又不会开车，人地生疏。林小群最初是去服装厂做杂工，她不会缝纫，只能打扫卫生，打开杂物室的房门，看到整个房间都是线球，顿感眼花缭乱。她每天要提早上班扫地；做杂工，别人熟手叠衣服，一天叠一百多件，她只叠得四五十件，因为手脚慢，做不来。回家以后，又累又苦闷。她依着窗台，低声吟唱她当年演出过的唱段："抬眼望天边，天边云遮月，遮住了太阳照我，锁住了雾绵绵……"林小群就这样足足唱了三个月，眼泪流下来了，情绪十分低落。她心想，这样下去，很容易会得抑郁症啊！

一个偶然机会，林小群遇见了师妹孔雀屏旧日的化妆师英姐。她在旧金山开了一间咖啡厅，邀请林小群过去帮忙。林小群穿上一条大围裙，勤勤恳恳做服务员。客人要咖啡，她就斟咖啡；客人要糖，她就递糖。在咖啡厅低调卖咖啡的日子里，有一天，一个华人女医生进来饮咖啡，她是林小群当年在广州的戏迷，一下就认出昔日的粤剧红伶，冲口而出："你是不是林……"林小群马上制止她再说下去："你不要讲我是林小群啊！"但后来，还是一路一路传开了，个个都知道，粤剧名旦林小群来到美国的消息，很快就在华人的圈子里传开了。

在心神不定的时刻，林小群遇见了她的师姐黎谦的女儿黎冰心。黎冰心以自己的亲身体验，送给她一个"锦囊"，她说："第一，你不要依恋从前的风光日子。第二，要记住，别人能做到的事，你也可以做。第三，别人不行而你行，你就是强者；别人行而你不行，你就是弱者。"于是，白超鸿、林小群整理思绪，放下架子，振作精神，面对新生活，一切从头做起。为了适应美国生活，夫妇二人开始学习英语，听老师当面授课，林小群往往坐在第一排，便于老师提问。最初是学字母，然后是单词，一句一句地学，很辛苦。后来林小群发明用简谱来学英文，像唱粤曲一样，有助记忆，还是有一定效果的。

白超鸿说："抗日战争期间，我们举家逃往香港，住在九龙，我

和我哥哥都入读喇沙英文书院，学了几年英文，但后来只是顾着做戏，长期不用，早就忘记得干干净净了。临近晚年又要重新再学，临老学吹打，真的艰难啊！"他们从不错失机会，要进一步了解美国的文化艺术。在旧金山，逢有戏、有电影就去听、去看。对众多的国际明星都了如指掌，成了"追星族"。同时还看芭蕾舞，听西洋歌剧。他们认为，一个有追求的艺术家要善于从每个时代的艺术精品中吸收营养，永不停步，才会有无尽的生命力。他们越接触西方艺术，越发感到中国艺术的博大精深。粤剧不能丢，中国的传统艺术是全世界独一无二的。中华传统戏曲，经过四功五法、唱念做打、手眼身法步，由头到脚都是艺术、都是美，美不胜收啊！他们舍不得放下。

　　在旧金山定居的一批粤剧老前辈，诸如罗剑郎、罗艳卿、陈小梨、陈艳侬等，知道林小群、白超鸿来了，都希望他们再度出山，为大戏效力。罗艳卿鼓励林小群说："出来吧，大珠！你学了这么多本事，不要浪费啊，你可以出来教教别人嘛！"林小群回顾自己的艺术人生，的确学了不少，她不想就此罢休，后半生要做一些自己应该做

中国粤剧名家陈小梨（郑迅翻拍）

的事情。于是就找出一双练功鞋、一件练功披风，去教戏。谁愿意学，就教谁，果然很多人知道林小群肯教戏，都乐于跟她学艺，一时传为华埠新闻。

　　林小群对美国华人热爱广东粤剧的情况并不陌生。她与罗品超1984年曾参加北京艺术团来美国作文化艺术交流，走遍了美国11个城市。所到之处深受侨胞们热烈欢迎。在旧金山，他们走访了当地的粤剧社团"十三号半"，就是美西八和会馆的前身，对侨胞热爱粤剧演出的历史和私伙局的活动有所了解。

18世纪中期，美国加州发现金矿，引来大批华人赴美充当苦力或兴建东西铁路。他们多聚居于现今旧金山的唐人埠一带，称旧金山为金山。1850年正式被命名唐人埠，跟着就有中国国内的粤剧戏班前来献艺。那时国内的艺人都以能到金山演出为荣，回国后都将自己的艺名冠以"金山"二字。因此，便有金山贞、金山炳、金山和等名伶的名字。

1908年，美国中华商会成立，广东戏班陆续从唐山来金山演出。有些艺人演罢后留在美国，继续演戏，又传授技艺给当地侨胞，逐渐形成了一班本地的粤剧班子。那时，看大戏是华人工余唯一的正常文娱活动。除了本地已有一班艺人作经常性的演出外，戏院东主也常邀请唐山老倌来美演出。30年代中期，有名伶绿衣郎带领戏班来美演出，剧团有一年轻演员黄超武，演罢此班后，他决定留居美国，参与各华埠戏班的演出。黄超武勤奋好学，武艺非凡，扮相俊朗，很快便递升至文武生之位，有"新桂名扬"之美号。

1942年，日军侵袭珍珠港，太平洋被封锁，大批正在美国演出的艺人被迫滞留旧金山。他们当中有马师曾、白玉堂、麦炳荣、曾三多、叶弗弱、黄千岁、陈锦棠、陆云飞、黄鹤声、石燕子、新靓就、关影怜、徐人心等。这时，大老倌云集金山，每晚都有粤剧演出。粤剧艺人除了娱乐观众外，还宣扬救国、激励华侨献金捐款回国支持抗战。名伶新靓就（关德兴），这时发起了"一碗饭"的捐款运动。有些艺人在街头搭棚演戏，宣传爱国，戏院内外都有奉献箱，方便侨胞随时可以捐款救国救难。20世纪50年代，留美艺人成立"十三号半"。1957年，这班艺人为了团结行业，希望能有一个共同供奉华光师傅的地方，便集资在华埠租了一个场地作为联谊所，这个场地位于金菊园巷（Jason court）十三号半，大家便称这个场所为"十三号半"。后来，许多伶人都参与此会所，"十三号半"无疑成了旧金山戏人的一个工会了。

1960年后，美国社会思想开始进步，华人社会地位被提升。华埠一片升平，居民生活安定，娱乐事业需求大增。戏院每月都有粤剧上演。此时，美国放松签证，香港伶人被聘来和"十三号半"的艺人联袂演出，都有大收旺场之效。这批老倌演罢台戏后，一部分人决定留居美国。1970年10月，香港八和会馆为庆祝华光先师宝诞，筹募福利基金，商请全体留美红伶做了一个轰动的大汇串义演，演出《六国大封相》《观音得道》和《香花山大贺寿》。阵容强大的"十三号半"艺人，维系着整个旧金山剧艺界，将粤剧在此地的演出，推向了阵阵高潮。进入80年代，中美外交关系逐渐好转，中国内地粤剧演员逐渐复演古装戏。继红线女、罗品超、林小群等在金山献艺，跟着而来的都是年轻新秀，如丁凡、陈韵红、倪惠英、郭凤女和彭炽权等来美演出，为旧金山粤剧界开辟了一个新景象。踏入90年代，"十三号半"的艺人大多年事已高，已鲜做演出，但他们还是定期相聚于此，在联谊会共同供奉华光师傅，闲谈往昔光辉，享受夕阳的黄金岁月；每有香港和内地戏班前来演出，会员们都会热情接待、扶持。1989年"十三号半"租约期满，就没有了这个戏行的组织了。于是一众艺人以黄超武为首于1990年成立了"美西八和会馆"，经会员一致推举，黄超武当选成为第一届主席。

说起"八和"，不能不提起粤剧行业这一段历史：创建于清光绪十五年（1889）的广州黄沙八和会馆，在海内外开枝散叶，蔚为大观，除广州、香港、澳门之外，新加坡，马来西亚，美国纽约、旧金山、洛杉矶，新西兰等海外华人聚居地区，均先后建立了八和会馆，成为当地备受瞩目的粤剧、粤曲专业人士和业余爱好者的社团组织。粤剧是中国300多种地方戏曲率先走出国门的一个剧种，成为罕有独特的文化现象，至今已有130多年的历史。"凡有井水饮处，即能歌柳词。"这是前人称赞宋代著名词人柳永的词作流传之广泛的比喻。今天，当展开世界地图鸟瞰粤剧在海外的足迹时，我们也可以骄傲地说："凡海水流到之处，即有华侨、华人，即有粤剧的演唱。"

美国华人戏迷赠送给林小群、白超鸿的礼物（郑迅摄）

学生祝贺白超鸿、林小群的贺词（郑迅翻拍）

　　1990年，位于美国西岸旧金山的"美西八和会馆"正式成立。11月，以美西"八和"名义发动全体会中名伶为庆祝华光先师宝诞，举办了盛大的演出，此次演出震撼金山，为这个会的成立，打响了美名。白超鸿、林小群在此次两天三场的盛事中演出了折子戏《柳毅传书》。观众们欣赏到林、白两位名伶的高档艺术。开始了他们对粤剧的热情追求。有不少闺秀还向两位名伶请求学习粤剧曲艺。于是两夫妇便开始了在美国传授粤艺的旅程。

　　林、白伉俪应邀加入了美西八和，授徒传艺，推动粤剧曲艺的传承发展。林小群、白超鸿的加盟，吸引了金山一班粤剧曲艺爱好者，他们组织了音乐社，团结了一班热衷于戏曲的闺秀。林、白教课是一对一的，每天都训练；每逢节日还要另外组织排练。在美西生活和工作，困难都不少，会馆离林、白住的地方很远，开车又不熟悉路，全靠他们的

二　氍毹伉俪——白超鸿、林小群

晚晴篇

学生照顾。师生感情非常好，这一切都源于大家热爱粤剧艺术。老师需要传承艺术，学员更需要老师来教授。只要学员们想唱，不论长剧还是短剧，林、白伉俪都会教他们。有一个喜欢演戏的90多岁的广东籍老华侨，想学演《帝女花》一剧里的尼姑角色。她说："师父，我不会行台步。"林小群带她走了三圈圆台之后，她整个人都累倒在沙发上休克了，甚至要叫救护车急救，真吓人。但最后她还是坚持学会了，而且可以登台演出！

这些老华侨们都是很热爱家乡的，他们不会忘记乡音，不会忘记故乡，千方百计都要把中华文化传承下去。林小群欣慰地说："侨胞们在海外对粤剧的热情让我感到惊讶。非常难得的是，有一些闺秀，她们带上丈夫、儿女前来学戏，她们是一家人齐出动，丈夫开车接送，女儿给她跑龙套……"

有的学员只会说台山话，还不会说广州话，林、白给他们教唱、排戏，他们唱着唱着，还不时会加个英文"OK"，令人哭笑不得。林小群牢记父亲说过的教诲：要"先做人，再演戏，才能演好戏"。她教学生不只是教戏，而且还教做人。把"八和"精神艺术和人生不可分割的精神，教予学生。

作为老师，林、白自己也时刻保持着学习的心态。比如，有学生提出，想排演他们俩都没有演过的《宝莲灯》，这就需要看录像带，自己先学习好再教。有个学生想唱红线女的《香君守楼》，林小群在这过程中自己也要先学习，再授课，言传身教。有一个在美国航空公司工作的广东华人空姐，她想学梅兰芳先生的《霸王别姬》，京剧《霸王别姬》与粤剧《霸王别姬》有所不同，林小群也就通过看录像带，自己先行学习，再教；林小群还教了她整套的虞姬剑，使她能上台表演，赢得了观众的掌声。

林、白平时教戏、演出、排练都是十分耐心、细致的；到真正要演出之前，就集中排练。从导演到后台化妆、打片子、包大头、搬桌椅、安排道具等都要管，都要做到了如指掌；购置服装也是他们亲自在中国订制，所有事情都要亲力亲为。

林小群耐心教学员学唱。她强调："唱功呢，最要紧的是两个'法'，第一个是方法，方法就是运气、找好位置；第二个就是唱法，唱法就是行腔吐字，自己要掌握好思想感情去唱，要唱得好听。"学会唱还要学会演戏，首先教他们基本功，走圆台，甩水袖，一套套地教他们。

美西的粤剧观众也十分热情，30年来，一些观众从两只脚来看戏，看到变成三只脚（拄拐杖），到后来变成四只脚（坐轮椅），到最后就变成六只脚（要人推轮椅）了。能这么坚持，完全是一种爱的精神，是一种难得的、热爱中华文化的精神。林小群说："观众们的这种精神，深深地感动了我。因此，我不能不教他们，我不能不帮他们。我在美国30多年，深深体会到，我们中国的传统戏曲艺术在世界上是独一无二，其他国家所没有的。为什么呢？我们戏曲的'唱念做打''四功五法'，不掌握到一定程度，你就应付不了。我们戏曲演员，一登上舞台，观众就会给你打分，你几多分，他就打几多分，

（左起）凤凰女、林小群、红线女、白超鸿合影（郑迅翻拍）

二 氍毹伉俪——白超鸿、林小群
晚晴篇

有些是吃光蛋的，亦有些好高分。可是西方呢，如果他是歌剧演员，他不需要什么形体，他有好的嗓子，唱得好，就得了。演芭蕾舞，只要他有好的身材，好的筋骨，他就可以跳了。但是我们戏曲演员就不一样，练不好基本功，你真的是寸步难行。粤剧艺术我爱它，观众也爱它。"

有一晚演出，林小群为学员们化妆，化了五个妆，梳了七个头，最后她累得晕倒了。为了学员能够顺利演出，他们要做舞台监督，顾完后台又要顾前台，忙完学员化妆，又要到前台布置，椅凳、道具都要摆好、就位，还要指挥音乐、锣鼓，甚至连拉幕、提场都要做，学员们如果见不到她在虎度门就会惊怕。林、白在传授粤剧艺术的过程中，不止教授了技术、功夫，而且还为学生们树立了一个榜样，教会他们如何做人。虽然很累，但也很开心、很乐意，因为师生都一样，都爱粤剧艺术。

平时教课是很细致的，但还要大胆实践，林、白伉俪当了导师没多久，就教学员们排练粤剧传统戏宝《六国大封相》。白超鸿教男，林小群教女。因为林小群过去演《六国大封相》，是从不出声的哑口梅香，一直演到推车的角色，所有程序已烂熟于心。所以他们能组织40多名学员演好这场戏，林小群把所有女角的戏，都教给她们，包括宫灯、御扇、推车等。他们还去赌城表演，尽管台上40多人，台下只有30多位观众，但都认真制作。

林、白伉俪还带领学员们到一些小学、大学做示范，推广粤剧、曲艺。学员里有华人，也有外国人。让林小群记忆深刻的是，其中有一个黑人男学员，肤色很黑，穿着披风，让林小群教他水袖。美西八和会馆经常组织演出活动，如为庆祝华光先师宝诞举行纪念演出等。除了旧金山，纽约等地也有八和会馆。若有演出，大家都会从周边城市赶过来相互支持，有时还会请来香港和内地的粤剧红伶前来合作排演、切磋交流。

林小群、白超鸿与新马师曾夫妇合影，一九七八年摄（郑迅翻拍）

　　林、白两人在教学中经历了许多趣闻故事，终生难忘。1998年，移居旧金山多年的音乐大师文卓凡设立了"南国乐社"，向粤曲爱好者传授曲艺。当年10月举办了一场隆重的大汇演。重头戏落在了一个名为《英烈伍子胥》的折子戏上。由埠上名宿和文卓凡的学生演出，林、白两人担任导师。此剧是讲述西施和郑旦入吴，迷惑吴王夫差。她们和一众宫女在筵前歌舞。丞相伍子胥力劝夫差莫再沉迷于西施，却被夫差赐死的故事。当时需要四位伴舞的演员。在金山粤艺界有限的条件下，找跑龙套演员是非常困难的事。幸好有两位曲友，说她们各自有两位女儿，都是高中生，可以尝试担任这个任务。四位小姑娘也很乐意尝试，于是就这样决定了。四位小姑娘都是十六七岁，在美国出生和长大。她们对中国文化认识都极其有限，莫说是粤剧，甚至不懂中国语言，没有任何舞蹈基础。如何在短短两月里，去训练她们在台上演出呢？文卓凡是林小群多年的拍档和好友。林小群亦是其中两位小女孩母亲的导师。这责任就顺理成章地落在林小群的肩膀上了。林小群是中国广东著名花旦，她能够放下身份、架子，去教一班不懂粤剧为何物的小子，这是她的胸怀广阔，是她对粤剧的一份承

白超鸿九旬高龄演折子戏《沈园题壁·两断肠》手书题壁（郑迅摄）

担。凭着母亲对小女孩的熏陶和引导，两个月内，不懈地接送她们到乐社排练，加上林小群耐心地手把手相教，演出时她们的表演有板有眼，大获好评。一年后，其中一位小姑娘，名叫吴溢慧，申请入读美国著名学府斯坦福大学。每个申请者都要写一篇申请文章，这篇文章占分很高，吴溢慧就将她这次的演出经历写成她的申请文章，成功地被斯坦福大学录取。

这篇文章亦被刊登在当地报纸。原文如下：

小女孩从粤剧寻找她的根

还记得那一天，母亲和我练习我的台步。她说："慧慧，你不单要记住每一个台步，走的时候还要有飘飘的动感。"我那时呻吟了一下，我想，表演粤剧舞蹈比想象中还困难啊！

我是一个美国土生土长的华裔女孩，对中国文化认识很少。唯是我很喜欢听妈妈给我和姐姐讲一些中国故事。她是一个粤剧发烧友。有一次，她安排我们在她演的折子戏内做伴舞的宫女，我们都很兴奋。由

是两个月来，妈妈每星期开车一个半小时去旧金山让我们跟她的师父林小群学习中国舞。师父是一位退休粤剧花旦。她外形细少，却是无限慈祥，充满爱心。她耐心地教导我和姐姐及其他两位朋友。我很高兴我能够像妈妈一样，在舞台上用手势来表达个人的喜怒哀乐。但最重要的是，我可以借此去认识一些中国文化。

几个星期六的晚上，林老师耐心地教导我们四人。她六十五岁，但她的手脚比我的还灵活。慢慢地，我开始感受到飘飘的台步了。那几个在乐社的晚上，亦令我感受到其他演员对这个古老艺术的热情和追求。我亦体会到，虽然我听不懂歌词，但从他们的做手、化妆和戏服便可以领悟其中的故事。

演出那天，我们大清早便开车到旧金山的剧场。妈妈一早警告我化妆要用很长的时间。果然，我从一个加州阳光熏照得黑黑的小女孩变成了一个白皮肤的中国古代美女。

准备出场时，我虽然紧张，但好开心。想到今次学习的过程能让我了解到一些中国文化。粤剧更启发我去欣赏中国音乐和去寻找我的根。

二　氍毹伉俪——白超鸿、林小群

晚晴篇

想到这里，我姐姐扯一扯我的衣袖："要出场啦！"于是我深呼吸一口气，抱着信心，出场去矣。

转眼是20多年了。这四位小姑娘都入读了名校，其后有了幸福的家庭和事业。一个成了医生，在唐人埠开设私家西医诊所，做福于侨胞。一个成了护士。一个取得生化学博士学位。而此文作者吴溢慧，自毕业于斯坦福大学后，成了一位成功的投资分析家。相信她们会凭这段美好的经历，去传扬中国文化给身边的朋友和她们的下一代。

林小群侨居美国30年。这是她传扬粤艺所取得成果的一个小例子。此外还有一个《蝴蝶杯》的故事：

1995年，文卓凡开始跟林小群老师学习粤剧和曲艺。她说："那时我对这一门艺术是白纸一张。每星期我都会到林老师家里上课。有时学唱粤曲，有时她教我粤剧基本功。她很有耐性，执着我的手教我小跳、云手、开山。如果我们要演出，就和对手在她家中排戏。"

"四年后，我已学习、演出了七个折子戏，但对粤剧还是很外行。有一天，在唐人埠一间影音品的商店看到了一盘卡式录像带，是一套粤剧《蝴蝶杯》，由罗品超、林小群、白超鸿主演。那时我不晓得罗品超的大名，因是林、白二师的作品，便买回家看了。

"一看之下，我着迷了。以后不知翻看了多少次。林老师演一个聪明勇敢的年青渔女。罗品超演一个见义勇为、抱打不平的少年英雄，他们的演出配合得天衣无缝。两人在荡舟时的起落身段，活像他们真的在一条船上在湖中漂浮。那时我才领会到粤剧的艺术是这么高档。

"我那时想，怪不得，原来是两位大师的经典之作。他们的唱念做打、整台戏的音乐都是一流的。靠林老师的关系和安排，我不单可以认识罗老师，还有幸在1999年10月，与他结台缘，演出了我最喜欢的戏《蝴蝶杯》之《起祸》和《藏舟》两折。

"这次演出是罕有的全院满座，座无虚设。我们有幸请得罗孚先生前来观赏。罗孚先生是香港资深报人,《大公报》原副总编辑、《新晚报》总编辑。担任《新晚报》总编期间,罗孚促成了陈文统、查良镛分别以梁羽生、金庸为笔名,在《新晚报》撰写武侠小说,开创新派武侠小说先河。罗孚先生观赏了整个演出,后来在《星岛日报》撰写了一篇文章,讲述他看《蝴蝶杯》后的观感。罗孚先生说,他是被林小群几位徒弟说服,改变了他对粤剧的看法。但罗老先生知否?在这群热爱粤剧闺秀背后,是谁鼓励,推动和支撑她们的热情呢?就是林小群老师啊!"

岁月匆匆,林、白两位老师在家设帐授徒,将粤剧文化弘扬光大。他们俩的学生多是在职妇女,为了兴趣,在工余学习这门艺术。她们大多是跟随林小群学习花旦行当。花旦在台上可以穿戴闪烁美观的头饰和漂亮雅致的戏服,特色的化妆技巧可令人年轻美丽。这都是吸引她们的原因。林、白伉俪在旧金山30年,桃李满堂,诸如:苏洁梅、罗婉明、陈小梨、胡美媚、鲍纳珍、莫艳薇等。陈小梨是个才女,喜欢文学艺术,文笔很好,也喜欢演戏,对粤剧艺术很有兴趣,除了坚持在八和会馆参加活动外。还搜集、撰写了不少有关粤剧资料的文章。在白超鸿、林小群主持下,一本精美的图文集《美西八和——岁月光辉二十年》详细记录了粤剧在美西的演出历史和先贤们的功绩,是一部珍贵的历史文献,同时也是林、白主持美西八和会馆的光辉记录。

白超鸿曾担任美西八和会馆主席,在前辈艺人努力的基业上,将会馆布置得庄严典雅,会务处理得井井有条,成为海外八和会馆的一个亮丽景点。其间,他亲自策划、主持了2010年美西八和会馆成立二十周年的盛典活动。美西八和会馆对活跃旧金山湾区的粤剧文化起了很大作用。那时候,旧金山政府部门每年的春节前夕都会选择在市内金门公园的亚洲艺术博物馆,隆重举办题为"梨园在西方"的演出活动,旨在向西方人士介绍中华文化,特别是中国戏曲。美西八和

二 氍毹伉俪——白超鸿、林小群

晚晴篇

会馆及一众粤艺社团总是受政府之邀参加这些演出。美西八和会馆创建后十分活跃，虽然各方面的条件有所局限，但八和团队总是共同努力，搞好演出，曾先后公演过《六国大封相》《贺寿》《天姬送子》，长剧《隋宫十载菱花梦》《一把存忠剑》《汉武帝梦会卫夫人》和短剧《醉打金枝》《百花亭赠剑》《平贵别窑》等，这些成绩都是与林、白伉俪尽心尽力分不开的。美西八和会馆经常举行义演赈灾筹款活动，如20世纪的华东水灾及2008年的汶川大地震等，林、白伉俪都是积极参与、大力支持者。美西八和会馆不论以什么形式演出，都会得到各地伶人的鼎力支持，充分展现"天下梨园是一家"的凝聚力。近30年美西八和会馆的演出阵容中，常有来自香港、洛杉矶、夏威

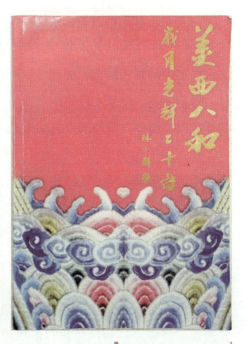

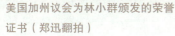
美国加州议会为林小群颁发的荣誉
证书（郑迅翻拍）

《美西八和》特刊

夷、纽约等地的伶人、闺秀，他们不顾路途遥远，有些人甚至自己掏
腰包到旧金山参演。除了重要节假日演出外，美西八和会馆还分别在
清明节和重阳节举办春秋两祭活动，组织会社员前往南旧金山墓地拜
祭，纪念在海外的粤剧先人。林、白伉俪都积极参加这些有意义的
活动。

美国加州众议院执行议长（代表旧金山及帝利市）曾在州首府众
议会上向林小群和白超鸿颁发嘉许状，表扬他们在这方面的杰出成就。
加州众议院执行议长指出，粤剧红伶林小群和白超鸿夫妇俩在粤剧界享
负盛名，对艺术作出贡献。他们移民美国后，曾到檀香山、纽约、波士
顿、旧金山及洛杉矶等多个城市表演，他们亦曾在斯坦福大学多次作
粤剧表演，把全副精神用来培育及训练旧金山湾区一班新晋的粤剧表
演者。

二 氍毹伉俪——白超鸿、林小群
晚晴篇

白超鸿、林小群以美西八和会馆名义，多次率领学生和戏曲爱好者回国参加"羊城国际艺术节"以及"海内外华人粤剧粤曲展演"活动，又多次到民间献艺演出，如到粤剧八和先贤诞生地广州市白云区龙归北村、粤剧前辈名伶家乡广东南海桂城（平洲）等地作惠民演出，这些活动林、白伉俪都是策划和支持的中坚力量。

在美国旧金山美西八和会馆一次次的粤剧演出中，林、白伉俪凭着对粤剧的热爱，义务地做起了排练、化妆、布景的工作。林小群说："做了几十年演员，现在不演了，应该继续在传承粤剧艺术方面做些事，这也是我们的精神寄托。"数十家粤剧社的年轻后生，记忆里满满的都是两位老人言传身教的身影。

三十年去国情怀，祖国和故乡情浓于心。毕竟是夕阳岁月，落叶归根一词萦绕林、白伉俪脑内。2018年，林、白伉俪作出了一个极其艰难的决定——回国定居。由粤曲三喉唱家谭念帖接任美西八和会馆主席，后继有新人。20世纪80年代，谭念帖考入广东粤剧学校曲艺班，后为关楚梅、何丽芳的关门弟子，深得老师们的艺术精髓。她曾任职于广东音乐曲艺团，以其天赋的好嗓音，极聪慧好学的精神，接连获得第一届、第二届广东省中青年专业唱腔技艺比赛一等奖，成为团里重点培养的优秀曲艺人才。谭念帖于20世纪90年代移居美国后，投身公益事业，以曲艺弘扬传统艺术。在美国旧金山，她连续12年举办慈善演唱会。近年，她热心公益，不遗余力，积极参与侨社各项活动，以文化传播纽带唱响中国，说好中国故事，为中国侨胞送上熟悉的乡音，传递中国信息，感受祖国的关怀和温暖。白超鸿、林小群目睹新人肩负美西八和会馆重任，期望继续弘扬八和精神，继往开来，不断奋进。

粤剧，早期民间都叫大戏，20世纪50年代初统一粤剧称谓，是中国360多个戏曲品种中的一个重要剧种。它形成于珠江三角洲地区，流行在广东、广西、中国香港和澳门，并率先走出国门，逐渐传播到东南亚、美洲、大洋洲、欧洲等华人、华侨聚居地，可以说，凡有操粤语（广州话、白话）人群的地方，就会有粤剧、粤曲出现，这是岭南文化独具特色的社会文化现象。2009年，经联合国教科文组织批准，继中国"百戏之祖"昆曲之后，粤剧被列入"人类非物质文化遗产代表作名录"，获举世公认。这是中国人民，尤其是岭南人民的光荣和骄傲。据中国艺术研究院负责向联合国申报人类非物质文化遗产事务的权威人士透露，此项申报"就是保护遗产的唯一性和独特性"。粤剧说历史悠久，它比不上昆曲；说艺术精湛，现在大城市舞台上表演的粤剧，如武戏，居然和京剧如出一辙，这与其他大戏种相比，毫无优势可言。粤剧为粤、港、澳所共同拥有，本身就有非常多的特点，如独有的粤西地区南派武功，是其他剧种所没有的，尤其是粤剧在海外数千万华人、华侨中有广泛的观众和爱好者，堪称绝无仅有。以上所述，充分体现了粤剧的"唯一性"和"独特性"，而分布在世界各地的众多粤剧观众，是100多年来戏班先贤世代默默耕耘、勤奋积累的丰硕成果，当倍加珍惜，重之，惜之。

据香港粤剧研究者胡振（古冈）2005年编著的《广东戏剧史》称，不久前，在美国旧金山美洲银行世界总行举办了一个"梨园在西方"展览，展出了300多幅历史照片，证明广东粤剧早在1852年已传入美国，旧金山有多间戏院（电影院）"专演锣鼓粤剧"，清光绪初年，已有"钧天乐"班、"尧天乐"班、"丹凤山"班到加拿大温哥华、维多利亚等地演出。红伶有肥仔惯、小生坤、蛇仔利、风情杞、黄小凤等，东南亚地区的新加坡、马来西亚、越南、柬埔寨等地更是粤剧戏班巡演、觅食之地。据长期"走州府"的粤剧老艺人新珠、庞顺尧、叶弗弱等忆述，粤剧这个剧种，过去除在广东省各地发展外，还开拓到南洋、美洲等华侨集中的地区，从业者有千余人，"有广东人足迹，即有广东人戏班"。100多年来，戏班先贤走遍海外华人社区，抚慰游子乡情，传播粤剧种子，有的伶人甚至移居当地，落地生根，新加坡、马来西亚、美西（旧金山）、美东（纽约）、南加州、新西兰等地八和会馆应运而生，成为岭南文化在海外华人聚居地的一盏光彩夺目的明灯。粤剧就是这样一步步走出国门，引发世人瞩目，最终成为"人类非物质文化遗产代表作名录"的，世代艺人的历史功绩，永远载入史册，彪炳千秋。

古人常言：树高千丈，叶落归根。

林、白伉俪在美西生活三十载，虽然每年都回国探亲访友，但毕竟年事已高，劳碌奔波，多有不便，而且久居异国，思乡之情与日俱增，落叶归根的思绪越加强烈。随着祖国日益强盛，人民生活水平不断提高，经过慎重考虑，二人毅然决定归国定居，颐养天年。

两位高龄长者回国养老，谈何容易。七妹林锦屏为安排好姐姐和姐夫的晚年生活，费尽了心思。他们原想在广州番禺区买房子，也曾经想住进白云区老人院，但都不是很理想。在万般无奈的情况下，林锦屏给昔日广东粤剧院旧同事邓志驹打电话，得到贵人伸出援手，热情相助，雪中送炭。邓志驹，南海官窑（现归狮山）人，自幼喜欢粤剧，1979年师承曲艺名家关楚梅学习，后考入广东粤剧院，得到众多名师的指导，汲取众家之长，模仿各种流派的唱腔为己所用，对新马腔更是情有所钟，曾任广东粤剧院二团副团长，2008年创办香山粤剧团、香山粤剧院，是粤剧后起之秀。当年，邓志驹在广东粤剧院，与罗品超、文觉非、林小群、白超鸿等众名家同在一个剧团，一起共事、演出，深得前辈的关爱、扶持，深感温暖；邓志驹说："其时，一个月一个星期下乡演出，艰苦环境，作为剧院后生，我们都会主动照顾、伺候老叔父，彼此关系密切，感情深厚，亲如家人，这是'八和'精神在当时的真实体现。"邓志驹与白超鸿、林小群有着一段不解之缘，他清楚记得，白超鸿1987年依依惜别广州，到美国定居，是他帮助白超鸿托运行李并拍照留念，在大沙头广九火车站送行的情景仍历历在目。30年后，林、白伉俪决定回国定居，邓志驹表示，返来如有需要，衣食住行不需要担心，他将会尽力照顾。2018年，林、白伉俪远道归来，居住问题遇到麻烦，林锦屏无奈只好开口求助，希望剧团安排林、白伉俪的住宿，帮助解决燃眉之急。此时，邓志驹伸出援手，兑现诺言，热情接待。他将集团空置的两房一厅宿舍迅速装修，备齐生活用品，随即从广州东方宾馆将林、白伉俪接来，安排妥当，令他们无后顾之忧。在林、白伉俪着手举家返国期间，适逢邓志驹在旧金山，他主动协助林、白伉俪打包行装，安排运输公司托运，直至抵达深圳入境过关。这就是邓志驹与林小群、白超鸿数十年来结下的平凡而深情的一段奇缘。邓志驹坦然地说："这是我作为学生后辈应该尽到的责任。"

中山原名香山，是革命先行者孙中山先生的故乡，民国年间改称中山，这里是人杰地灵的风水宝地。在绿树成荫、风景秀美的中山紫马岭公园内，有几栋成片的小楼，而在小楼尽头，则分别建有室内、室外两个戏剧舞台。这里是香山粤剧团的所在地，2008年，香山粤剧团正式成立，为中山专业粤剧团，由邓志驹任团长，后同时成立香山粤剧研究院。这是一个集创作、教学、演出、展览为一体，具有一流环境设施及优秀艺术人才的粤剧机构。香山剧团坚持以创作新剧目、培养粤剧新人为宗旨。多年来陆续向广东省及各市、县粤剧团输送了一批又一批粤剧人才。剧团相继推出了《白蛇传》《百花公主》《红梅记》《梦断香销四十年》《血溅乌纱》《风月救风尘》《柳毅传书》《名臣丰碑》等剧目，分别在珠三角、港澳等地区演出，并深入基层送戏下乡，服务社区。

2011年，香山粤剧团创作排演了《血沃共和花》，该剧参加第十一届广东省艺术节，获得10余项殊荣。2013年创作排演了《六祖慧能》，获得行内外的充分肯定，赞扬该剧的主题内容积极向善，粤味甚为浓郁。2014年，香山剧团在《六祖慧能》的基础上，再推出《南国菩提》，并以该剧代表中山市参加第十二届广东省艺术节，再获优秀剧目等10余项荣誉。2015年，该团与广东舞蹈戏剧职业学院联合创作排演古老排长戏《玉皇登殿》，将濒临失传的剧目重现在粤剧舞台。

　　香山粤剧团通过政府购买项目，开展送戏下乡、到社区、进校园等活动，到中小学校表演，开展唱练欣赏、身段体验、表演互动等，教授色彩内涵、服饰文化，传递和普及历史知识。每年大大小小演出有100多场。这些活动不仅为市民群众提供一个欣赏粤剧艺术及互相交流的机会，也为香山粤剧团的持续发展提供了项目和资金保障。在紫马岭公园内的"香山大戏台"前，只要粤剧唱声一响起，台下观众都会格外安静，六七十岁的老人则不约而同、颤颤巍巍地掏出手机，或拍照，或录音。不算太小的内广场中，摆放好的凳子被坐得满满当当，平均每次观看的市民超过300人。除了剧团的专业演员外，"香山大戏台"每周还会邀请一个粤剧曲艺社或爱好者社团来参与演出互动，并与业余爱好者进行交流，使其获得辅导和提升。这个大戏台很受粤剧爱好者的喜欢，很多铁杆戏迷会来围观看戏。不少人还从沙溪、三乡专程过来。香山粤剧团在邓志驹团长领导下，充满活力与生机。该团以中青年演员为主，努力传承粤剧艺术，需要经验老到的粤剧界前辈指导、扶持，这真是林、白伉俪的好去处、理想的归宿。邓志驹团长和全体团员热情欢迎林、白伉俪的到来，并聘请他们担任香山粤剧团和香山粤剧研究院艺术顾问。林小群说："阿驹帮我安排的住处环境一流，有青年们照顾我们。我和阿熙（白超鸿）有空看看他们的戏，做一下指点，不需要手把手教授。他们每周都举行演出，还有一些进校园的项目。我们在这里过着幸福的晚年生活，这边有人照顾我们，关心我们，非常好。"

二　琴瑟伉俪——白超鸿、林小群

晚晴篇

林小群回顾自己从艺的一生，认为在人生道路上曾经有三次转折，是她鼓起勇气，硬闯过来的。第一次，是她当正印花旦的时候，一个月30天，她看了28套长剧的剧本，演出了28台戏，一个月内，几乎一天一个新戏。林小群说："我好大勇气啊，能够独立地在舞台上接戏、演戏，这都是靠内心对艺术有追求，才能够担得起这副重担。"第二次，是她在退休之后，有胆量去美国，去了解西方世界的文化艺术，去传播中国的粤剧艺术。第三次，是在美西30年后，决意从美国回到中国，落叶归根，继续传承粤剧艺术，奋斗不止。香山粤剧团便成了她夫妇俩晚年培训粤剧后起之秀的艺术园地，也是他们安度晚年的理想"安乐窝"。

　　古训云：老吾老，以及人之老。邓志驹从踏入戏行开始，就从前辈伶人中获知，八和弟子有着很好的传统，敬老尊贤、相互关爱、同舟共济、休戚与共。戏班中有所谓"老青饭"的说法——当戏班开饭时，没有"埋班"（在戏班编制内）的兄弟照样可以去吃，叫作"老青饭"，不致使贫苦艺人挨饥抵饿，无法生存；没有地方居住的艺人可以入住昔日黄沙八和会馆，一人一张床位，不致露宿街头；年纪大、不能再度登台演出的老戏人，会馆可以安排到剧团做力所能及的工作，使其老有所为；无依无靠的老艺人，临终丧葬，八和会馆也予以料理，使其老有所终。据戏班前辈黄君武回忆，八和会馆原在广州郊区有三处义地，现在仅存三元里松岗（走马岗）一处。总之，八和会馆创建100多年所形成的"八和"精神，具有无限的生命力、凝聚力。白超鸿、林小群伉俪在中山紫马岭公园内的香山粤剧团安度晚年，引起戏行内外的广泛关注，有人以为邓志驹别有心计，将两位当今"粤剧之宝"请来以壮门面，其实是不明真相、想当然的一种误解。邓志驹说："我对人生认识肤浅，但好随缘。早年到广东粤剧院当学员，鉴叔（罗品超）、文觉非、罗家宝等，教识我好多嘢，之后我从录音带、光碟学新马师曾唱腔，有热心朋友要带我去香港拜师。我一直认为关楚梅是我的恩师、恩人，我可以从各位前辈身上学做戏，同时也学做人，而不一定要借助名家的光环，粉饰、装潢个人，不以拜师为名，并不影响自己学习、吸取各家之长，不断丰富充实，提升剧艺，成戏又成人。"邓志驹笃信佛学，一再说"我好随缘"。常言道："家有一老，如有一宝。"如果说林、白回国落户紫马岭是运气使然，不如说是上天特意赐予香山粤剧团、香山粤剧院的珍贵礼物——"粤剧孖宝"。两位老人朝夕面对绿树成荫的紫马岭，静听身旁青年演员的笑语、歌声，自己不时开怀唱曲，悠然自得，充满生机；远近友人造访，畅叙情怀，心情愉悦，益寿延年。

令林小群特别高兴的是，在中山定居，能与时任香山团副团长兼香山粤剧研究院副院长的黄嘉裕师徒重逢。

黄嘉裕来自山川灵秀的广州郊区花都，从小就有"古典小美人"称号。一次民间曲艺社联欢会，在痴迷粤剧的母亲引领下，年仅7岁的她拜粤剧演员胡涓涓为师，逐步走上粤艺之路。及后，黄嘉裕考入广州市荔湾区青少年宫粤剧班，开始接受较为正规的半专业训练。进入广东粤剧学校的黄嘉裕更是勤奋好学，被视为富有潜质的"好苗子"。时任粤剧学校校长助理的邓志驹正筹建香山粤剧团，慧眼识才，在黄嘉裕学业届满时就将其吸纳到剧团出任主角。在2010年举办的"罗家宝名剧名曲展演活动"中，著名表演艺术家罗家宝在现场观看了黄嘉裕出演的《梦断香消四十年》和《红梅记》，便认为她的条件适合继承著名闺门旦、表演艺术家林小群的戏路。第二年，幸有罗家宝老师热心引荐，黄嘉裕与从美国回广州探亲的林小群结下了师徒缘。林小群对弟子爱护有加，她说："当时大家问我需要怎样的收徒仪式，我说什么仪式也不要，只要行个礼就行了，我送给嘉裕一个'学'字，我希望她能不断学习，更加明确艺术发展的方向。"黄嘉裕说："师父总是鼓励我要广泛地学，无论是戏曲、电影还是歌剧，甚至是文艺以外的事物，都要多留心，多关注。"师父的教诲好比醍醐灌顶，进一步激发起黄嘉裕的求知欲望。

二　氍毹伉俪——白超鸿、林小群

晚晴篇

二〇一一年，黄嘉裕拜林小群为师

（郑迅翻拍）

2012年，她考进中国戏曲学院首届多剧种表演班本科。这恍如步入繁花深处，在这片姹紫嫣红、百花盛开的艺术园地，饱览梨园春色，她的眼界得以开阔，艺术实践都进入了新的境界，无形中也促使她艺术观的日新月异。

黄嘉裕深有感触地说，北京的老师教戏，一招一式都是严格规范的，哪怕是一个舞台调度走多少步也有具体的规定。而且，无论是经验丰富的老教师还是青年教师，他们可以把整个戏所有的音乐和锣鼓点记得一清二楚，每个寸度都把握得非常准确，这样教学就不容易走样。上理论课，他们会把京剧各个流派的唱腔、表演特点讲得很透彻。还举了大量的例子，比较它们之间的不同。由此，她越发深思，京剧能把自己的理论提升到这个层次，粤剧为什么不能呢？"相比我们的前辈，我发现自己对粤剧传统的认识实在是太少了。比如有些粤剧历史的常识和表演上的东西，在他们看来理当是烂熟于心的，但我却从来没有听说过。

白超鸿与青年演员黄嘉裕表演
（郑迅翻拍）

所以我在期待着有人去研究总结粤剧的系统理论之余，更要从自己做起，把我们的优秀传统继承下来。"诚如林小群所说："采百家之优长，终归形成自我。"在此漫漫求索的路上，黄嘉裕且学且思且躬行，在师父的循循教导下，一代新人不断成长。

2015年11月16日，从美国回广州探亲的白超鸿、林小群及其徒弟黄嘉裕一行来到恩宁路广东八和会馆，向华光师傅上香，并与"八和"弟子叙旧，畅谈他们在穗合作演出《十奏严嵩》的一些感想。白超鸿说："嘉裕是一位很有前途的后起之秀，观众对她的评价很好，她在演绎人物感情上处理得很好，我们在演出中相互间的感情沟通也很好。演出后，一些美西粤剧戏迷提出请她去三藩市（旧金山），再与我合作演出，我以91岁高龄与粤剧青年演员一起演出，感到很幸福。看到年轻一代的粤剧人这么优秀，我感到很安慰。"

林小群说："这次嘉裕和白超鸿排演《十奏严嵩》，她的角色是青

二　甑龄伉俪——白超鸿、林小群

晚晴篇

二〇一六年，林小群为南海林小群粤剧艺术传承基地揭牌
（杨美供稿，郑迅翻拍）

衣包大头，我觉得以23岁这么年轻来演青衣，对她来说难度是很大的。刚开始排戏时，我发现她比较生硬，于是我让她把从京剧学习到的东西融合到粤剧来。感情一定要投入，如果感情不投入，就会脱离人物性格，就不能感动观众，演员一定要做到自然。后来复排的时候，嘉裕很聪明，领悟得很快，她的基础好、条件好、声线好、形象好，有艺术潜质，我认为她很有前途，我对她的演出很满意，希望大家多提点她，让她真正成为粤剧的接班人。"

　　黄嘉裕学习、实践应工闺门旦、小旦行当，先后主演《白蛇传》《红梅记》《梦断香消四十年》《血沃共和花》《风月救风尘》《六祖慧能》《南国菩提》《唐伯虎点秋香》《虎将马超》等剧目，曾荣获两次全国"小梅花"大赛金奖，全国侯宝林杯曲艺大赛金奖，广东省第五届青年演艺大赛表演奖，第十一届广东省艺术节"十佳新秀"奖。2017年8月29日晚，一台形式特殊的个人戏曲专场演出在中山市文化艺术中心上演。黄嘉裕一个人演绎粤剧、京剧、昆曲三个剧种，分别展示花旦、青衣、刀马旦不同旦行，获得行内外好评。

如果说戏曲学校和剧团里的学习实践是江流激湍中的涤荡，那么，拜师学艺才算是黄嘉裕扬帆学海的启程。师徒重逢，粤剧艺术发展自有后来人。2019年，在庆祝中华人民共和国成立70周年当天，香山粤剧研究院、香山粤剧团举行庆祝国庆活动，香山粤剧研究院艺术顾问林小群、白超鸿，荣誉院长林锦屏，院长邓志驹，副院长黄嘉裕及全体团员、粤剧戏迷、游客等约300人参加了活动。黄嘉裕作了精彩的展演。著名粤剧表演艺术家林小群兴致勃勃，欣然演唱一曲50多年前，她演唱的、歌颂新中国建设成就的名曲《东湖春晓》，把活动推向高潮。

2020年3月，由邓志驹担任撰曲、唱腔设计的抗疫粤曲《江城春暖》，在广东粤剧、粤曲界传唱。原创粤曲《江城春暖》分别推出了由广东香山粤剧团演员和广东舞蹈戏剧职业学院师生演唱的两个版本。邓志驹说："新冠肺炎疫情发生以来，几乎每天都是待在家里，总觉得要做点什么事，便斗胆'捞过界'，写了这首抗疫粤曲，并制作了两个版本，一起为抗疫出一点绵力。"引人注目的是，在广东香山粤剧团的演唱版本中，从美国回国定居的著名粤剧表演艺术家伉俪——96岁高龄的白超鸿和87岁高龄的林小群担任艺术指导，并带领一众演员参与演唱。

白超鸿、林小群旅居美西旧金山期间，身在异国，心系中华，时刻怀念故国家园。2008年秋日的一天晚上，由广东南海平洲老干之家和平洲江滨居委会主办的平洲老干曲艺协会平洲分会成立10周年暨乡亲同乐敬老文艺晚会在平洲老干活动中心露天剧场举行，演出精彩的粤剧、粤曲、歌舞、太极操等节目。适逢林、白伉俪从海外归来，由于是大名鼎鼎的粤剧名家，乡亲们在亲切的呼喊声和热烈的掌声中邀请他们登台演出，林小群登上了舞台。"唱什么好呢？"林小群说，"我离开家乡20多年，基本上都不怎么演戏了，现在是豆沙喉。"台下一千多

二〇一六年欣赏会，林小群（右）、白超鸿（左）、林锦屏接受采访（郑迅翻拍）

位乡亲异口同声地说："唱《柳毅传书》！"于是，主持人找来了专业演员梁国锐与林小群对唱一曲《柳毅传书》之《花好月圆》。林小群亮嗓，唱起《柳摇金》的"感君赞奴貌似仙……"时，台下掌声四起。林小群唱起来虽然有点"豆沙"声，但她那特有的甜美清纯的歌喉仍然不减当年。既然"大珠姐"带了个好头，自然，夫婿白超鸿也要来一首。应广大乡亲的要求，白超鸿只好临时演唱一首《卧薪尝胆》。他把该曲的"介口"（曲牌）匆匆写好交给音乐师傅，便扯开嗓门："锦绣河山遭祸劫，前程未已残苍……"只听他声腔嘹亮，感情充沛，不减当年，立即博得满场喝彩。这是白超鸿首次返乡登台演唱。白超鸿表示，他在美国，每天仍然穿着大扣练功，唱卡拉OK，一唱就是8个小时，拳不离手，曲不离口，保持一代伶人的良好风范。

2012年11月，又是一个晴朗的秋日，鹤发童颜的白超鸿、林小群夫妇不辞劳苦拖着一箱子"宝贝"，搭乘了14

小时的长途航班，跨越万里之遥的太平洋，从美国旧金山回到南海桂城平洲。这一次回乡，陪同的还有林小群的妹妹林锦屏，她是从香港回来。得知家乡平洲正在筹建南海平洲粤剧粤曲艺术馆，三人送来珍藏多年的宝贝——共四套粤剧戏服。

"家乡的水都是甜的。"在开场白里，刚说起这句话，80多岁的林小群已经热泪盈眶。白超鸿也坦言，他和太太两人10多岁在平洲学艺，到80多岁仍四处传扬粤剧文化，这辈子都未曾离开过粤剧事业。"它已经融入我们的血液里，无法舍弃。"林、白伉俪说，"这就是对粤剧的爱。"

"这套是演元帅时穿的定制服装，我们特意到上海定做的，都是用人工一针一线缝制的。"白超鸿弯下腰，缓缓打开皮箱，从里面取出一件蓝色戏服。这件戏服陪伴了他60多年，"每次穿上这身戏服，配上盔头、翎子（即雉鸡尾）、背旗，大概有20多斤重。在台上唱跳打1个多小时，体力稍有欠缺都不行。"白超鸿穿上"战袍"，回忆起昔日台上风采，神采飞扬，笑容满面。介绍过后，白超鸿小心地捧着戏服，用布满皱纹的双手抚平上面的皱折，再细致地折叠好放回皮箱。

名伶林锦屏也捐出了自己的一套登台戏服。这些戏服曾多年陪伴在他们身边，既是演出时的"战袍"，更是珍藏的"宝贝"。但在得知家乡业绩发展的需要时，他们尽最大努力把它们运回平洲，"做自己应该做的事"。

历年来，白超鸿、林小群先后五次向家乡平洲赠送戏服和和珍贵的粤剧文稿。在多位平洲粤剧名伶的大力支持下，桂城粤剧粤曲艺术馆终于建成，引起区内外广泛关注，获得各方好评，广大父老乡亲都引以为荣。2018年11月，白超鸿、林小群回到家乡平洲，应邀出席"粤剧之乡薪火传第二届桂城粤剧艺术节"活动，在桂城粤剧历史文化展览馆内，他俩看到父母亲及故居的旧照、当年演出的戏服等行头，联想起几十年的戏班生涯，不由得感慨万千。林小群说："我时常感激父母，感

二 氍毹伉俪——白超鸿、林小群

晚晴篇

激曾经哺育我的家乡水，感激家乡父老乡亲和观众朋友们的支持，正因为有了他们的关怀和期待，才有我的艺术生命。"白超鸿多次表示，少小离家老大回，桂城（平洲）的草木让他倍感亲切。夫妻二人讲到动情之处，禁不住流下激动的眼泪，令观者无比动容。在演讲会上，白超鸿还充满激情地说："近年我在家乡演出了《平贵别窑》《沈园题壁》，还是自我感觉良好的。我90多岁了，还继续吊嗓练功架和书法艺术。好的声线、艺术情感怎样来？这是根据自身的条件而定。我的发音是在横膈膜慢慢放出来的，需要自然地唱，问字取音，我们的粤剧就是强调粤味、粤音，这样才能调动观众的乡音、乡情，获得观众的喜欢。"

香山粤剧院所在的中山石岐紫马岭公园，占地面积2000多亩，绿树成荫，景色宜人，香山粤剧院为园中园，有1万多平方米。邓志驹有理想抱负，根据中山自身的文化资源和特点，打造可持续发展的粤剧项目。他联系、规划与中山职业学院开展合作，建立培养粤剧人才的平台，使中山拥有常态化的本地粤剧师资力量和学生储备。他正在筹建粤剧名家展览，诸如"林家铺子"（林超群、林小群、林慧、林锦屏）以及"群腔"学术研究等项目。这是粤剧艺术发展的新视野，具有独到的创意和见解，值得积极响应与支持。

二〇二一年九月三日，白超鸿接受采访，侃侃而谈（郑迅摄于中山）

二 氍毹伉俪——白超鸿、林小群
晚晴篇

后　记

　　《粤剧男花旦——林超群》于2021年5月上旬成书脱稿后，我们随即着手安排《氍毹伉俪——白超鸿、林小群》一书的采访、编写工作。由于新冠肺炎疫情的影响，迟至8月间才能如愿到中山拜访白超鸿、林小群两位前辈。在此之前，他们满怀热情，不辞辛劳先后给我们提供了许多有价值的资料；中山大学历史人类学研究中心粤剧粤曲文化工作室亦将珍藏的有关文献给予我们使用；加之，林、白伉俪所赠美国旧金山爱徒、华人才女陈小梨主编的《美西八和》图文册，所有这些资料，都为我们此次的编写工作创造了有利因素。香山粤剧团邓志驹先生、黄嘉裕小姐，以及杨春花、杨美、萧柱荣、李悦强、小蝶儿、谢少聪、黎月梅、叶兆柏、仇少娥、梁燕、黄荣、刘洁玲等也给予我们大力的支持，在此一并表示由衷的感谢和敬意。

　　古语云，得道多助。在编写《桂城（平洲）粤剧、粤曲名家》的过程中，我们得到各方的积极支持和协助，源于对岭南文化的兴趣和热爱，资深传媒人孔妙然、张棣怡女士以及年轻朋友李易彪、范家强、程子浏先生都诚心参与，贡献力量。队伍壮大，新老结合，更加具有活力。

　　本书"白超鸿篇"为李耀安执笔，"林小群篇"为崔颂明执笔，"晚晴篇"为梁锦江执笔，引言、后记由崔颂明执笔。由于分别由三人写作，文字风格可能有异，加之时间和各种条件所限，错漏及不足之处在所难免，恭请业内人士、专家、学者、父老乡亲批评、指正。

2021年9月28日

桂城（平洲）粤剧、粤曲名家

一

粤剧男花旦——林超群

桂城（平洲）粤剧、粤曲名家编委会 编

SPM
南方传媒
广东人民出版社
·广州·

图书在版编目（CIP）数据

桂城（平洲）粤剧、粤曲名家 / 桂城（平洲）粤剧、粤曲名家编委会
编 . —广州：广东人民出版社，2022.6
ISBN 978-7-218-15796-2

Ⅰ . ①桂… Ⅱ . ①桂… Ⅲ . ①粤剧—戏剧家—列传—南海区 ②粤
曲—音乐家—列传—南海区 Ⅳ . ①K825.78

中国版本图书馆CIP数据核字（2022）第101164号

GUICHENG（PINGZHOU）YUEJU、YUEQU MINGJIA
桂城（平洲）粤剧、粤曲名家
桂城（平洲）粤剧、粤曲名家编委会　编

出 版 人：肖风华

责任编辑：梁　茵　胡　萍
封面设计：集力书装
责任技编：吴彦斌　周星奎

出版发行：广东人民出版社
地　　址：广州市越秀区大沙头四马路 10 号（邮政编码：510102）
电　　话：（020）85716809（总编室）
传　　真：（020）85716872
网　　址：http：//www. gdpph. com
印　　刷：广州市豪威彩色印务有限公司
开　　本：787mm×1092mm　1/16
印　　张：22　　字　数：300 千
版　　次：2022 年 6 月第 1 版
印　　次：2022 年 6 月第 1 次印刷
定　　价：128.00 元（全三册）

如发现印装质量问题，影响阅读，请与出版社（020-85716849）联系调换。
售书热线：（020）87716172

桂城（平洲）粤剧、粤曲名家
—— 粤剧男花旦——林超群

编委会

主　　任：曹莉敏

副主任：江国强　何　政　金　珺

委　　员：陈小梨　李耀安　梁锦江　郑　迅
　　　　　谢安流　莫庆棠

执行主编：崔颂明

副 主 编：梁春凤　张嘉丽　叶明芳　关紫君

　　在中央大力倡导弘扬中华传统文化精神指引下，在桂城街道党工委有力领导和桂城文化发展中心积极推动下，2017年，《百年大戏传天下——桂城（平洲）粤剧粤曲今昔》《乐群英童子班图卷》和桂城粤剧艺术馆先后问世，引起区内外人士广泛关注，获得各方好评，广大父老乡亲奔走相告，引以为荣。文化是一个地区综合竞争力的重要组成部分，是经济持续发展的有力后盾，也是提升国民素质的基本途径，更是社会精神文明的重要体现。文化被称为软实力，恒久深远，力量无穷。桂城街道党工委因应时代潮流的发展，有眼光、有见地，继续大力推进本地文化事业走向新高度，在积极开展群众性文化娱乐、戏曲活动的同时，把握时机，投入力量，对桂城（平洲）地区戏曲史料进行深入挖掘、整理，组织乡亲及有志之士，从长计议，计划出版一套系列丛书，全面彰显有"粤剧摇篮"之称的桂城（平洲）的灿烂辉煌。不断扩大影响，启迪、激励后人，进一步深入普及岭南传统文化，广泛传播精神文明，为桂城留下永恒记忆，也为地方戏曲史料汇集贡献力量，功在千秋。

　　粤剧发源于珠江三角洲地区，是我国重要的地方剧种之一，2009年经联合国教科文组织批准，被列入"人类非物质文化遗产代表作名录"，获世界公认。桂城（平洲）地处佛山南海腹地，与广州相邻，具有独特的人文优势。一百多年来，在这片沃土上，粤剧名家辈出，先后有金山和、林超群、林小群、白超鸿、林慧、林锦屏、金枝叶、靓少佳、梁醒波、陈卓莹、陈仲琰、叶大富、叶兆柏、梁玉嵘、麦穗秀等戏曲名家，为粤剧的形成、发展作出了贡献，为世人瞩目。这些艺坛精英，大多数出现在20世纪初叶，处于粤剧大发展、大变化时期，正值由"戏棚官话"转变成广州话本地方言，本地戏班发展、壮大取代外江班，粤剧从农村进入城市戏院、剧场演出，最终步入粤剧本土化的成熟期。这些老一辈伶人都是历史的参与者和见证人，承先启后，继往开来。逐一总结、整理每一位行家的艺术生涯，有着丰富的内容和史实，对于研究、考察、充实粤剧发展史都有重要的历史意义和宝贵价值，也有利于地方文献的不断汇总、积累，为后世借鉴、参考。

　　编写这套书，本着求真务实精神，以史料为依据，本地戏曲名家为传主，寓知识性、趣味性、学术性于一体，通俗易懂，雅俗共赏，图文并茂，具有可读性。让我们协力同心，为桂城文化事业贡献绵力。

　　　　　　　　　　　　　　　　　　　　　　崔颂明

　　　　　　　　　　　　2021年3月　南海桂城

目录

第一章
平洲胜地
金色童年

南海地处广东省中部珠江三角洲腹地，总面积近1100平方公里。据史书记载，隋开皇十年（590）建县，历经1400多年，1992年撤县建市，2002年设立佛山市南海区。位于南海东部的平洲，毗邻广州，地势平坦，交通方便，物华天宝，人杰地灵，有"平安之洲"的美誉，是经济发达、文化昌盛、戏曲繁荣的风水宝地。2005年，平洲与桂城合并，现称桂城街道。平洲（桂城）北部西河村，是早年商业重镇佛山通往省城广州的一个水道枢纽。

据《林氏族谱》记载，元元贞二年（1296），林淑贤与其子林以政从顺德杏坛迁至此地开村，民间俗称"林地"。因林氏的郡望为西河郡，而改称为西河村，以表示对先祖的纪念。现在村内巍峨耸立的林氏大宗祠（因睦堂），始建于元代，明清时期重修，被列为南海区不可移动文物、佛山市优秀历史建筑。祠堂坐东向西，三间三进，占地面积1000多平方米。林氏后人在这片土地上，勤劳奋发，生生不息，引以为豪。西河村内有一小山冈，叫烟管顶，草木繁茂，为农耕时代村民放牧牛羊的地方，也是昔日平洲八景之一的"烟管晚望"，附近民众喜好晨昏登高远眺，清风习习，悠然自得，乐趣无穷。清乾隆三十

年（1765），村内办有西河书院，是平洲境内最早创办的学府，书声琅琅，养育后人。林氏家族人才辈出，遍及平洲内外。

南海一向有崇文尚武传统，蔚然成风，林氏大宗祠内挂着岭南武林杰出人物林世荣的肖像和事迹介绍，引人注目，父老乡亲津津乐道。林世荣（1861—1942），人称"猪肉荣"。他的祖父林伯善，继承家传武功，亲自为孙子改名世荣，祈望"世袭武术为荣"。世荣7岁学扎马，举石锁，打沙包，10岁学技击、拳法，"行月刀""流金铛""蝴蝶掌""六点半棍法""箭掌算盘拳"等武术诸法，样样精通，臂力过人。及长，因家境困难，只身到广州源记肉店杀猪谋生，从此"猪肉荣"的绰号就伴随一生。由于他身强力大，干活卖力，深得老板赞赏，不到一年就升为主屠，不用操刀杀猪，专门主管屠场。生活略为有着落后，世荣另租小房与妻子同住，不料为一张床板与东家发生争执。

东家趁其不备，突然抄起案上屠刀，劈砍过来。他反应敏捷，连忙侧身避开，并以迅雷不及掩耳之势，把东家肘部钳制，并将其制服，好一精彩的近身搏斗！此时正好黄飞鸿之子阿林路过，目睹全过程。回家后，阿林向父亲说起事情经过，黄飞鸿叫他马上

林氏大宗祠中"武术大家"林世荣影像（郑迅翻拍）

请林世荣来武馆会面。随后，东家纠集一批打手，气势汹汹到武馆来要人。黄飞鸿知道来人不怀好意，他微笑以礼相迎，听罢来者诉说，耐心判别是非。慑于黄师傅的威望，众打手自知理亏，一哄而散。此时，躲在侧门的林世荣看得一清二楚，深为黄飞鸿的仗义、武德所感动，当日就苦苦要求拜黄飞鸿为师。成为黄飞鸿的入室弟子后，世荣先后在他的门下学艺20年。清末，广州东较场举行了一次大型武术比赛，林世荣荣获第一名，震撼羊城。1921年，广州孤儿院发起慈善筹款，林世荣应邀到场表演，受到孙中山的称赞，并以大总统的名义授予其一枚银质奖章。林世荣在广州先后开了多家武馆，从学者众。他为人正直、襟怀坦荡、品格高尚，提倡武林中人要破除门户之见，相互以礼相待，取长补短，与人比武，点到即止，从不故意伤害别人。他继承师父黄飞鸿的品质，授徒每以德行为先，深得同行与门人敬重。20世纪20年代初，林世荣在香港骆克道设馆授徒，历时20年，桃李满门。他在徒弟朱愚斋、张德镳、李世辉协助下，把毕生的武术经历整理成书，于1930年先后出版了《工字伏虎拳》《铁线拳》《虎鹤双形拳》等专著，风行省港澳，远及南洋和美国、加拿大等地。中华人民共和国成立后，我国体育高等院校收入这些拳谱，作为武术教材广泛使用。其门徒朱愚斋亦著有《岭南武术丛谈》和《南派拳》，为南拳理论确立基础。林世荣亲侄林祖继承衣钵，授徒50余年，弟子遍布世界各大洲。林世荣是公认的名副其实的岭南武林大家，载入中华武术史册，世代相传。

第一章　平洲胜地　金色童年

粤剧男花旦——林超群

昔日科举年代，民间有谚云：三年出一个状元，十年未必能出一个戏子。意谓，优秀的戏班艺人、观众认可的名角，极难培养。清末民初，平洲林氏大宗祠就出了一个闻名省港澳及海外的大老倌、著名粤剧男花旦林超群。其父林君可，开业行医，悬壶济世，救死扶伤，慈悲为怀。据林超群六女儿林慧回忆："听母亲说，爷爷是个大善人，乡亲上门看病，他都精心诊治，体贴关怀。遇有家境困难者，赠医施药，分文不收。有的患者病故了，殓葬困难，还送棺木。林君可是远近村民交口称赞的好医生。"

林超群的母亲颜氏，南海大沥人。她幼读诗书，通文学，知书识礼，在村中设立私塾教授女生，在晚清民初年间，是罕见的女中豪杰、乡间女教师。颜氏又是一个贤内助，相夫育儿，无微不至，生活之余，她将家中庭院打扫得干干净净，并然有致。她还写得一手好字，常抄录古人咏花诗句，挂在自栽的花木上，使林家庭院充满了花韵墨香，别有一番情趣。附近乡亲都以羡慕的目光，注视着这个温馨和睦的美好家园。

林家育有四男一女，都受到父母的文化素养熏陶，健康快乐成长。四儿子元挺（林超群）性情温顺，聪明伶俐，长相俊俏，是人见人赞的"靓仔""乖仔"。他在父母的教导下，6岁开始读书习字，非常用心。及长入私塾读书，四书五经倒背如流，才貌双全。被视为林家光耀门庭的希望所在，前程远大。

据史料记载，珠江三角洲地区民间崇尚戏曲，祀神娱人，渐成习风。晚清年间，"外江班"和"本地班"不断在四乡演出，吸引着远近民众前往观看。西河村林氏大宗祠旁边的池塘搭有戏棚，演出时间多是在神诞的前后，俗称演"神功戏"。诸如农历三月初三的"天后诞"，四月的"谭公诞""土地诞""观音诞"等。按当年戏班行规，每有戏班演出，多数是演九场（四场日戏，五场夜戏），时有省港大班演出，盛况更为空前。锣钹特大，弦线特粗，轰轰烈烈，响遏行云。林氏大宗

林氏大宗祠内景
（郑迅摄）

祠前有一条20多米宽的河涌，红船泊在戏棚前，艺人住在祠堂内，日夜锣鼓喧天。四乡村民由水路或陆路来睇（看）大戏，热闹非凡。元挺自小喜欢睇戏，在大人和兄姐陪同下，睇得津津有味，有时还模仿舞台上的人物动作，表演一番，引人欢笑，其乐融融。

柚灯如画妒姬娥，
丝竹沿街按节歌。
纸马莲舟都入画，
果然秋色比春多。

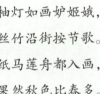

珠江三角洲及粤西一带，每年秋收农忙后，各地都举办秋色、赛会游行的民间活动，有的地方称飘色，以欢庆秋收冬藏的劳动成果。据史料记载，南海秋色赛会由各行各业选出成立或由祠堂主办，各项排场多姿多彩，全套共有20个排场，令人目不暇接，深受民众欢迎。

粤剧男花旦——林超群
第一章　平洲胜地　金色童年

林超群故乡的林氏大宗祠
（郑迅摄）

　　据西河村林氏长者回忆，由于元挺"靓仔"乖巧，又喜欢热闹，每逢邻近秋色及菩萨巡游都离不开他参与表演。"色马""车心"是必不可少的角色，扮演观音菩萨或是梁红玉、穆桂英、花木兰等女中豪杰，让人高抬端坐在莲花台或手持戈戟沿街巡游，很是英武，许多村童都跟随其后，拍手欢叫。元挺富有表演天分，不时流露出观音菩萨慈悲的表情，或是古代女豪杰娇媚中的俊美，令人啧啧称赞。预示他日后在岭南戏剧舞台上大放异彩。

第二章
科班出身
粤桂巡演

　　民国6年（1917），岭南大戏"乐群英"童子班（又称"平洲科班"）创建于南海县平洲乡江表一间祠堂内，开珠江三角洲地区农村开办童子班的历史先河，是继清同治年间在广州河南溪峡举办的"庆上元"童子班，培养出八和会馆创始人邝新华等大戏才俊之后，又一个取得丰硕成果的本地科班。组织策划"平洲科班"的陈福三、林君可、张清是本地乡贤、有识之士，各人都有不同凡响的人生经历。

　　陈福三（1865—1964），出生在南海平洲梅园（今平东），是个富家公子。其父开设布铺及生熟烟铺，在佛山、广州、香港都有店铺，富甲一方。家里希望陈福三继承父业，练习打算盘，学做生意。但是这位"太子爷"对做戏感兴趣，于16岁投身戏行，粉墨登场，如愿以偿。由于他读过多年私塾，学戏容易上手，很快扎起（地方方言，有"捧场子""给面子"之意，引申为受追捧、受欢迎）。22岁任正印小生，在省港澳等地献艺，曾三次远涉重洋，赴美国旧金山演出，长达五年之久，自始改名"金山和"。在此期间，适逢孙中山在美国各地向华侨宣传革命主张，他参加了同盟会。辛亥革命推翻了清政府的腐朽统治，全国欢腾。饱经风雨的金山和回国后，没有踏入政坛，也没有继续其舞台

南海《乐群英童子班图卷》
（郑迅拍）

生涯，而是选择了一条特殊的道路——开办大戏童子班，培养粤剧新人。林君可生在中医世家、小康人家，为人厚道，乐善好施，是村民交口称赞的良医。张清居士是平洲佛堂创办人，笃信佛教，慈悲为怀，广为信众所敬重。在旧时，伶人被称为优界。"优倡皂卒"，伶人与娼妓、在衙门当差的下人、兵卒相提并论，备受世俗歧视。金山和、林君可、张清等有识之士，他们逆流而行，突破藩篱，在乡村开办大戏童子班，公开招收适龄儿童，学艺从优，开风气之先。而林君可更令聪明乖巧的儿子元挺放弃研习祖传医业，和张清居士的儿子张盛才，一同进入"乐群英"童子班，独具真知灼见，难能可贵。

"乐群英"童子班开设在平洲江表梁氏的一间祠堂，地处石狮街尾与十三棵树之间，靠近村边，异常僻静。江表梁氏是当地大姓，有"天上雷公响，地上江表梁"之说。借用江表梁氏的祠堂开班业徒，并非一桩小事，没有一定影响的人推荐、支持根本办不到，此人就是受聘为"乐群英"童子班教师的武生奎（梁奎）。他是江表梁氏后人，身高体健，热心豪爽，讲究义气，又有武功在身，是个在乡里有号召力、举足轻重的人物。

中国戏剧讲究童子功，要求从小培养艺人，方可造就成材。所谓童子，就是指未成年的青少年。童子班招收18岁以下、10岁以上的少年儿童学艺，学制年限不等。"乐群英"童子班学艺期间，班主管食宿、衣服、鞋袜，每月发些师约银给艺徒作生活零用。得天时地利的良机，加之金山和、林君可、张青、武生奎等人的声望，报名学艺的孩童踊跃，经过严格挑选、考核，终于选定80余人，清一色都是13—14岁的四乡男童。

童子班主持人、总教头金山和是艺坛精英，经验老到，人称"和叔"，被誉为"八和之宝"，终身奉献于岭南大戏。其夫人李自莲女士大力支持童子班，不时从梅园来到江表，协助丈夫照料艺童的起居饮食，体贴入微。尽管师长管教严苛，但艺童们有如生活在温暖的戏班大家庭。"乐群英"童子班没有专设的宿舍，一众艺童都住在梁氏祠堂内。少年元挺初次离家过集体生活，很是艰辛。艺童们分两排睡在铺有木板和稻草的地面上。

清晨天尚未亮，武打教练雷公祥一声令下，唤醒熟睡中的艺童。他们各自将被铺卷起，不洗漱，也不准大小便，随即就开始练武，诸如打武棚、一字马、鞠鱼、起虎尾、跳藤条等。教练雷公祥（祥叔），武行出生，性子急，管教严，他不打不骂艺童，却有他自己的一套管教方法。每当清晨练功之时，祥叔手执烟斗，四处巡视，发现有艺童偷懒或动作练习不到位，就将烟斗靠近这个艺童肚皮下面。慑于发烫的烟斗，艺童们身体不敢下坠，只得咬牙坚持，直至满身大汗为止。此时艺童们再去小便，早已无尿可排了。童子班注重基础训练，师傅常说："眼跟手，手跟脚。"就是要做到手到哪处，眼睛就要转向那一方向。当脚要跟方向转移时，手就跟着脚步动，所以练习"眼"的功夫时要和手脚一起练。在整体练习当中，一个"大架"就有左"洗面"、右"洗面"、左"拉山"、右"拉山"、转身"拉山"等各种动作，不停练习直到熟练为止。为使艺童基本功扎实，金山和一众师傅费尽心机。元挺聪明听话，练功落力，不怕辛苦，着着到位，深得师傅们喜爱。

武生奎负责"把子功"的基础训练科目。"把子"是戏剧舞台上所用的武器道具的统称，包括常见的大刀、单刀、大头枪、单枪、剑、斧、叉、八角锤等古代冷兵器。早期粤剧以武场戏多见，以真刀真枪的"真功夫"入戏，故称"打真军"。据打武家说，这些兵器，轻则10余斤，重则有30多斤。演员在台上厮打搏杀，铮铮有声，气氛激烈紧张，扣人心弦。在中国360多种地方戏曲中，粤剧在舞台上"打真军"，真刀真枪格斗，险象环生，绝无仅有。20世纪30年代，引进"北派把子"后，粤剧"打真军"就逐渐被"北派把子"取代了。

"乐群英"童子班同样传授粤剧南派武技的训练项目——桩手。据《粤剧大辞典》载，木人桩是艺人日常练功用的器具，它按照人体的三个主要部位——眼、心、腹，设计三枝伸出来的"木桩手"，每枝长35—40厘米，另外还有象征人的腿部的木桩脚，供戏班艺人练功之用。活动的人与固定的木人桩搏击，行内称"埋桩"。粤剧从业人员几乎无一例外都要练习这套功夫。同样，岭南地区的武馆，普遍设有木人桩，传习桩手功夫。2012年，广州恩宁路粤剧銮舆堂内举办了木人桩练习表演，粤剧界龙虎武师和佛山精武会拳师各自上场献技，动作熟练、精准。有行家称，戏班桩手动作接近洪拳，武术界属于咏春拳，大同小

肖丽章剧团戏桥（一）（郑迅翻拍）　　肖丽章剧团戏桥（二）（郑迅翻拍）

异，各具特色，至于岭南戏班早年为何强调练桩手、"打真军"，有学者认为是学术上一个未解之谜，有待深入研究解答。元挺从小见惯乡亲打功夫，"埋桩"习武自然不在话下，很快就熟练掌握，成为一个功夫扎实、能文能武的伶人。

金山和按照戏班的传统，不但教艺徒做戏、学艺，还耐心教导他们学做人、识规矩、懂礼貌，也就是"八和精神"——"成戏又成人"，成为一个有戏德、会做戏的新一代艺人。基础训练告一段落，艺徒们打下初步基本功，师傅根据各人领悟情况和自身条件，确定他们所学的行当，再进入专业学习，从此定下他们从业的走向。与梅兰芳合作多年的戏曲理论家齐如山（1875—1962）先生说："儿童初入学学戏，自然是先审察其面貌及身材。面貌秀丽的，自然是宜于演旦角；身材魁梧的，自然是宜于演净角。但此仍不能算是规定，还要听其喉咙的声音，都审察过后，才能分生、旦、净、丑各行上课。"（《如何学国剧》）诸如叶大富（1904—1973）专攻龙虎武师，陈树春（1899—1972）习丑生，梁扬学花面行当（净角），张盛才（1907—1977）和冯展涛攻武生，陈新发攻小生，白山富攻小武，林元挺和梁日初（艺名金枝叶，1903—1966）专攻花旦，各自向着不同的专业行当发展，走上岭南大戏舞台。

"乐群英"所聘请的教师均师出有名，技艺超卓，各有所长，是

第二章　科班出身　粤桂巡演　　粤剧男花旦——林超群

有成就的戏班佼佼者。花旦专业师傅肖丽章（1879—1968），原名肖锦文，又名京章，18岁入行习小武，后改学花旦，拜男花旦扎脚胜为师，青出于蓝，他演技精湛，嗓音清亮，唱功讲究，由于有小武功底，特别擅长武戏，技艺老到，功架扎实，他上演的《十三妹大闹能仁寺》和《刘金定斩四门》最为人称道。他对林元挺、梁日初这两个弟子寄予厚望，严格要求，悉心培养。日后，在他们身上都可看到鲜明的肖丽章的影子。肖丽章师傅要求林元挺、梁日初学好花旦的拗腰、走圆台、走俏步等表演技巧，动作主要是表现剧中人在快步行走时上下陡坡，或遇到各种因素的干扰，差点摔倒的情状，演员上身向前稍俯倾，突然腰部稍向后，上身微仰，做出将要摔倒的样子，双手同时在身前配合做小云手，接着站稳，用手轻拍胸口，或是抹去额汗，做出惊怕的表情，然后再继续前行，整个动作要求连贯性，并且要有较好的协调和控制能力。走圆台、走俏步等都是旦角必须熟练掌握的台步功夫，缺一不可。

元挺除了练习基本功之外，每天都要进行练声。清晨起来就到空旷的田野或涌边，按照粤剧传统工尺谱的音阶，大声喊出"咿、呀、喔、呜"等单音，由低而高，再由高而低，反复练习，京剧称之为"喊嗓"，广州话习惯将"喊"叫"嗌"，粤剧艺人就将这种练声方法称为"嗌声"。有行家认为"嗌声"的主要目的是训练艺人的听觉、音准，增强肺活量，使中气充足，摸索固定腹腔产生共鸣的位置，以及锻炼声带的作用。"梅花香自苦寒来。"昔日一些杰出艺人清晨空腹"嗌声"，筋疲力尽，眼冒金星，苦不堪言，有人怕苦半途而废，退出戏班；坚持下来的，最终苦尽甘来，就此扎起。这除了自身声音天赋之外，勤奋"嗌声""喊嗓"，刻苦磨炼，修成正果，几乎无一例外都是他们的成功之路。元挺自小声音甜美，并在秋色巡游中扮演女子，加上勤奋好学，又有名师提点，一代男花旦自然而然就此出现。

早期大戏多在农村露天戏棚演出，观众都以农民群众为主，所演剧目多为历史题材的武场戏，演出时往往大锣大鼓，形成火爆、热烈、粗犷的气氛，引起四周村民的兴趣，前往观看。随着大戏逐渐进入城市剧场，演出风格也随之发生变化，由武戏为主转向文戏为主，由侧重武功技巧转向侧重唱功。"乐群英"童子班正是处于这个历史转折年代。经过扎实基本功和唱、念、做、打的全面训练，行内称他们为"科班出身"，或被褒称为"红裤仔"。林元挺等一众艺童都获得此殊荣，引以为自豪。

经过金山和、肖丽章等师傅悉心教导，艺徒们初步掌握戏班技能，就迈开剧艺生涯第一步，小试啼声，跟随着师傅们一同登台演出。以"乐群英"班牌为名演出《六国大封相》及其他剧目，首场开锣就在平洲大田基路戏棚，别具地方特色，颇有意思。据平洲长者、书法家高信普生前回忆，大田基路有段"古"。清代末年，平洲尚未开发，从现今平东、平南来往平洲大圩必须过当时的凉亭（明德亭和彰德亭），也就是今日海天广场的旧地，转平洲影剧院，再入平洲中心小学的村路。昔日这段路都是山冈边坟场，原中心小学系梁氏祖祠所在，是平洲望族梁氏家族聚居的地方。由于来往行人和办喜事丧事穿梭过往必经村路，梁氏族人认为不吉利，故此在其村边田土上筑起一条石路，由简村外街的圩尾至凉亭，长八九百米，石路光洁，宽一米半、高一米，一边是禾田，一边为山冈。大田基路筑成后，行人方便、舒适、幽雅，大众欢喜，一时成为平洲新的景观。石路末端有大片空地和山坟边地，平洲每旬圩日都在这里摆买，十分热闹；每逢神诞建醮日子，就在这片空地上搭戏棚演戏。戏棚很大，内有固定座位，前座则备有精美竹制座位，中后座是用竹架搭成的座位，要凭票入座，井然有序。而搭棚和雇请戏班的资金，均由乡人推举热心人士（俗称主会）向村民和商店募捐。当时民众听说做大戏贺诞，都乐于捐款以助神灵保佑。一连几天做戏，加上售票弥补，演戏资金总可维持。平洲四乡不时有戏睇，民众兴高采烈，喜气洋洋。

昔日在戏棚做戏，在未开场之前要打"发报鼓"（班中叫打三五七），由棚面师傅先打梆鼓三下，停一停，又打五下，停一停，约十五分钟，及后打至七下，便打高边锣一下，鼓打一次则锣敲一点，又约十五分钟，便三五七一齐打，而锣由打一下至密打，锣鼓喧天，十分热闹。这是当时吸引四乡观众入场的一种手法，同时也是提醒戏班人员做好登台演出的准备。"乐群英"戏班按照惯例，演戏头一晚，先来一场祭白虎，由丑生演出祭鬼神以保平安，再就是跳加官，由须生主演，跟着就是《六国大封相》，向观众展示戏班的阵容，然后才进入正式剧目。据本地长者回忆，早年到平洲演戏不乏颇具规模的省港大班，也有其他小型戏班，俗称四两装。只要有戏睇，村民都兴高采烈。不论何种戏班，通常都加演日场，以方便小脚老妇和小童夜间不方便出门行田基路，而日场戏多由二帮、三帮演员登台，票价也便宜一些，以应民众所求。清末民初，农村未有电灯，戏棚照明主要用点火水的汽灯，民间叫大光灯，台口悬挂三盏，后台也用汽灯照明；当时没有扩音器，全靠演员的声音能"落棚"，送到观众耳边，这是最考究唱念功夫的。其时，一边睇戏，一边有小贩在座位旁边叫卖香烟、火柴、糖果、花生、瓜子等，供观众睇戏时享用。这就是昔日戏棚里面的真实写照。一众平洲艺童林元挺、梁日初、梁扬、冯展涛、张盛才、陈金发登上大田基路戏棚，台下观众雀跃、欢笑，叫着他们的乳名、花名，指手画脚，评头品足，议论纷纷；艺童们的家长，看到自家儿子在台上做戏，更是感到无比自豪。台上台下，热烈沸腾，汇聚成乡音亲情、水乳交融的欢乐景状。

平洲父老乡亲都爱睇大戏、听粤曲，具有相当观赏能力，他们深情地说：平洲科班人才济济，角色齐全，可以组成一个戏班，演出连台好戏，真是平洲乡亲的福荫啊！据老人回忆，"乐群英"童班首演当天，附近四乡有多只戏船来到大田基路旁边的东平河畔庆贺，戏棚内外欢天喜地，热闹非凡。

元挺所在的"乐群英"童子班（后改称"大富贵"童子班）乘坐两只戏船活动于河道纵横、水网交织的珠江三角洲南（海）、番（禺）、顺（德）、三水、肇庆等地，以及西江、北江、东江一带，直至远及广西。戏船又称红船，是戏班交通工具及栖息场所。红船以天艇、地艇两船为一组，两船大小一样。红船上装置木人桩，以供艺人随船练功之用。红船有许多规矩，多年沿袭，约定俗成。例如：船内床位分配，不论演员、柜台人员以及名声大小，一律"执筹"（抽签）决定。据老艺人黄滔回忆，红船铺位，优者通敞舒适，劣者暗黑潮湿，天渊之别。戏班中有许多迷信传闻，例如：红船太子位是全船最佳位置，可班中人对此位诸多禁忌，说煞星重，只有龙虎武师才敢居住，如生角、旦角执到，要让与别人，否则经年不利。有次元挺的师公、肖丽章的师父、男花旦扎脚胜执到太子位时，司理（坐舱）力劝他调位，他坚决不信，泰然住下，居然全年平安无事，使行中人啧啧称奇。说他虽演花旦角色，但武功一流，够煞气！红船上还有这样的禁忌：船泊岸后，不能落江河游水，否则当晚演《六国大封相》时，龙虎武师定会伤人或失手；不准携女眷，吃鲤鱼；吃鱼亦不能反转，否则行船出意外；凡船过有天后庙的地方，例必要在船头贺寿，一经该地，即放缓行船，一边贺寿一边遥拜，特别行经水流湍急的"甘竹滩"，全船人员皆虔诚拜祷，大洒溪钱，燃放爆竹，祈求平安。初次登船的元挺，听到叔父们讲述的行规、禁忌，感到新鲜有趣，一一牢记心中。他生性乖巧，老实听话，循规蹈矩，勤力练功，深得师傅们喜爱，迈开了氍毹生涯的第一步。

年逾百岁的老报人梁俨然根据老艺人的回忆，在他编著的《粤剧梨园旧典》中写道：粤剧初期"童子班的学员，一出台能充当正印的，以后就可以担戏当正印；如担不起正印的，一般就要从三帮做起；当不上三帮的，就要当企兵、堂旦、梅香或拉扯角色，然后再从三帮做起"。元挺是"乐群英"童子班优秀艺童，一步到位正印花旦的佼佼者，诚如林小群所说："我父亲从科班出来，没有跑过梅香，一出道就演正印花旦，说明他的艺术潜质与勤奋努力，这个是奇迹！"

据《中国戏曲志·广西卷》称："珠江流域相连两广，加上语言相通，习俗相似，促使广东商人进入广西经商，自乾隆年间就在广西沿江各商埠建立了粤东会馆，馆内均设戏台，不时延请广东戏班来此唱戏。""乐群英"童子班在珠江三角洲巡演年余后，易名为"大富贵"童子班，随即从平洲出发，经肇庆沿西江上溯梧州，在广西四乡巡演，颇受当地民众欢迎。

在老叔父带领下的"大富贵"童子班，尽管年纪轻、班龄短，但他们基本功扎实，行头辉煌，演出落力，为广西观众带来耳目一新的观感，先后在梧州、南宁、玉林、柳州、贵县（今贵港）、百色、龙州等地乡村巡演，翻山涉水，再折回家乡。在广西乡间先后演出了诸多的剧目，诸如：《寒宫取笑》《三娘教子》《五郎救弟》《酒楼戏凤》《打洞结拜》《打雁救父》《六郎罪子》《陶三春围城》《黛玉葬花》《燕子楼》《十三妹大闹能仁寺》《刘金定斩四门》等。不论在广东或广西乡间做戏，都异常艰苦，居无定所。其时，戏班多住在当地祠堂内，蚊虫袭扰，冬冷夏热，艺人都不得不忍受。林小群回忆称："记得10岁那年，我跟父亲下乡演出，住在当地祠堂内，就睡在祠堂边的石礅上，用张草席盖在身上，名副其实'睏石盖席'，蚊虫叮咬，彻夜难眠，几十年过去了，仍难以忘怀。"在两广乡间演出，他们练就了一身硬功夫，就是小型戏班和过山班所说的"铁脚""马眼""神仙肚"，一双铁脚板，行田基，走山路，夜间不睏觉（睡觉），照样挺起精神，挨饥抵饿，仍可坚持打武唱戏，这就是大戏艺人艰苦卓绝的固有本色。古语有云：食得苦中苦，方为人上人。元挺经历了两年科班严苛训练以及数载正印花旦的舞台实践，逐渐成长起来，为观众欢迎和同业称赞。厚积薄发，一颗艺坛新星正在岭南大地冉冉升起，期待着他灿烂美好的明天。

第三章
省港大班
创造辉煌

20世纪20年代，岭南大戏迈入蓬勃发展时期。民国10年（1921），由广州两仪轩药局创办的《真栏》刊物应运而生，它利用其时民众喜爱睇大戏的心理，以扩大药局的影响，特意精印一张36个戏班班牌及所属老倌名单，并配以剧情图画，吸引观众，每年印一张。每张售价一仙，这是早期的娱乐刊物。

"真栏，真栏，三十六班，人寿年第一班"，这是当年戏班内外流行的口头禅，家喻户晓。三十六班指常在省港两地演出的戏班。"人寿年"班组建于清光绪后期，历时30多年，是当年全行少见的"长寿班"，该班行当齐全，扮演角色不拘一格，人人有戏，互相配合，成为锻造戏班人才的熔炉。马师曾于1923年从东南亚回到香港，在"人寿年"班任正印丑生，演出《苦凤莺怜》展现才华，因而成名。据《广东戏剧史（红伶篇之一）》称，1925年6月，"人寿年"班散班那一晚，马师曾的老友谢老二介绍广州市包办全市捐税的大老板刘荫荪相见，他们到西堤"南楼俱乐部"消夜，刘荫荪欣赏马师曾的演技，要求马师曾替他组班，两人话语投机，一拍即合，将该班定名为"大罗天"，意味深长。其实该班组合后面还有一段古（故事），主人公是广东军政要人李福林。李福林（1874—1952），字登同，番禺人，"绿林"出身。坊间传闻，早年他用煤油灯筒假冒手枪拦路行劫，故有"李灯筒"之谐称。1907年，李氏赴安南（今越南）晋见孙中山，加入同盟会，后参加镇南关及黄花岗之役，入民国后历任广东省警务处处长、粤军第三军军长等要职。刘荫荪为李福林亲信，担任福军（清末李福林部队）参议兼广州国华报社社长。在李福林举办的一次欢宴上，宾主谈及时下戏班与当红老倌的趣事。众人眉飞色舞，兴致盎然，刘荫荪说他有意组织一个空前鼎盛的戏班，配置最佳角色，独树一帜，创造奇迹。席间军政要员都表示赞赏、支持。李福林率先认股两万大洋（元），李韦师长认股两万，商会会长邹殿屏等一众名流不甘落后，各占巨股，即时凑足十八万大洋之巨，作为筹组戏班的资金，推举刘荫荪为总经理，由马师曾着手组班，聚集当红名角。据《广东戏剧史（红伶篇之一）》称，1925年夏季"大罗天"新班组成人员：武生——曾三多，文武生——靓少华，小武——叶弗弱（后来改丑生）、靓新就、罗文焕、靓远芬，小生——靓少凤、李瑞清（刘荫荪推荐）、冯侠魂，花旦——陈非侬（马师曾老表）、林超群、林坤山、金枝叶、顽笑旦、谭猩猩，丑生——马师曾、黄寿年、伊笑侬（后改名伊秋水）、廖侠怀、王中王。年届弱冠的林超群喜登龙门，与来自省港大班的前辈知名老倌合作共事，同台献艺，着实荣耀，深感庆幸。他倍加珍惜，认真、执着，专心演好每出戏，观看前辈伶人的表演，从中吸取养分，提升自己的艺术修养，精益求精，不断进取。

当时"大罗天"班，除了马师曾自己参加编剧之外，还有冯显洲、陈天纵、卢有谷及报界名宿李孟哲、劳纬孟等相助，人才鼎盛，新戏连台，题材涉及古今中外，艺术上兼收并蓄，不断创新。开演的第一部戏是根据西方电影《八达城之盗》改编的《贼王子》，其特异与众不同的布景、灯光、服装，对观众有很大吸引力，还灌制了唱片《灵秀宫赠别》，流行省港各地。该班还先后演出了《赢得青楼薄幸名》《佳偶兵戏》《古怪夫妻》《红玫瑰》《呆佬拜寿》《蛇头苗》《女状师》《轰天雷》等剧目，均受戏迷欢迎。

"大罗天"班（1926年第二届）人员略有变化，马师曾、林超群仍为台柱。武生——靓荣，小武——叶弗弱、桂名扬，小生——陈醒章、新细伦、何维新，花旦——陈非侬、林超群、小莺莺、美中辉、黄笑侬，丑生——马师曾、半日安、鬼王佳、伊秋水、余非非。随着大戏的蓬勃发展，戏班之间的竞争空前激烈，趣闻迭出，呈现一派繁荣兴旺景象。

平洲乡亲、有"小武泰斗"之称的靓少佳生前谈及自己的舞台生涯，重现了昔日艺坛的生猛境况。他说："1923年，我在'乐荣华'班为第四小武，年薪白银四百元，这是我回唐山后第一次领到'关期'（工资）的一年，也是漂泊异国的游子归来后，合家团聚的一年，满心欢喜。一天，'梨园乐'班主兼文武生靓少华诚心邀请我加入他的戏班，当第二小武，年薪白银七百元（大洋），一定三年（1924—1926）。我在'乐荣华'班用的是谭少佳真名真姓，靓少华说：'我们的戏路很相似，今后同笔共划，一齐都姓靓吧！'他给我改了个艺名，叫'靓少麟'，但我父亲不答应，说那个佳字是由他改的，动它不得！两个从互不相让到各得其所，终于把我的艺名商定为'靓少佳'，在我加入'梨园乐'班时开始启用。""梨园乐"班是一个很有威望的省港大班，与号称第一班的"人寿年"班，可以说势均力敌，省港澳三地曾一度逢演必满，很受欢迎。1926年下半年开新班，班主靓少华不知何故，将班牌改名"华人天乐"，主要演员除了靓少佳之外，新聘的人选有正印花旦林超群、丑生骆锡源。从此，靓、林两位平洲乡亲合作共事，长达30年，亲密无间，惺惺相惜，成为莫逆之交。

🎭 粤剧名家

> **靓少佳**（1907—1982），原名谭少佳，字春田，南海人。6岁随父谭杰南（艺名声架南）远赴新加坡读书，12岁时，先后在"普长春""永寿年"等戏班学艺，练就扎实基本功。16岁回国参加戏班演出，19岁转到"人寿年"班当正印小武。1933年"人寿年"散班后，领衔组建"胜寿年"剧团，在省港澳以及新加坡、马来西亚、美国演出。靓少佳的表演艺术融南北特色于一炉，尤擅长武戏文做，长靠、短打、蟒袍、官衣戏等均能胜任。他双目炯炯有神，表演紧凑，身段动作刚健利索，步法洒脱洗练，备受行内外赞赏，被尊为"小武泰斗"，风靡舞台半个世纪。

靓少佳的演艺生涯，多姿多彩，引人入胜。其时，"人寿年"班智囊人物、闻名的搞班能手骆锦卿，通过班中人介绍和靓少佳相识，聘他到"人寿年"班担任正印小武，年薪白银四千元。待"梨园乐"约满之后，即1927年开始计算。正是"未得名时少人识，虚名一有逼人来"。与此同时，有一个善演《陈宫骂曹》的生鬼容，正在策划自搞新班，得知靓少佳已为"人寿年"班所得，就叫他推翻"人寿年"的合约，愿出一万五千元（大洋）一年的高薪拉到他的新班，这实在太诱惑了！靓少佳慌忙告诉父亲，哪知老人家听后毫不动容，告诫年方二十的儿子说："做班子不可贪钱，落班要认清哪一个班，落得'人寿年'将来必有好处，这是最有声望的省港第一班。"

"人寿年"班组建于清光绪后期，是一个著名大型戏班，人才济济，名戏迭出。该班从1912年起由花旦王千里驹主持历时十余年，由于驹伶艺术精湛，德高望重，热心扶掖后辈，像白驹荣、靓少凤、薛觉先、马师曾等都出自"人寿年"，成为造就戏班人才的熔炉。1927年农历六月十九日（即"观音诞"，一年一度的新班开班日子），靓少佳依约上了"人寿年"班的红船，到首演地点广州西关乐善戏院，演出的第

"胜寿年"剧团二十世纪海报（一）（郑迅翻拍）

一个剧目是《近水楼台先得月》。同年，千里驹离开"人寿年"班，班主当机立断聘请21岁的林超群接替花旦王的空缺，出任正印花旦，这是对林超群的才艺、戏德的充分肯定。靓、林再度拍档，同台献艺，迈向辉煌历程。

1928年，"人寿年"班在广州海珠戏院首演《龙虎渡姜公》，这是十九集连台本，由李公健根据神话故事《封神榜》改编，戏中靓少佳饰哪吒、罗家权饰纣王、林超群饰姜后。该剧上演后大受欢迎，每一场观众都爆满，票房收入为当时广州戏班之冠，成为该班的戏宝。后又增开《十美绕宣王》一剧，在省港澳及四乡各地演出。据广州出版的《伶星》杂志一篇文章称，此时"人寿年"班能够卖座，除了《龙虎渡姜公》故事曲折离奇的情节吸引广大观众外，更因为戏班整体角色搭配均匀，正是你有你好处，我有我才能。其中罗家权、靓少佳以唱功胜，林超群以做工胜，而唱功亦佳。这样的戏班阵容力压群雄，自在情理中。

林超群在落乡班生活多年，深知其中的艰辛，而在省港班做戏同样并不轻松。省港班有两艘红船，但不能出狮子洋，因为红船是平底内河船，经受不起海上风浪。那时赴港演出都是乘"东安"或"西安"省港轮船出发，这些船是早上8时起航，中午12时或1时许到达。所有戏箱、道具、画景都靠这些轮船运去。但这些轮船规定晚上不许预载货物，要到天明6时后才准落货，所以在头天晚上，戏班中人就得把所有物品装上红船。待到天亮落货时间一到，两艘红船摇橹的快摇，撑渡的快撑，像飞箭一样泊向省港轮船，然后架跳板的架跳板，抬箱的抬箱，跟其他行业落货往港的占通道、争速度，好像战斗一样紧张。因为时间紧迫，7时许，就放旅客下船，只有1个多钟头，如不把戏箱、画景扛上船，就误了大事。船抵香港，上岸更加紧张，活像躲兵火，争先出闸，还要在几个钟头内把装台、安置演职人员的生活起居，在戏院门口挂花牌等一切全部弄好。倘若《六国大封相》锣鼓敲响以后，还是乱作一团，那就糟透了。长期在落乡班演出的林超群深深体会到，做戏行田基路与走沥青路一样辛苦，同样要努力付出，不劳而获，仅是虚幻的想象而已。

据民国18年（1929）《真栏》"两仪轩精致名优三十六班"载，"人寿年"班武生赛子龙，小武靓少佳，花旦名角林超群、伍秋侬，小生庞顺尧，丑生罗家权。从中看出，林超群继千里驹之后，在"人寿年"班中稳居正印花旦的宝座。

1933年元旦，因罗家权枪击徒弟唐飞虎一案，班主意兴阑珊，就将"人寿年"班解散，大名鼎鼎的戏班从此告终。于是，靓少佳、靓次伯、林超群、庞顺尧等接手重组，班名改为"胜寿年"剧团，以示胜于昔日之"人寿年"。剧团以小武戏为主，富有南派传统艺术特色。林超群参与主演的剧目有《怒吞十二城》《粉碎姑苏台》《虎将拜陈桥》《难为相思猫》《午夜盗璇宫》《金丝蝴蝶》《拗碎灵芝》《汉光武走南阳》等，其后陆续加入"胜寿年"剧团的有李翠芳、曾三多、冲天凤、袁仕骧、卢海天、朱少秋、梁鹤龄、郎筠玉、梁金城、小飞红、蟾宫女、王超峰等。其间，林超群当时得令，应多家唱片公司邀请，与多

位名家合作，灌录了多种唱片，现今保存下来的计有：《月明林下美人来》（合唱白玉堂）、《先苦后甜》（合唱庞顺尧、靓次伯）、《柴米夫妻》二卷（合唱白驹荣）、《莺啼夜怨》（合唱白驹荣）、《陈世美别妻》（合唱谭伯叶，1935年）、《十美绕宣王之新娘逃婚》（合唱罗家权）、《可怜女凑仔劝夫》（合唱白驹荣）、《灵机子解签卦》（合唱靓少佳）、《初渡南桥》（合唱白玉堂）、《师姑嫁和尚》（合唱靓少佳）。香港电台和私人收藏家至今还保存着这些珍贵的唱片，人们可以在互联网上欣赏一代名旦的优美子喉唱腔，这可能是他留在世上的仅存的艺术珍品。佛山市南海区桂城曲艺协会原会长、业余唱家谢安流说："林超群前辈现存的录音极少，皆因林超群的唱片多在壁架公司（Beka）所灌，壁架为德国厂牌，模板录音均在欧洲，我想鼎鼎有名的外国唱片公司能为林超群灌录唱片，可见他当时名气之犀利。他在'唱、念、做'功夫上确实难得，尤其是一个男性演绎旦角，艺术生命极短，而且难度比女性演旦角更为艰辛。我在欣赏靓少佳、林超群演唱《师姑嫁和尚》（三四段）的中板、滚花中感觉他的唱腔特点，板稳，韵味十足，吐字清晰，干脆圆润。我作为一名业余粤曲发烧友对林超群前辈极为敬佩。"

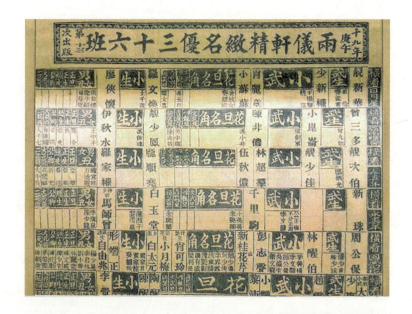

　　《粤剧大辞典》特约顾问、撰稿人、编剧家李悦强听了《师姑嫁和尚》唱片后，对林超群的唱腔评价如下：（1）吐字清晰，听后感觉林家小群、七姑娘（锦屏）有其父神韵，父女一脉相承；（2）节拍稳定，整曲无法找到疏叮漏板，实在是典范；（3）全用白话，在男女混班转型期，早期男花旦的代表作品之一，具备学术研究价值，从这白话演唱范例，充分证明林超群是戏曲革新的积极参与者，也是官话转白话改革的先行者之一。纵观林超群现存的10张唱片，均灌录于20世纪30年代中叶，他年届30岁，正处于艺术成熟时期，合作演唱者都是其时唱做俱佳的当红大老倌，可谓叮唥码头、相得益彰。回顾80多年前，录音技术兴起不久，与现代科技不可同日而语，加之时隔多年，又从黑胶唱片重新翻制过来，诸多的客观因素，都不免要影响音质。诚如一位平洲老戏迷所说，作为一个粤剧男花旦，80多年前的唱功、韵味，平心而论，堪称上乘，着实了不起！

　　1934年9月，靓少佳领衔的"胜寿年"剧团开往星洲（新加坡），在牛车水戏院开演。小武靓少佳，花旦林超群、李翠芳，小生何湘子，

二十世纪二十年代，粤剧演员在红船上练习
"木人桩"武功（郑迅翻拍）

丑生庞顺尧，武生曾三多。剧团台柱男花旦林超群以表演细腻取胜，李翠芳以唱功见长，且年少貌美，与靓少佳相得益彰，深受观众欢迎。1934年的《伶星》记载："胜寿年"班在星洲所演之剧本，仍为《虎将拜陈桥》及神怪剧《龙虎渡姜公》，开锣首演传统剧码《六国大封相》，以锣鼓喧天、喜庆热闹的场面造势，展现戏班的实力。"推车"是其中一个重要表演环节，由正印花旦担任，武生坐车，演员两手分别抓住一支旗杆，发挥其技巧的程式表演，彼此需要天衣无缝的配合。一阵催人的锣鼓打响后，万人引颈期待的正印花旦出场了，林超群美艳迷人的娇俏脸庞、光彩亮丽的服饰、匀称苗条的身段，如电双眸一瞥，嘴角嫣然一笑，令观众倾倒。优美的亮相过后，随着醒神的锣鼓节奏，一阵轻如燕、密如梭的圆台步，如风飘逸，活脱脱一个身手敏捷的美人推车，时而流畅，时而矫健轻松，时而又似美人乏力，我见犹怜。如此得心应手，潇洒利落的表演技巧，把一个美人娇柔妩媚、婀娜多姿的体态表露无遗，迎来的是掌声雷动且经久不息、轰动全场的评价，实至名

粤剧男花旦——林超群
第三章 省港大班 创造辉煌

归。林慧写道：

父亲在《六国大封相》的推车，原来在当年有"行内第一车"的美誉。我姐小群有幸受父教，学他"推车"掌握的几个要点："阴阳手""炒米脚""七星步"，而最重要的是"食锣鼓"。"阴阳手"就是双手握着旗杆向前推时，一定要用"阴手"（手心向下）；双手向后拉时，一定要用"阳手"（手心向上），这是传统规范化的推车动作，不能搞错。"炒米脚"其实粤剧叫作"撮步"（就是走圆台的过程中用后脚催前脚一步），这种步法只会在行进过程中偶然使用，或是在准备立定前撮一步。"七星步"也叫作"踏七星"，推车时，用于与人碰撞或途中遇到障碍时必须后退，从而运用"七星步"（类似舞蹈中的十字步）。父亲在推车中，还巧妙地用上"肖步"（又叫"碎步"，即用前脚掌和脚尖密布向前或退后），令身段更灵活，婀娜多姿。必须说明的是，以上说的各种步法并非吾父首创，而是每个演员都懂的基本步法，但是如何能在推车过程中、不同的情节下，恰如其分地巧用各种步法，并且和规范的手部动作、优美娴熟的身段相结合，这可不是每一个演员都能够做到的。而且最关键的一环是"食锣鼓"，要做到"食锣鼓"，必须识锣鼓，由于父亲对锣鼓方面精通，所以能够准确无误使用锣鼓。推车全程用的是特别的"封相"锣鼓，他的步伐的快慢缓急和锣鼓的节奏配合可谓天衣无缝，可以起到轰动全场的效果。

林超群在星洲的精湛表演，文武双全，引起轰动，随即被新加坡精武体育会聘为顾问。1910年，精武体育总会由霍元甲创建于上海，以强国强种为宗旨。此后中国的天津、广州、佛山、香港、澳门，以及海外的日本、马来西亚、欧洲、大洋洲、美洲等地均建有精武体育会。1919年，孙中山为精武体育会题词"尚武精神"。同年，新加坡精武体育会成立。精武体育会与粤剧有着特殊的渊源及密切关系，总部设在上

海四川北路横滨桥的精武体育会，下有粤剧部，由粤籍人士组成，尹自重、甘时雨、吕文成等均为其中的重要成员。佛山精武体育会内也有粤剧团，曾多次参与广东八和会馆庆典活动。新加坡敦煌剧坊艺术总监、新加坡八和会馆主席胡桂馨，14岁在槟城精武体育会上演《六国大封相》，扮演马旦角色，在戏剧舞台上活跃了60多年，是国际著名的表演艺术家，有"星洲白雪仙"之美誉。她说："我父母亲都是戏迷，我从小就喜爱粤曲，在槟城女子精武体育会学武术，又在粤曲歌唱班学艺，靠勤奋努力，偷师自学，走上了剧艺之路，粤剧和武术于我竟有如此密

"胜寿年"剧团一九四〇年
农历五月海报（郑迅翻拍）

香港粤语唱片收藏指
南封面（郑迅翻拍）

切的关系。"古语有云，雁过留声，人过留名。林超群因舞台上的精湛演技，被新加坡精武体育会聘为顾问，实至名归，芳名永在。

1936年，应华侨领袖司徒美堂邀请，靓少佳和靓次伯组成"胜寿年男女远游剧团"，到北美等地演出，花旦由有"美人王"之称的紫兰女代替。林超群留在广州，后举家移居香港，继续演出谋生，效力于白玉堂领导的"兴中华"班。当时香港有三个巨型班鼎足而立，分别是马

师曾的"太平"剧团、薛觉先的"觉先声"剧团及白玉堂的"兴中华"剧团。林超群担任"兴中华"剧团的正印花旦，和白玉堂拍档，演出剧目有《白蟒抗魔龙》《紫霞杯》《红孩儿》《罗卜救母》等。1939年靓少佳和靓次伯从美国返抵香港，重新打出"胜寿年"班牌，以香港为演出基地，林超群仍为该团正印花旦。在高升戏院演《黑旋风》《怒吞十二城》《虎将拜陈桥》《火烧麒麟洞》《粉碎姑苏台》《夜劫莲镇》《蛟龙沉大陆》。其时推出新剧《黑旋风》，以"雄壮热闹机关剧"为卖点，广告称《水浒传》是天下奇文，《黑旋风》乃本班奇剧，香艳雄壮，威风煞气，够刺激，够紧张。靓少佳无意贯双雕，命带桃花（柴进）；靓次伯沂岭杀四虎，威猛绝伦（李逵）；林超群比武招夫婿，香艳武勇（少梅）；卢海天水淹黑旋风，诙谐趣致（张顺）；袁士骧分别饰演两个要角，表演细腻（先演严大嫂、后饰秋婶）；庞顺尧妙计救张顺，滑稽搞笑（戴宗）。此剧在省港两地演出，轰动一时。1940年，"胜寿年"剧团加入了女演员何芙莲和梁飞燕，先后在香港高升、太平戏院演出。是年农历五月，"胜寿年"宣传海报列有当时各大台柱的称誉：

芳艳芬十一岁时在港岛家中留影（郑迅翻拍）　　红线女在香港年轻时留影（郑迅翻拍）

　　　擅武娴文艺林泰斗——靓少佳

　　　舞台红将须生领袖——靓次伯

　　　声技超群花旦皇后——林超群

　　　千面笑匠丑角魁首——庞顺尧

　　美国旧金山闺秀唱家陈小梨指出，从上述四位老倌在粤剧舞台演出的记录来看，这样对他们的技艺描述和称号，一点也不过誉。这幅海报，也见证了两件粤剧的转承历史：其一，"胜寿年"的班牌改称为"胜寿年男女剧团"，见证了粤剧在香港男女同班的开始。其二，在这海报的演员榜尾，有两位当时不见经传的小演员小燕红和梁艳芳，当时这两位只有十二三岁的梅香在这剧团初踏台板，小燕红是靓少佳的侄女、拜舅母何芙莲为师父，她便是日后成为粤剧一代宗师的红线女。在她日后的自传中，说到她的粤剧造诣，因在"胜寿年"的日子，得益良多；至于梁燕芳，便是因为她的一位同姓阿叔跟林超群是好朋友，靠林超群的关系把她引进剧团。林超群对她谆谆教导，对她日后的演艺影响尤深。这位梁艳芳便是日后在香港大红大紫、有"花旦王"之称的芳艳芬。林小群回忆往事，深有感触地说，当年父亲见到这两只天真活泼的"小鸡仔"甚表称赞，认为假以时日，自然会有大成，果乃真知灼见。从"胜寿年"剧团走出的两位粤剧名家，将载入史册，铭刻在戏迷心中。1991年12月，息演多年的芳艳芬回到广州，举办"芳艳芬艺术欣赏会"，只见当年同饰一对"宫灯"（梅香）的芳艳芬、红线女携手步出舞台，引起全场鼎沸，两位粤剧名家风采依然，频频向观众挥手致意。芳艳芬随即引腔高唱首本名曲《窦娥冤》《洛水恨》，令一千多名观众如醉如痴，同声称赞她声韵不减当年，她恳切地表示，"推动粤剧艺术更上一层楼，是毕生的心愿"。

第四章

易弁而钗
其难可见

歌伎盈盈半女郎，

怪他装束类吴娘。

琼花馆口船无数，

一路风飘水粉香。

——徐振《珠江竹枝词》

　　徐振，江苏华亭（今上海市嘉定区华亭镇）人，康熙四十四年（1705）举人，此词据称为诗人遨游珠江之滨所作，记述其时所见的真实情景。2008年广州举办"粤剧起源与形成学术研讨会"，有资深粤剧学者引用这首竹枝词论证称，早在清康熙年间就有女伶人在岭南舞台出现，而且人数甚众，生活奢华。这位作者写道：从诗句"歌伎盈盈半女郎"得知，康熙年间的广府（戏）班，既有男艺人，也有女艺人，"女艺人占一半之多"；一句"怪他装束类吴娘"告诉我们，"广府班女艺人学苏州姑娘的时髦打扮"；"一路风飘水粉香"告诉我们，女艺人身上散发出来的水粉香气，"自然而然地想见：广府女艺人有钱，'肯花钱'——待遇优厚"。人们不禁会问道：这位学者的论断切合历史事实

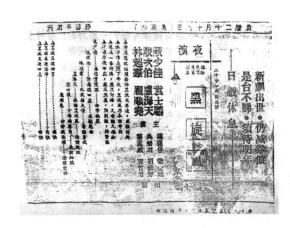

"胜寿年"剧团一九四〇年
农历五月海报（郑迅翻拍）

林超群像（郑迅
翻拍）

吗？这是封建时代珠江岸边，还是民国年间广州长堤光怪陆离的闹市情景？这种主观想象无疑是对徐振竹枝词的曲解和误导。

据史料记载，清政府曾几次下禁令，认为女性演戏，是有伤风化的。京剧大师梅兰芳1924年在日本《改造》杂志发表文章称：中国古代禁止女性登台表演，直到清光绪初年（明治十年前后）最早在上海九亩园小舞台开女优之先河，民国初年亦出现女优剧。（《中国戏曲之盛衰及其技艺之变迁》）另据《粤剧大辞典》称，清光绪二十八年（1902）本地"同乐春"班和1912年的"共和乐"班曾一度起用女旦角，但不久均被禁止。这就是中国戏曲发展的历史轨迹，300年前戏剧舞台上何来的女艺人？那么徐振词中描述的"歌伎"的真实身份是什么？就是秦楼楚馆里的女子，"烟花路柳"——妓女，只有当时历史条件下她们的衣着类似苏州姑娘，水粉飘香，才有可能花钱阔绰，挥金如土。

"广（东）为水国，人多以舟楫为食。"明末清初广东文人屈大均形象地描述出珠江三角洲地区水网交错的地理环境和由此而来的生活景况。《18—19世纪羊城风物——英国维多利亚阿伯特博物院藏广州外销画》载，俗称18—19世纪十三行对外销售的通草纸画，就是当时岭南

一　粤剧男花旦——林超群

第四章　易弁而钗　其难可见

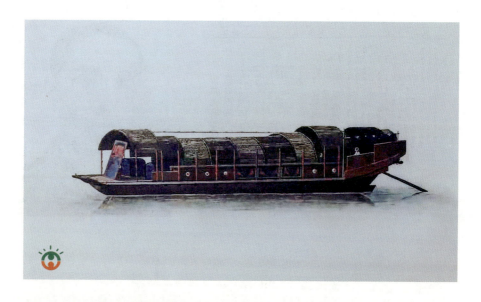

纸本水粉画——戏船，一八〇〇年
至一八二〇年间（郑迅翻拍）

纸本水粉画——老矩（举）艇，一八〇〇年
至一八二〇年间（郑迅翻拍）

地区的风土人情、民间习俗的真实写照，其中有300幅以船为主题的绘画，有"戏船""老举船"。"戏船"就是游弋在珠江三角洲四乡的"红船"；而早年广州人称妓女为"老举"，"老举船"就是珠江上的妓女船，或称"鸡艇"。白驹荣演唱的名曲《男烧衣》如是说："闻得话你死咗咯，我实在见悲伤……烧到胭脂和水粉，可恨当初唔好早日带你埋街，免使你在青楼多苦挨……妹呃你生前所用般般都有……"曲中道出：青楼女子所用的胭脂水粉一应俱全，有力地印证了珠江上一路飘香者的真实身份。晚晴年间，广州有一首竹枝词这样形容当时珠江岸边的夜色："两岸青楼接酒楼，万星灯火夜无收。郎如萍梗侬如叶，赠别琵琶唱粤讴。"这首竹枝词将其时广州珠江两岸花艇临江、青楼林立、灯红酒绿、妓女云集的景象，描绘得淋漓尽致。与徐振《珠江竹枝词》

堪称异曲同工，如出一辙。

早年中国戏曲舞台上不许有女演员登台表演，只能由男演员扮演女人，演旦角，就称为"乾旦"，俗称"男旦"。有戏剧家指出，"男旦"的产生，并非艺术的选择，而是社会性别规范的要求；"男旦"在京剧自清代形成之日起，就是一种常态。我国近代戏剧舞台上男人扮演女人有许多成功的先例，京剧"同光十三绝"之男花旦梅巧玲，是梅兰芳的祖父；闻名海内外的京剧"四大名旦"梅兰芳、程砚秋、荀慧生、尚小云全都是男人，至今仍为戏剧行家、爱好者津津乐道，是后人学习的榜样。在岭南地区，有粤剧"花旦王"之称的千里驹以及陈非侬、林超群等男花旦，同样光彩夺目，是20世纪20—40年代的杰出代表，为后世留下了宝贵的艺术遗产，有广泛而深远的影响。

中国艺坛内外有一种说法，戏曲里男人扮演的女人，常常"比女人更女人"，感人至深。这是对成功男旦的赞誉和肯定，实在来之不易，值得静心思考。梅兰芳儿子、梅派传人梅葆玖先生说："男的那么粗手粗脚，想要演女的，就要狠下功夫，从眼神和手势上都要一点一点地去学、去体会。"梅葆玖先生又说："男人演女人比女人演女人困难得多，要辛苦十倍。"男花旦林超群自然有深切感受，倍觉真切。宝剑锋从磨砺出，梅花香自苦寒来。他的艺术生涯历尽磨炼，起伏跌宕，冷暖自知。根据自身从艺70余年的体验，林小群为父亲道出了易弁而钗的艰辛和苦乐。

林小群说，做男花旦确实很困难，就是嗓子问题，因为男扮女，唱女角，就要完全把真嗓子改为假嗓子，声音就要高很多，不容易掌握运用得好。

《粤剧大辞典》称：唱假嗓，也称"假声"。演员演唱时，气从丹田而出，经过喉腔时，将喉腔缩小，声带收紧，让声带震动频率增大，使之发出比真嗓更高的音调，就称为"假嗓"。发声时，与真嗓相比，喉孔缩小，部位抬高，气流变细，使之成为舞台上女子的声音，粤剧旦角行当都使用假嗓演唱。林超群自小生得俊秀，经过童子班的基础培训，师父认为他扮相俏丽，嗓音甜润，行腔婉转，适合做旦角，从此走向易弁而钗的艺术之路。他性情温和沉静，勤奋好学，不怕困难，历尽千辛万苦，逐渐掌握和运用假嗓的演唱功夫，才有机会登台表演，迅即扎起，并长期在省港大班立于正印花旦的位置上，与千里驹等名家并驾齐驱。

早期粤剧唱和念白都使用戏棚官话，有说是中州话、中州韵，后来由戏曲家欧阳予倩考证，并经薛觉先等粤剧先贤亲临实地核实，其实就是广西桂林话。其时粤剧习艺者尽管来自四面八方，但在演出中大家都比较容易适应戏棚官话，就是师父怎么教，徒弟就怎么跟着唱、念白，各施各法，无一定之规。诚如前辈艺人罗品超早年在香港一次学术论坛上所述："用官话唱曲很'累事'，也不能普及"；"所谓官话的语音，莫衷一是，从未有统一过，各说各的，后来则以某些公认的大老倌的官话为准，实际是以讹传讹，难免产生混乱"。早年戏班艺人，大多贫苦出身，多为文盲、半文盲，又没有剧本，靠提纲演戏，师父教，徒弟做，教一句，学一句，有如"鹦鹉学舌"，前辈艺人白驹荣曾感慨地说：演戏的伶人，常常"不知所以"，唱词的内容是什么都不知道；而观众大多听不懂"官话"，似是而非，莫名其妙，是昔日戏行内外司空见惯的现象。

有专家指出，戏剧语言的变化，在某种意义上决定了剧种质的变化。20世纪20—30年代，粤剧由戏棚官话改唱广州话，才使本地戏曲更加富有广府地方色彩，真正实现了本土化，本地戏班名副其实地打上粤剧的烙印。著名粤剧表演艺术家红线女生前指出：我们粤剧一百几十年前在舞台唱的、讲的是"官话"，唱的牌子是昆曲、是弋阳腔、高腔；前几代粤剧工作者敢冒天下之大不韪，将唱昆曲、唱弋阳腔、唱汉调的旧"大戏"进行改革实践，用广州话全部占领了舞台，使之逐步形成"广东粤剧艺术"，这几十年才有名正言顺的粤剧。香港已故知名武生靓次伯的艺术伴侣、广东粤剧院演员蝴蝶女生前曾感慨地说："我做了一辈子的戏，到中年开始用广州话演唱，才真正是演粤剧，称得上粤剧艺人。"她们共同道出了粤剧艺人的真切感受和心声。

有本地学者说，18—19世纪开始，西关音被视为"纯正广州话的标准"。广州话即俗称白话或粤语，有人对上述论断持异议，此类学术问题，有待专家、学者进一步研究、论证。香港城市大学程美宝教授指出：粤语（白话、广州话）涵盖的范围很大，在广西有粤语，在广东中山也讲粤语，但不同地方的粤语口音、音调是有差别的。在日常生活中尽管口音不同，并不妨碍彼此沟通、交流，但是出现在粤剧中时，观众都不愿意听到演员在舞台上出现乡下口音。这就是本地戏班观众的一种普遍心态。林超群家乡南海平洲虽然离广州很近，但与纯正的广州话仍有不同程度的差异，面对潮流的转变、广大观众的要求，都必须重新正音，以适应舞台的演唱与念白，同样要下一番功夫。而积极推动、实践戏棚官话转向广州话的白驹荣、马师曾等，既是林超群的前辈同行、朋友及戏班中的合作者，自然也是身边的老师和榜样。

林超群是个堂堂男子汉，娶妻生儿育女，在日常生活中是个不折不扣的男人，但登台演出，一举一动都要扮演千姿百态的古代女子，阴阳互转，瞬间变化，何其艰辛。林小群说，由于生理体形、生活习惯不同，男的要模仿女的一举一动已经相当困难，更何况是在舞台上，这是一种典型的艺术表演，众目睽睽之下，难度更大。有戏剧专家指出：男旦演员创造女性角色的最大特点是力求神似，如果只是一味在模仿女性

林超群像（郑迅翻拍）

的一言一行、一招一式上下功夫，必然会造成矫揉造作的"娘娘腔"，东施效颦，也就会大大减弱观众的审美情趣。林超群六女儿林慧继承父业，在广东粤剧学校以优异成绩毕业，留校从事教学工作多年，她以一个坤旦的亲身经历对其父亲的戏剧生涯作这样的评述："父亲为什么要选择男花旦这个行当呢？我认为这是他聪明睿智的选择，俗话说，'男怕入错行'，而他既入了粤剧这一行，就必须为自己量身订造一条适合快捷走向成功之路。吾父从小有俊美的扮相，天生一副娇美清亮的好嗓音，加上高挑的身材，这可是男花旦不可多得的绝佳条件，扮女装实在太美了。"

林超群天性聪明，为人温和，沉静寡言，勤奋好学，善于思考，模仿力强，自从踏上舞台后，不断虚心向前辈师傅学习、请益，孜孜不倦，从不自满，细心观察，捉摸自己所扮演古代人物的性格特征，做到心中有数，了如指掌，形神兼备，不论苦情戏、风情戏还是武场戏中扮演的女性人物都表演自然，大方得体，得心应手，恰到好处，从而获得省港澳和东南亚广大观众的认同与称赞，赢得一代著名粤剧男花旦的美誉。

《粤剧大辞典》作出这样的评价：林超群扮相俏丽，嗓音甜润，行腔婉转……先后在"大富贵""祝华年""大罗天"等班演出，在"人寿年""胜寿年"等班任正印花旦，与千里驹、陈非侬等名花旦齐名，是男花旦中佼佼者之一。

🎭 粤剧名家

千里驹（1888—1936），出生于广东番禺乌洲乡（现划归顺德），曾跟著名男花旦扎脚胜学艺，"过山班"出身，能生能旦，资兼文武，无论演风情戏还是苦情戏，都能通过面部表情，用细腻的形体动作把人物复杂的内心感情表现出来，被同行誉为"悲剧圣手"。他首试花旦以广州话唱子喉，其唱腔被誉为"驹腔"。

粤剧名家

> **陈非侬**（1899—1985），广东新会外海人，从小喜爱演戏，在靓元亨精心栽培下，很快担任正印花旦，1925年与马师曾组建"大罗天"班，任正印花旦。以演闺秀戏见称，唱做皆妙，与千里驹并驾齐驱。

《广东近现代人物词典》称：林超群幼随名艺人金山和学习技艺，主演花旦。以扮相俏丽、嗓音润美、行腔圆婉、做工细腻见称，（20世纪）30年代蜚声省港澳以至海外，曾录制一批唱片，晚年在广州授徒。

由梁俨然编著、国际炎黄文化出版社出版的《粤剧梨园旧典》，在介绍男花旦栏目时称，林超群演技可与嫦娥英、谢醒侬媲美，身材中等，唱功亦佳。梁俨然这样评价：嫦娥英，擅演苦情戏，直追千里驹，其做手关目，模仿酷肖；谢醒侬，演技亦臻上乘。

1916年出生的梁俨然先生，头脑清醒，颇为健谈，他少时随父执辈，往来于梨园子弟间，且与千里驹、陈非侬有戚谊，曾在省港两地报社任职，看过好多大戏，是个老"戏骨"。2021年初冬一日，笔者一行在广州海珠区的一栋高层大厦内拜访他老人家，梁老说："早年我在香港、广州都看过林超群的戏，记得的就有《龙虎渡姜公》、《色胆占王妃》（骆锡源，林超群首本）、《乖孙》（骆锡源，林超群首本）等，印象殊深，曾为'人寿年''胜寿年''兴中华'省港大班台柱、正印花旦，长期与靓少佳、白玉堂、曾三多、庞顺尧等名家合作，他身材适中，演技上乘，唱做俱佳，是成功的男花旦，我有书为证。"

京剧老师称赞林超群扮相、台风、唱功真棒！林超群六女儿林慧回忆起一段往事，她深情地写道："记得40多年前，我在广东粤剧学校任教，一次我和新名扬老师演出传统剧《仕林祭塔》后，受聘到广东粤剧院和粤剧学校的资深京剧艺术指导、北派老师姜世续先生对我说：'我看了你的戏好开心，你双眼好会演戏，原来你就是林超群的女儿。我看过你父亲做戏，他扮相美丽，身材苗条，音声好，唱得好。'他还竖起大拇指，称赞父亲在《六国大封相》中的身段和功架真棒！姜老师的原话我记不全了，但有一句我深铭不忘，他说：'你父亲是我看过的粤剧男花旦中印象最深的！'"

林小群清楚记得，父亲在"胜寿年"戏班走红时，和佳叔（靓少佳）下乡演出，她有时跟着去玩，住在乡下的大祠堂，晚上看父亲做戏，此情景至今仍念念不忘。父亲鹅旦面，五官好，扮相靓，形体也好，不胖不瘦，苗条；假嗓声音甜润，吐字清楚，干净利落，有感情，做工也很好，端庄大方，是大家闺秀的典范。她说："我父亲的艺术很全面。我有今天是因他的基因、熏陶，他在艺术上带领我一路走来，我就是这样成长起来的。"

一位老戏迷回忆道，她小时候在广州跟母亲看大戏，当时母亲指给她看，说台上那位载歌载舞的女子，是一个叫林超群的男花旦，他扮相很美，唱做又好，完全看不出是个男的。她还记得林花旦穿着钉满闪烁胶片的短袖戏服，露出雪白的双臂，煞是好看（当时粤剧花旦盛行短

《真栏》（一九二九）"人寿年"戏班（郑迅翻拍）

粤剧男花旦——林超群
第四章 易弁而钗 其难可见

袖，就是长袖也没有水袖）。其时看的是什么剧目，其他演员的名字都一概忘了，只有林超群的花旦形象，深印脑海。诚如有"花旦王"之称的香港粤剧名家芳艳芬总括其毕生舞台生涯的体验所说：做戏一定要使观众永远记得，留下很深的印象，戏迷都很长情。能使观众永远记得自己做过的戏，这样就是成功了。

第五章
一身正气
成戏成人

八和会馆创始人邝新华恩师兰桂生前曾留给后世伶人一句至理名言：切莫"成戏不成人"。一百多年来成为本地戏班世代相传的警世格言。所谓"成戏不成人"，就是进入戏班学识做戏，有的成为大佬倌，名声响亮。但是，不会做人，或做人有严重缺失，只顾眼前，不顾晚节，就会无人买水送终，留下终身遗憾乃至身败名裂。

年方二十就在省港大班"环球乐"担任正印小武的朱次伯，扮相英俊，"把子功"好，文戏、武戏都能胜任。他融合小武与小生的表演艺术，使粤剧后来出现文武生角色，被同行公认为粤剧开路人之一。他唱功讲究，声音圆润，于儒雅中含刚健之气。朱次伯以小武行当扮演小生角色，饰演贾宝玉，大胆试用新的唱法，以真嗓唱平喉，用广州话取代多年惯用的戏棚官话，划时代地开创岭南大戏本土化的先河，迈开了历史性的一步，功高至伟，永垂青史。薛觉先早年在"环球乐"班初踏台板，人称"薛仔"，在朱次伯门下当"拉扯"，扮演书童，他从中偷师学艺，集众前辈之所长，不断成长，创立"薛派"，最终成为粤剧"一代宗师""万能老倌"。诚如著名粤剧男花旦陈非侬所说："薛学戏是无师自通的，他的技艺全是在戏班中耳濡目染、偷师自学而来的"，

黑胶唱片《色胆占皇妃》中，林超群扮园丁会妻

"他的戏路最似朱次伯，也是擅文戏，擅演风流潇洒的角色，有生宝玉之称"。朱次伯的剧艺修养和魅力，可想而知。就是这样一个富有艺术天才又有创造性的优秀伶人，据传由于私生活不够检点引发仇人报复，1922年，他在广州演完戏归家途中，遭人买凶枪杀，时年仅30岁。英年丧命，艺坛痛失英才，引起省港戏班内外震动，无人不为之惋惜。

🎭 粤剧知识

> **拉扯** 粤剧表演行当中的"杂类"，大多无具体角色身份，常演戏中的朝臣、家院、中军、旗牌等，偶有演员因故出缺时，拉扯要上位顶角。

风流老倌险做风流鬼。据胡振主编、香港出版的《广东戏剧史（红伶篇之一）》载：某老倌闻名省港澳，一生风流，在广州与王小姐结婚一年又告离婚，原来在香港演出时与塘西名妓华仔同居。据罗礼铭笔记：华仔花信年华，脸庞几俊俏，额头有一小痣，倍添妩媚，她是自由身，无条件作归家娘……又据广东戏剧报刊登载，查当时×××之席唛，计有三名妇女，一为女学生，系某局长亲妹；一为万夫长之妾；又一为中学校长……一日，当某老倌做完戏离开海珠戏院门口时，突然

"轰"的一声，有人从二楼丢下炸弹，老倌随行"戏箱"被炸伤，其足部亦受伤，留有弹碎……当时香港有份小报《大快活》刊登此老倌在省城被炸新闻，一时洛阳纸贵，每份两仙起价，升至两毫，瞬间传为街知巷闻趣谈。这些活生生的例证均为戏行引以为戒。

近百年来，岭南戏班有两位"成戏又成人"的杰出代表人物，就是被誉为"伶圣"的千里驹和廖侠怀，受到省港同业的尊敬与爱戴，被视为粤剧艺人的榜样。

千里驹演技好、戏德好、人品好，有口皆碑。他在省港大班"人寿年"以正印花旦身份主演20多年，以艺术、艺德团结演员，10多年间先后在该班演出的白驹荣、薛觉先、马师曾、嫦娥英、白玉堂、靓少凤等，均受到他的大力扶掖、鼓励，扎起成名。他热心戏行公益，任八和会馆执委20年，不遗余力，为同济造福。1925年他在执委会上提出将历年来称谓混杂的本地戏统称为"粤戏"（粤剧），获得行会一致通过，从而使粤剧在中国戏剧史上有了正名，载入史册。千里驹秉性敦厚，生平洁身自爱，无时流恶习，孝顺老母，伺奉天年，在戏行中德高望重，被尊为"伶圣"。

据《粤剧大辞典》载，廖侠怀（1903—1952），祖籍广东新会，随父迁居南海西樵，12岁时到广州当学徒、报童。其间上过夜校，闲来爱看书报，又爱粤剧，后到新加坡工厂当工人，业余参加当地的工人剧社演戏活动。20岁时，粤剧名小武靓元亨到新加坡演出，发现廖氏有艺术天分，即收他为徒。廖氏从此踏上演艺之路。20世纪20年代后期，廖侠怀回广州，先后在"梨园乐""大罗天""新景象""钧天乐""日月星"等戏班演出。廖侠怀擅演丑生，做手熟练，亦庄亦谐，通俗而不流于庸俗；唱工字正腔圆，腔调流利，擅用鼻音，吞吐自如，余音不尽，自成一家，名为"廖派"。在旧时，他深切同情下层贫苦民众，驻足于社会各角落，刻意观察、体验生活，因此他扮演的角色，不论男、女、老、少、跛、盲、矮、哑，都能入木三分，形神俱备。他反对歪嘴歪脸

林超群全家合影
（郑迅翻拍）

面谱化的表演，主要以人物内心喜怒哀乐的真情展现在面部的表情，被公认为丑行中的"千面笑匠"，深受广大观众欢迎。廖侠怀未入过学堂，勤奋自学，从书本中汲取知识。他除了演戏之外，常常有自己的创作，有突出成就。他所编的戏与别人不同，不光有生旦言情戏、武打宫闱戏、曲折离奇鬼怪戏，而且是见到什么社会新鲜事物就编什么，并用粤剧音乐锣鼓演出，借古喻今，通俗诙谐，深受市井小民喜爱。旧时社会环境恶劣，艺人耳濡目染，有人沉迷于嫖赌饮吹，以致倾家荡产、身败名裂。廖侠怀出淤泥而不染，勤谨自持，不喝酒、不抽烟、不赌钱、不好色，一生只娶了一个婢女出身的妻子。他一生只有三种爱好：看书、睇戏、逛街。从而受到戏班同仁的尊敬，有"廖圣人"之美誉。

　　与廖侠怀处于同一历史时代的林超群，本着"老老实实做戏，清清白白做人"的准则，生于平凡，活出光彩，在艺坛上度过了不平凡的一生，堪称本地戏班"成戏又成人"、令人仰慕的又一典范。

林小群回忆父亲短暂的一生，深情地说："家父为人善良、正直、低调，有爱心，从不损害他人，凭着自己良心，处世做人。他有句名言令我终生难忘，就是'低人好做，低路好行'，以此勉励自己，教导后人。"这是林超群的处世哲学。所谓"低人好做"，就是做人要低调，放低身架，平等待人，友善处事，不管有多高才华，事业上有多大成就，都不可狂妄自大、高人一等、恃势凌人；遭遇困难、挫折，切莫悲观、气馁，要鼓起勇气，奋发图强。所谓"低路"就是鲜为人走之路，昔日珠江三角洲乡间的田基路，虽迂回曲折，阡陌纵横，却路路畅通，可以走出广阔的天地。

继承父业、从艺多年的六女儿林慧心领神会父亲的遗训，深有感触地说："父亲十二三岁就毅然舍弃还算富足、安逸的生活，踏上红船之路，进入默默无闻的乡村小戏班，走遍乡村田基路，漂流四方，吃千家饭，睡百家床，不知挨了多少苦，我们无从知晓。凭着他优秀的艺术潜质，不懈的努力，终于登上省港大戏正印花旦的宝座。"

戏德好，有衣食。林超群进入戏班之日起，就牢记前辈的教导，把"做人要讲衣食""一分衣食一分人"铭刻在心里，自始而终。据《粤剧大辞典》称，有衣食，就是对那些在戏班里处事认真、工作尽责、正直厚道、友善同行的赞语……民间传统把丰衣足食、一世无亏视为厚福，故以衣食作为福德的形象。有衣食，就是行为端正、品德高尚之意。林超群秉性纯良，和善谦厚，对剧艺执着忠诚；对同行朋友真挚友善，亲如手足；做人低调，从不争名夺利，盛气凌人。在乡村小戏班时是这样，在省港大班扎起之后同样如此，不因时势地位改变而有所不同，这就是品格高尚的所在。林超群从艺以来，与戏班同仁关系良好，彼此关怀照顾，亲密无间。他朋友众多，是个"和事佬"。据本地乡亲回忆，当年林超群父亲、"乐群英"童子班创办人之一林君可仙逝，举殡之日，饮誉省港澳和海外华埠的大佬倌靓少佳、曾三多等莅临平洲，为逝者挑饰骑马，护灵安葬，倍极哀荣。四乡村民夹道争看，轰动一时，恩师金山和也引以为荣。

林超群人缘好，得道多助。1945年，日军侵华尚未结束，时局混乱，林超群遭遇劫难，丢失戏服，被迫离开舞台，举家回到平洲家乡。时值六女儿艳玲（林慧）出生，家庭人口多，生活无着，朝不保夕，陷入极度困境。林小群回忆起往事深情地说："当时父亲受家庭压力，心情沉重，愁眉深锁，无奈找到'胜寿年'戏班老拍档胡铁铮商量，请他带下年仅13岁的我去接班做戏，帮补家用，以解燃眉之急。铮叔是父亲的好朋友，在'日月星'剧团做小武，这是一个有声望的老戏班，班中有卢海天、车秀英、谭秀珍、曾三多。我做梅香，住在胡家，他们待我如亲人。从这些老前辈的身上，我见识、学到了很多东西。患难见真情，铮叔对我们家有救难之恩，我永生难忘。"

靓少佳和林超群同为平洲乡亲，又是"人寿年""胜寿年"戏班几十年同事，志同道合，相见以诚，亲如手足，成为莫逆之交，一时传为戏行佳话。据林小群回忆："1947年仔姐（郎筠玉）和佳叔（靓少佳）从越南回到广州，与父亲一起重组'胜寿年'剧团。当时我刚出道演戏，父亲便把我交给仔姐和佳叔，行过拜师礼，正式成为他们的入室弟子。借着父亲的余荫，师父待我宛若儿女。仔姐对我关怀备至，她到哪里都带着我，故戏行的人都笑我是她随身带着的'手抽'（手提包），仔姐做新衣服也一定做两件，自己一件，给我一件。穿在身上，我暖在心间。当时剧团的演出十分繁忙，师父不可能抽出太多时间设堂授课，就要求我每天晚上，自己不上戏的时候，一定要在虎度门（指戏台两侧出入口）看戏。她说：'看戏是最好的学。'昔日戏班有的师父不让徒弟在虎度门'偷师'，生怕后人超过自己，而仔姐和佳叔却反其道而行之，创造条件，促使弟子尽快发展成长。在师父的教导下，我逐渐记熟了'胜寿年'剧团每套戏的台词和每个人物的表演。我当时是第五花旦，但只要哪个花旦身体不适，我随时都可以上戏，很快我便胜任了第三花旦，正式成了第二花旦。师父满心高兴，不断鼓励。佳叔喜欢看戏，也嘱咐我要多看戏，博采众长。两位师父经常带着我去看电影，这一点与我父亲是不谋而合的。观看电影，提高我的表演技能和艺术的鉴赏力。"回顾70多年的艺术人生，林小群说："一直至今，我对粤剧艺术的心是炽热的，这与两位师父及先父的影响是分不开的。"

　　林超群是"八和"忠诚弟子。抗日战争胜利后，流散在海内外各地的戏班人员纷纷回到广州，共享胜利的喜悦，以薛觉先、马师曾为首的八和会馆领导人，在广州报章上发表公告，召唤"八和"弟子逐一进行登记，集资筹款，并在广州市恩宁路购置新会所，再造会务辉煌。戏班同仁饱经战乱的苦痛，祈望重新过上安宁生活，他们欣喜雀跃，奔走相告，纷纷走进会馆进行注册登记。随即刊印了《一九四七年会员登记册》，共计有2500余人，涵盖了本地戏班中各个行当、老中青艺人及其子女，留下了珍贵历史文献。八和会馆建于清光绪十五年（1889），是公认的戏班行会、艺人的大家庭。林超群是老一辈八和会馆会员，对"八和"怀有无比深厚的感情，按照戏行传统规矩，老艺人的子女都是食"华光米"长大的，从小就是"八和"的成员。会方一声召唤，弟子随即响应。林超群闻风而动，他带着年仅14岁的长女林小群前往登记，正式成为"八和"会员，载入史册，并获得会员证。证书明文写道："兹为用示识别及利便该员在外服膺剧务起见，舍行发给证书乙折，以资执证。"八和会馆建立100多年来，它的名称尽管几经变更，直到20世纪50年代初，都是本地戏班的行会，其创立宗旨始终没有改变，是艺人赖以生存的大家庭，有着优良传统，八方和合，自立自强，相互关爱，生生不息。持证者除证明戏行身份外，还可作为觅食的依据——在省港地区服膺剧务（粤剧）的职业凭证，以维持艺人的家庭生计。在当时历史条件下，行会为"八和"弟子谋生存，功德无量，独具无限凝聚力，是"八和"精神的真实体现。40余年后，林小群、白超鸿从广东粤剧院退休，1988年移民美国旧金山，诚心为美西八和会馆奉献余热，

林超群夫人黎碧华
（郑迅翻拍）

弘扬中华传统文化，在异国他乡推广粤剧艺术，培养戏曲爱好者，不遗余力，前后长达30年，是"八和"精神在海外的崇高体现，获粤剧界同仁和各方人士的广泛称赞，林超群泉下有知，定当感到欣慰！

林门好家风。林君可和夫人育有一女四男，都在平洲乡间出生。据林慧回忆："我家大姑妈跟随父母，终身不嫁，二伯父早年离世，我们都无缘谋面，三伯父是个不学无术、游手好闲的'二流子'，五叔是'宅男'，无业在家。父亲排行第四，据老一辈人讲，父亲小时候是个乖巧孝顺的孩子，人见人赞，有时阿嫲生气了，他就跪在老人床前，请安释怀消气，直到她开心为止。家里人都很疼惜挺仔，视他为林家的希望，日后有出息。"林慧说，"父亲扎起后，当上省港大班的正印花旦，入息倍增，他没有在省城购置房产，供自己享受，而是尽孝在先，报答父母，照顾兄弟亲人，挑起家庭重担。他勤俭节省，回乡在西河村买了500平方米地，四周筑起围墙，在花园中间建了水泥结构的二层楼房，光彩夺目。父亲住在二楼的一个房间，二老、大姑妈、叔伯兄弟都住在新居。阿爷、阿嫲安享晚年，其乐融融，勤劳半生，父亲感到无比安慰，安顿好亲人，才考虑到自己成家立室的事。"

林慧回忆道："记得多年前，我家二舅母在一次闲谈中讲的一个家庭小故事，我至今念念不忘。"她说："那年有人托我二舅母给父亲做媒人，我二舅母筛选了两个女仔，一个是城里人，很会打扮，长相不错，彼此见面后就没有下文；于是再带一个顺德乡下妹相睇，在省城饮茶见面，女仔梳一条大松辫，低着头，很害羞，见面之后，二舅母就问：'印象点样？两个女仔你喜欢哪个？'父亲很肯定地说：'喜欢大松辫那个！'就这么一句话，二舅母这个月下老人做成了。我们都意想不到，在父亲辞世30多年后才知道，二舅母是我们父母的大媒人，而这位'红娘'，原来与粤剧界很有渊源，她就是粤剧圈内知名人士梁品的表亲（当年专营粤剧舞台装置、灯光布景的老板）。我心里非常感激二舅母梁桂华女士，成就了我父母这段美好良缘，我更感激的是，吾父当年风华正茂、财色兼备，却偏偏要选择一个朴实、平凡的乡下女仔，不平凡的人品，姻缘际会，令我们做儿女的膜拜感恩。"

林超群慈祥和蔼，英年早逝，留给儿女的都是爱。林慧记得，她还不到入小学的年龄时，父亲给了她一张5万元人民币（旧币），叫她去买生肉包。她高兴地拿了钱蹦跳着离开西关恩宁路的家，路上忽然有位40多岁的女人很关心地对她说："小妹妹，你这样拿着钱很容易掉了，我给你包好。"于是林慧把钱交给那个女人，那个女人用草纸把那5万元折叠成小小的四方形还给林慧。谁知到了包子店，打开草纸，钱没了，林慧只好硬着头皮，垂头丧气地跑回家向父亲说出经过，父亲没打没骂，一句责备也没有，他怜惜天真的女儿被骗，受到伤害，还安慰她说："不要紧，不吃包子就吃别的吧。"

林小群说："父亲性格温和，从不开口骂人，高声说话。我在他身边生活多年，他只怨过两句话。12岁那年，我看家里经济实在困难，就瞒着父亲向肖兰芳学戏，他得知后说：'猪，你学戏做乜嘢（什么），你睇我做戏有几（多）辛苦。'抗日战争胜利后我从平洲乡下出来，准备落香港'胜利'剧团做第四花旦，要置一套罗伞装，父亲听到后感叹说：'乞儿想住洋楼。'最终他还是向戏班朋友借钱，为我购置了这套戏装，使我得以登台演出。这就是我善良、慈祥的父亲。"

2021年清明节，林慧写了一篇题为《我的母亲——父亲成功背后的女人》的短文，寄托对双亲的深切怀念。她写道：

人们说一个成功男人背后的女人很重要，我的母亲黎碧华就是一位默默地在父亲背后付出自己的全部，助力父亲成功的女人。她在父亲事业高峰、有钱有面的时候嫁入林家。她是顺德杏坛一个大户人家的女儿，我的外公叫黎百万，拥有不少桑基、鱼塘，还有两间当铺，娶了四房妻妾，后来因为两次被"标参"（绑架）而至家道中落。母亲是二房所生，她秉承了外婆勤劳、朴实、善良的美德，丝毫没有富家小姐的坏习，她不但懂得养蚕，还做得一手顺德特色好菜。我们从未见过母亲穿什么时尚服饰，永远是一套唐装衫裤，见过和接触过母亲的亲戚朋友，都异口同声称赞她是个贤妻良母。她没有读过什么书，但通情达理、温柔、宽容。品性和父亲一样，不多言语，富贵时不显摆。当父亲失业举家回乡，生活困难，连饭都吃不上时，她从不埋怨，而是咬紧牙关，支撑着父亲与命运作搏斗。我们从未见过父母亲吵架，他们绝对是同富贵、共患难、相濡以沫的终身伴侣，也是戏行圈内的模范夫妻，这就是永远值得我们怀念的敬爱的父亲、母亲。

第六章 一场意外 顿陷困境

1937年，日本军队策动卢沟桥事变，开始全面侵华战争，中华民族陷于深重的灾难之中。广州沦陷前夕，日本飞机接连进行狂轰滥炸。1938年8月26日，毗邻广州黄沙火车站的八和会馆及其附近的建筑物惨遭轰炸，满目疮痍，惨不忍睹。日军占领广州后，为扩大侵略，增设军事设施，竟将邝新华等前辈伶人苦心创建的八和会馆拆毁，八和弟子悲愤之余，想方设法将会馆仅存的一对大门、华光师傅圣像和一个香炉搬运出来，妥为保存，寄托对先贤的崇敬与怀念之情。

八和弟子面对外敌入侵，同仇敌忾，义愤填膺，纷纷投身到抗日洪流中。以薛觉先为理事长的广东省八和粤剧协进会（八和会馆）率先在广州海珠大戏院举行义演筹款，支持前方将士。据老艺人回忆，当时戏班同仁几乎无人置身度外。随后，广州、香港、澳门等地，接连上演爱国抗敌剧目，激发民众的民族精神。当时最具影响力的省港大班——薛觉先的"觉先声"剧团、马师曾的"太平"剧团，演出的剧目有：《西施》《王昭君》《貂蝉》《梁红玉》《花染状元红》（"觉先声"剧团）；《汉奸的结局》《秦桧游地狱》《洪承畴》《还我河山》《最后的胜利》（"太平"剧团）等。马师曾在《龙城飞将》一剧中，通过剧中人之口大呼："男儿为国家，齐心要卫国，为国，为国家谋自振……"薛觉先奋笔疾书"长歌寄意"，呼唤国难当前，以岳飞满江红精神，抗击入侵之敌。其他戏班不甘人后，都先后上演抗日救国剧目，有力地激发了华南地区军民奋起抗击侵略者。据《中国戏曲志·澳门卷》载，1938年8月，由白玉堂、林超群、曾三多、李艳秋、庞顺尧为台柱的"兴中华"剧团在澳门清平戏院演出，应澳门中国妇女慰劳会举办的"购买救伤物品、慰劳伤兵"活动筹款义演。演出粤剧《白虎伏玄坛》、《白菊花》（四本）等剧，日戏票价为一毫至八毫不等，夜戏二毫至一元不等，民众热心购票，支持劳军。林超群、白玉堂等老倌满怀激情，不遗余力为抗日战争贡献力量。

20世纪20年代末30年代初，外国电影在香港、广州放映，吸引广大观众，粤剧受到极大挑战与冲击，处境艰难。据1934年的《广州年鉴》称："因本市幅员广阔，人口众多，而戏院之家数甚少，生意本可维持而有余，故平日各院生意均极旺场，惟近数年来，大有江河日下之势。迨至本年，更为寂寞。盖以生活程度日高，所收票价太低。则无以维持，稍高则无人过问；且自映画声片（有声电影）流行之后，市民多趋重之，舞台剧受其影响至大。海珠戏院为全市戏院之中首屈一指。最近亦且停业。该行业之冷清于此可见。"据有人统计，戏行组班者十有八九亏本，导致失业伶人大增，由于省港粤剧不景气，各戏班走南洋成为当时求生存的唯一选择，香港粤剧研究家梁沛锦先生在《粤剧研究通论》中说："粤剧伶人，不论男女，历向已过埠演出为掘金机会……稍有名气的伶人，差不多没有一个不想去金山及南洋各埠，希望满载而归……因为州府地区辽阔，粤人观众多，甚至金宝一个埠仔，亦有一间专演大戏的戏院，戏人宿舍宏伟，另有房子三四十个，堪称东南亚之冠。新加坡、吉隆坡、怡保等较大的埠，更无论了。"在此困境下，伶人的另外一种选择，就是面向四乡，组织落乡班，重走田基路。随着时代的发展，粤剧女优伶人不断冒起，男花旦更受到无情的冲击，面临严

林小群七兄弟姊妹合影

峻的考验。丈夫之志，能屈能伸。由于年龄增长，声艺大不如前，林超群义无反顾，组织小型班，再度登戏棚或到祠堂演出，多是武场戏，以微薄收入养家糊口。

古语有云，天有不测之风云，人有旦夕之祸福。林超群不幸遭遇一场意外事故，备受创伤。林小群回忆起昔日的情景，深沉地说："父亲在下乡班时，我就跟着他，照顾他。那时还小，不怎么懂事。一次下乡演出，他的戏箱就放在一个大轮子的鸡公车上，叫农民帮着推那个装着服装的戏箱。谁知过石板桥的时候，那个车轮子就夹在桥上的石缝里，车一侧，整个服装箱就掉到水里，戏箱打捞上来，待晒干后，已全部变色、变形，基本上不能再穿着登台了。演戏的家当没有了，如同打烂了饭碗，就没有谋生的手段了。跟着父亲在省港大班多年的龟背戏箱，原来里面有防水的小铁皮箱，为方便下乡演出，临时取消了，变成了打软包，没有防水功能，里面装有'十三妹装''车装'等花旦所用行头，是舞台生涯不可缺少的部分，一旦丧失，就没有办法演戏了，如要重新添置戏装，又没有经济能力，就此忍痛宣告失业，跌落低谷，父亲蒙受巨大打击，一生坎坷。好惨！"

日军占领广州期间，百业萧条，民不聊生，其时林超群一家住在西关大同路莲桂坊，生活无着，朝不保夕，陷入极度困境。林小群说："我为什么不吃芋头呢？那时候我们家一掀开饭盖就是芋头，就是芋头饭，我看见就不想吃，芋头不好消化，吃了就烧心，好难受，我宁愿挨饿，有时吃一个芭蕉来充饥，好过吃芋头。那时我13岁，见家里那么困难，妈妈给我20元日本军票，我就去学戏了。后来我爸爸知道了，就对我说：'阿珠，父亲演戏都那么辛苦了，你干吗还要学戏呀？这样子是很辛苦的。'我说：'辛苦也要啊，因为家里揭不开锅，没有饭吃了。我只有出来做戏帮补家计啊。'我的开山师父肖兰芳，男花旦出身，他住在莲登巷，就在我们家对面。那时候有林家声、陈少棠、陈少珍，还有陈好述等，我们就在那里学戏，我交了两个月学费，那两个月里头学什么呢？最早就是喊声、练声。师父真的是很厉害，喊什么声呢？首板是《穆桂英下山》，'叫木瓜'三个字，是要把你的声音打开，这个方法很好。以后就学唱西皮，'老爷端坐府堂上'，是用官话唱的。这就是四六句，是梆黄，这是必学的。学完了唱，就要学表演了。学的《潘金莲戏叔》是西皮，就要让你动，唱完了就学演戏，潘金莲搓烧饼，跟着就练排场，每一个排场都有它的专曲，再学就是《夜送京娘》，是慢板。'西皮''慢板'都是梆黄，让你上了口。接下来，我无钱交学费，肖兰芳老师负责帮我接班，当时接了一个叫'大环球'的落乡班，就开始跑梅香了，没有服装怎么办呢？只好从父亲衣箱里捞起仅有的一套已染成七彩的梅香衫裤，勉强穿上登台，挣取微薄戏金，减轻家庭负担。"这就是林小群初踏舞台的深刻印象。

广州实在生活不下去，林超群举家返回平洲老家。20世纪20年代中叶，林超群扎起后无限光彩，衣锦荣归，在林地购置一亩半地建起水泥结构二层小楼，供众家姐、兄弟居住，自己就住在二楼一个房间。如今落魄回来，自然心情沉重，倍感神伤，唯一使他感到欣慰的是，林家大屋客厅上悬挂的长二尺多、宽一尺多的一副巨大照片，上面站着一个古装美人，那俊俏妖媚的扮相令人惊艳，苗条的身材被闪亮的服装包裹

着，光彩夺目，左手托着靓少佳，右手托着曾三多（开面），相片写着
《煞星降地球》几个字。不难看出，这是"胜寿年"班的大幅宣传广
告，林超群走红时的光辉形象。《煞星降地球》是两集连台本，徐若
呆、曾三多根据《水浒传》有关章回改编，讲述的是林冲、鲁智深被迫
上梁山的故事，由林超群、靓少佳、曾三多主演，靓少佳饰林冲、曾三
多饰鲁智深、林超群演林冲夫人张凤娇，堪称最佳拍档，跨越"胜寿
年""兴中华"戏班，为观众喜爱的剧目。人们目睹这张照片，无不驻
足凝视，一个古代女子，力托两个英雄好汉，举重若轻，英姿飒爽，充
分展现出林超群在其时艺坛的崇高地位和巨大影响力。林慧说："我们
最大的遗憾，就是连绝无仅有的一张父亲的戏装相片都失去了，每在思
念父亲时忆起此事，心中便隐隐作痛！"

情僧偷到潇湘馆

何非凡演唱

▲士工中板▼呢一個寶、玉逃禪、今晚偷、復返南、中歸薛，個一位薄命，紅顏，可嘆天，下蹇延，無，有不敬，你睇零，星落索，惟見那月，兒淵祇，剩檯台，空，慘淡，獨，留聲影，彷忽那霧，鬢鬟環……

▲轉打掃街▼珮聲琱琱……相思我不憤，轉……瀟……瀟瀟當聞，我適望着，這遠遠邊嬝娜娜步……催……轉……瀟……瀟瀟瀟（序）長……夜……凄凉

▲合尺花▼行近瀟湘（合）情加惨（上）仔細凝眸，來分辨（士鳳吹綠竹，腰舞小蠻，卻原來我認錯

▲食住轉二王▼佢係環：珮、珮：珮。（唱序）虛無飄渺間，恨緣慳（尺）（尺）（唱序）瀟湘姻緣被鳳姐推翻，遭離間（上）（唱序）我難開口你亦踣，致令到鸞鳳分散分散，遭離間……流（唱序）妹你別塵裏，雲……散，到今宵，偷偷來祭你，沉香靈柩，不料門……鎖，重……關

▲直轉反線中板▼呢一個寶，寶玉，與你蟾卿相交，可誓天日情非，泛泛。我敢，與天地相終始，不是，等閒……終，雲軒，雖有個寶叔姐姐，我共佢情同，冰炭，可知，道，你寶哥哥，受了佢地詭計，神奸

▲直轉士工花▼妹妹你在離恨天宮，食多啖胡麻飯。（尺）待等我在西天成佛，個陣不致見妹妹瘦骨珊珊（上）

（完）

词曲《情僧偷到潇湘馆》［欧汉扶］（笔名"最懒人"）供图］

　　林小群清楚记得，回到平洲乡下后，一家人无生计，只得投靠三伯父。"母亲终日辛苦劳碌，舂米、洗衣服、做家务，忙个不停，我年纪小小，还要照顾伯父二奶，帮她带子女，好似是家中僮仆一样。父亲正值壮年，在家闲居百无聊赖，愁眉深锁，痛苦不堪，只有默默忍受。"林小群清楚记得，在此期间，平洲林地家中出现了一桩掩埋多年、鲜为人知的趣事，在戏行中引发着连锁反应，足以显示林超群在戏曲艺术领域的功力和贡献，值得公之于世。某日，有一位廖姓中年男士到访。当时，由广州到平洲约15公里路，交通不便，没有公共汽车，步行要经几个渡口，乘船或坐花尾渡，约需好几个小时。这位廖先生不辞劳苦，经多方周折，来求教林超群，此君就是当时颇有名气的粤曲唱家、撰曲人廖了了先生。他带着一首《情僧偷到潇湘馆》曲文求见，说自己唱到中间便无法唱下去，请教帮忙。原来该曲中段有一曲牌"打扫街"难以唱顺。林超群在"乐群英"童子班学艺期间打下粤剧器乐基础，加之长期舞台实践，聪明好学，精通音律，除演唱外，还会掌板、鼓竹，尤擅秦琴、扬琴，以

他的功力，面对来者的请求，欣然相助。他认真地理顺之后，教廖先生唱识为止，并且特地把下一段"十字二王"更新了唱法，变成连序接唱。经这一点拨，整首曲听来大不一样了，后来何非凡首唱的《情僧偷到潇湘馆》，就是林超群修改的版本。之后。林超群教识大女儿（小群）唱了这首平喉名曲。据知，至今这首曲已有几代人传唱了。

廖了了像（吴贵龙提供，郑迅翻拍）

🎭 粤剧名家

　　廖了了（1909—1969），又名廖兴利，字名坚，祖籍广东新会，粤剧编撰家，邓碧云（香港"万能花旦"）的师父。廖了了3岁时随义母、长兄从日本乘船到香港，随后回到广州河南居住，17岁辍学，1926年在广州长堤大新公司天台粤剧部工作。1938年广州沦陷后在家闲居，后在广州"前锋"剧团任职。

　　近日，林慧根据其姐的回忆，以专业人士的身份，具体清晰地描述了《情僧偷到潇湘馆》一曲理顺的经过，她写道：

　　当年廖了了先生，请教我父"情僧"一曲之事，主要是"打扫街"这段小曲。说中间开始唱不下去，就是以下几句曲词："我遥望着这这这边袅袅娜娜步催转湾，湾湾湾长夜漫漫。"请特别留意曲谱上的叮板（参考原曲词的叮板，附后），每段小曲与梆黄是不同的。每段小曲都有专有的音谱，如果不熟悉它的音谱，尤其是不懂得叮板，是唱不了的。这段"打扫街"全段都是四四拍子（即一板三叮）这个节奏，点叮板绝不能有半点错漏，如错了一叮或一板，就全乱套了，也唱不下去了。估计廖先生就在叮板这方面出错，所以唱不下去。我父亲一定很严格地把叮板纠正了。再反复带着他唱了好几遍。我姐忆述她在旁听熟了，也会唱了。（说实话，这几句是很难唱的。）其次，父亲在下面一段"二王"的唱法，用了特别的新唱法，就是连序唱法。我姐说，她第一次听到这样唱"二王"。觉得很有新意也很好听，连序唱就是把原来应该过门的节点也用作唱曲词了，例如，"二王"：恨缘铿（接唱序）潇湘姻缘被凤姐推翻……整段"二王"都是这样唱法，变得流畅、紧凑，更能充分表现宝玉内心对于被欺骗、姻缘被拆散的怨恨和愤慨！这首曲一直传下来，由何非凡首唱，后来歌者都是这般唱的。我父当时能够即席唱出来，可见他对粤曲的结构知识有多丰富，用之如探囊取物，曲艺功力何其深啊！

据已故编剧家苏翁回忆称，一支《情僧偷到潇湘馆》主题曲，使何非凡红足一世。何非凡是战后迅速崛起的文武生。1947年在广州自组第一届"非凡响"剧团，拍花旦芳艳芬，但票房一般。话说有一天他偶然从电台听到唱家廖了了唱的《情僧偷到潇湘馆》，觉得曲好，而唱腔又非常特别。此时正值廖了了从香港来到广州，于是慕名上门求教，廖了了即席演唱，何非凡为之拍案叫绝，廖了了毫不吝惜地把整支曲送给了他，更指导其唱腔，及后，何非凡将这曲用作《宝玉哭潇湘》的主题曲，又以曲名命名为戏名《情僧偷到潇湘馆》。1948年，何非凡组成第二届"非凡响"剧团，聘请从外国演出载誉归来的楚岫云任正印花旦，演出《情僧偷到潇湘馆》，一剧连演百余场，何非凡由此一炮而红。廖了了所教的唱腔，经他一再改良后，成为其独特的"凡腔"（俗称"狗仔腔"）。据《粤剧大辞典》称，凡腔，创始人是20世纪40年代的粤剧小生何非凡，他嗓音明亮，圆润甜美，声线高低自如；演唱叮板稳准，跳跃顿挫，强弱分明，节奏爽朗，绝无拖沓，他根据自身嗓音条件较好的特点，有意识地采用跳跃式地吐字与跌宕起伏的唱腔，行腔跳动较多，不刻意追求唱腔的连贯性。善于使用鲜明的节奏拖腔，形成带有个人独特色彩的流派唱腔。凡腔有三个较明显的特点：一是在演唱中，通过停顿，适当地增加演唱力度，加强节奏感，使听者印象更为深刻。例如在《情僧偷到潇湘馆》中《宝玉逃禅》一曲，他唱"打扫街"："我遥望着这这这边袅袅娜娜……"又如同曲中的"反线中板"："可誓天目，情非泛泛。"同时通过节奏顿挫使拖腔高低起伏、强弱分明，既让人感到拖腔的精心雕饰、与众不同，又有流畅自如、潇洒动听的个人特色。二是凡腔在演唱时，喜欢自高到低，音程大跳下行。这种演唱处理使人明显地感受到剧中人的情绪波动，容易调动起听众欣赏的注意力。三是在行腔时，不受"问字挪腔"的方法束缚，故意使用酷似小狗叫的一音一顿的"喔喔"声，故时人将凡腔戏称为"狗仔腔"。1948年何非凡在《情僧偷到潇湘馆》中演唱的《宝玉逃禅》一曲，奠定了凡腔的基础。该剧在省港澳演出300多场，何非凡因而获得"情僧"的绰号。至于当年林超群对廖了了的点拨，画龙点睛，与凡腔的形成有何关系，就有待专家和学者思考、论证了。

何非凡红了之后，知恩图报，他没忘记廖了了的恩惠，虽然也没有正式拜廖了了为师，但他深知自己的成就有廖了了的功劳，所以他以后的几十年在经济上都照顾这位恩师的生活，直到廖了了百年归老，为岭南戏班同仁啧啧称赞。

第七章

四载班政

再耀光芒

　　民国36年（1947），已赴越南走埠多年的靓少佳，偕第三任妻子郎筠玉回到广州，随即重组久负盛名的"胜寿年"剧团，由靓少佳、郎筠玉领衔，主要演员有黄千秋、朱少秋、李华亨、林小群、范艳芳、梁鹤龄、潘月楼、何其丽、庞顺尧、关少山等。大部分时间都是在南番顺等珠三角水乡演出。

　　林超群应同乡、好友靓少佳邀请，出任"胜寿年"剧团坐舱（经理），歇业多年，进入艺术人生的另一个新领域，自然感到无比兴奋。坐舱是一个戏班的总管、掌舵人，掌握人事、生产业务、交通安全等大权，在组班期间，参与班主的组班大计，除台柱的聘请和工资酌定由班主与坐舱协商、拍板外，其他次要演员和各部门艺员的物色和工资，都由坐舱全权负责。林超群科班出身，有丰富的舞台实践经验，知人善任，善与人同，是个得力的坐舱、优秀的班政家。

　　早年创建于黄沙八和会馆属下的"慎和堂"有这样响亮的口诀："慎和堂，坐舱接戏大权掌，统领戏班事物，水陆交通都在行，收戏金、做宣传、执行头，掌握全由慎和堂……为戏班事务日夜忙。"日夜忙掌管接戏、经营戏班管理事务的"慎和堂"，是组织全行戏班演出的支柱和核心，亦是八和会馆的主要经济源泉、戏班的生存命脉。八和会馆依靠自身的力量，先后在广州各地购置多处房产、物业，设立各项会员福利，造福戏行及社群，这其中，"慎和堂"历来都作出了重大贡献。据老艺人回忆，慎和者，即慎与人和，对内、对外都要和得人，用现在的话来说，就是处理好各方面的人际关系。当年八和会馆属下各个堂口，人数各有多寡，只要按照自己担当的角色，都可以申请加入对应的堂口；唯独"慎和堂"有严格限制，只有36人，而且必须是主要戏班的"掌班"，实际就是现在剧团的团长。所以，称"坐舱接戏大权掌"，"收戏金、做宣传、执行头"，执掌戏班的经济源泉和命脉。到抗日战争前夕，仅"慎和堂"从签订的合同中提取的合同费，每月就有大洋七八千元，其时八和会馆经费颇为充裕，使其他行会羡慕不已。

"慎和堂"内的36位成员都是终身奉养制，去世一位再由该戏班的"掌班"递补上，其余的人是无法入围的；"慎和堂"的人，会馆给予特殊照顾，显现其自身的应有价值。纵观粤剧发展史，除了演员之外，始终离不开戏班的管理者、掌舵人的卓越贡献，香港八和会馆原会长黄炎就是一个佼佼者。

黄炎（1914—2003），广东台山人，于20世纪30年代小学毕业后，因羡慕戏班生涯，即拜男花旦浓艳香（八和会馆创始人邝新华之孙）为师，学做花旦，艺名绮罗香，先后在"永维新""冠南华"班任第三花旦，在"永丰年"班任马旦。抗日战争胜利后，他有感于男花旦行当日渐式微，遂转为班政家，先后组织过"大罗天""雄凤""宝鼎""非凡响"等剧团，50年代起任"新艳阳""碧云天""凤求凰""女儿香""家宝""五王""仙凤鸣"等剧团的经理，以及"雏凤鸣"剧团的班主，与之合作过的粤剧演员不计其数。1953年，黄炎协助芳艳芬组建"新艳阳"剧团直至芳艳芬息影为止。黄炎在《艳阳点滴》一文中写道：

我与芳姐合作始于广州，我当时只是个小艺人，后来得到"中华绣家"的关秋先生帮助，结识了一些知名演员，并资助起班，我从此便放弃了艺人生涯，转而负责班政事务。第一次组班是跟芳姐合作，伙拍何非凡主演《秋坟》，演出非常旺场……第二次伙拍任姐任剑辉，在利舞台上演《梁祝恨史》，戏迷一早就排长龙、排通宵，当时"扑飞"情况厉害，作为戏班经理，有很多"大人物"向我要票，说我控制票房，恐吓要打我。我不得已只好向芳姐投诉，幸得芳姐助我解围，她说："戏班根本无票，一切由戏院分配售卖，大家请别为难黄炎。"事件方能平息，不然我可"不得了"，芳姐作为剧团的领导，的确有分寸、有才能、有思想、有计划，令我佩服得五体投地，她每次都认真地提出建设性的意见，使班务更加顺利。

这就是班政家与班主、演员的密切关系，是戏班的成功之路。黄炎于1979年当选为香港八和会馆会长，连任三届，众望所归。

林超群回归戏班，听到锣鼓声响，如鱼得水，顿时焕发了生机，兴奋之情难以言表。"胜寿年"剧团除了同乡好友靓少佳作为中流砥柱之外，还有戏路宽广、才艺出众的郎筠玉坐镇，林超然自然大有用武之地。据《粤剧大辞典》称，郎筠玉（1919—2010），满族，原籍北京，出生在广州，其父为清代驻粤八旗子弟后裔，曾在广州曲艺界当掌板、拉二胡，母亲是一名"瞽师"（失明人士）。郎筠玉自小与戏曲结缘，8岁随父亲到茶楼卖唱，9岁到西堤大新公司天台演日戏，艺名新肖仔，后参加多个"过山班"，演过小生、文武生及花旦。抗日战争期间在越南参加"胜寿年"剧团，并与靓少佳结为夫妇。她戏路宽广，青衣、花旦、刀马旦，甚至反串演出，从容大方，细腻传神，子、平、大喉均运用自如。其时的"胜寿年"剧团阵容鼎盛，受到城乡民众广泛关注和欢迎。

珠江三角洲地区，每年神诞、节日，习惯请戏班来做戏，表示庆贺，好生热闹。民国36年（1947）夏日，"胜寿年"剧团应邀至南海县盐步乡平地黄氏大宗祠，庆贺"观音诞"，演神功戏盛况空前。村民知道，该班有众多名角，又多是南海乡亲，倍感亲切，期望一睹本地老倌的风采。南海盐步毗邻广州，平地黄氏先贤祖籍浙江衢州，南宋淳熙年间移居平地已有800余年，是当地名门望族，人们习惯称之为"平地黄"。黄氏大宗祠始建于明代，三开间三进院落式，占地面积约1000平方米，祠内桁梁木雕有300多条龙、二十四孝图，人文著盛，有宗祠"花堂"美誉。据当地长者黄冠勋、黄汉威回忆，旧时，逢农历六月十九的"观音诞"，是平地的"观音巡游"盛会。其间请戏班做神功戏，演戏有日场、深夜场。日场是下午开始，深夜场则是做到天光（天亮的意思），称为"天光戏"，是由非主要演员上演的短剧。演戏当天，"牌打佬"举着演出内容的竹制牌子，上街到处广而告之，并派发戏桥做宣传。当时，戏棚搭在祠堂前面的草地向南伸展至鱼塘，高大宽敞，可容纳数百位村民观众，戏棚是竹木结构，上盖葵蓬，木柱涂上色彩，称为"花柱"，座位为阶梯形，北高南低，普通席是由木板扎成，前坐贵宾席是竹椅、竹床。台前西侧设站位的"兄弟棚"，此位不用买票。因人多拥挤，没买票的村民就去挤戏棚。戏"开台"（开始演出）后一定时间会放棚，不用买票就可入内看戏，称为"打戏钉"。戏棚外摆满各种摊位，卖艇仔粥、绿豆沙、大红西瓜，叫卖声彼此起伏，好一条热闹的夜市食街。旧时这些摊贩追着做戏的地方去设摊，称为"走抬脚"。"观音诞"期间，各地同宗兄弟都回来省亲，外嫁女归家，亲朋好友到访，热闹非凡。"去平地睇大戏啰！"更是乡亲们的口头禅。

1947年，平地为发展文化事业，决定在"观音诞"期间演戏筹款建德政学校，卖票所得均全部投入建校使用。现存的1947年农历六月二十一日的戏桥即是见证。其时，"胜寿年"剧团坐舱（经理）是林超群，演员有靓少佳、郎筠玉、朱少秋、庞顺尧、林小群、梁鹤龄等，日场演出《生红娘》，夜场演出《十奏严嵩》，远近村民看得入神，津津乐道。

民国38年（1949）农历闰七月十三日，靓少佳、林超群率"胜寿年"剧团回家乡南海平洲做戏，恭祝盂兰盛会。平洲乡亲、老戏迷高信普有幸保存了昔日的戏桥，至为珍贵，见证了70多年前的乡间往事。盂兰胜（盆）会为佛教徒追荐祖先而举行的节日，民间称为"鬼节"。高信普说："由于这张戏桥，我想起往日'神功演戏'的旧事，旧时的乡民，遇到自然灾害无法抗拒，只有祈望上天神佛保佑风调雨顺、国泰民安。故此每逢庙宇神诞，除了雇请僧道打醮拜神之外，还演戏酬神，故称神功戏。"1949年盂兰盛会是在大田基路旁边山冈的空地上搭戏棚演戏，就是今日平洲宾馆右旁至文化站前，这地方当年是坟场，也靠近圩市和大路，是旺中带静的地方，除戏棚外还搭有神楼，设坛祭祀客死他乡的人，每日三次道场，众僧、道、尼敲经念佛，焚化香烛，祈求仙佛超度亡灵。而戏台前边设有座位，要买票入座，所以才有戏桥发放。由于看戏、看打醮的人数多了，当时做小买卖的商贩和流动饮食摊档也跟着设档摆卖，而村民也招呼远亲近戚来作客看戏，既带旺市场，又增添会亲往来机会，可谓一举数得，深受村民欢迎。每逢演戏期间，晚饭后有专职宣传人员担着几扎独脚牌，牌上印着剧团宣传画和剧目，手持铜铃，穿街过巷，宣传即晚剧目，人称此举为"卖戏"，招引观众看戏，引得小童追逐观看。时隔70多年了，此景仍然历历在目。

此次"胜寿年"剧团在平洲奉献的剧目：先演《夺标九彩》《六国大封相》，续演《骊宫三剑侠》。戏桥标明："靓少佳饰《骊宫三剑侠》中的勇剑侠，演来十分巧妙，不愧为文武生王称号；郎筠玉饰女剑侠余秀英，精娴武术，巾帼英雄，表演十二分精彩；庞顺尧饰灵王朱震濠，表演形容尽致，刻骨三分；林小群饰卫翠珠，表演十分美满。"演出阵容庞大，有四五十人。坐舱林超群在戏桥上自豪地写道："原装老牌'胜寿年'剧团，誉满海外，雄霸省港，金字招牌，长寿班霸。"可谓豪气万丈！

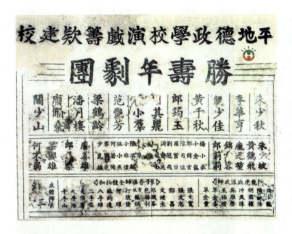

"胜寿年"剧团在南海平地演出宣传
海报（郑迅翻拍）

"胜寿年"剧团海报
（一）（郑迅翻拍）

广州西关恩宁路八和会馆附近，历来为戏班艺人聚居的地方，老倌云集，穿街过巷，络绎不绝，街坊邻里都引以为荣。抗日战争胜利后，林超群举家从乡下迁居广州，租住在好友曾三多的房子——恩宁路71号，就在八和会馆新购置的会所对面。楼下有厅，二楼有房，天台还有个阁楼，环境清静舒适，一家老少过着勤俭、简朴的生活，其乐融融。一天，一个身材高挑的女孩，在父亲带领下来到林家，要拜林超群为师学戏，谱写出一段深厚的师生情谊。来者即后来的孔雀屏（1936—2006），其原名孔宝珠，原籍广东南海县松岗乡石碣村，出生在广州市西关一个手工业者家庭。小时候，由于兄弟姐妹多，家庭生活困难，孔宝珠八九岁就做家务，带小弟小妹，帮助父亲印刷笔记本等手工产品。父亲孔三珠是个大戏迷，晚上收工后就带着她去看戏，由于经济不景，父女经常打"戏钉"，好饱眼福。宝珠11岁时，父亲想送她去学戏，但苦于无引荐。后得知老艺人肖兰芳招收学生，因学费太高承担不起，继而听到著名男花旦林超群招收艺徒的消息，即慕名到来。其时林超群在"胜寿年"剧团任坐舱，空暇时兼收徒传艺，他见宝珠纯朴、老实、低调、寡言，与自己性情相近，是个可造之材，就欣然接收其为入室弟

"胜寿年"剧团海报
（二）（郑迅翻拍）

谭青霜《柳毅传书》
手稿（郑迅翻拍）

子。宝珠十分珍惜名师一招一式的教导，谦虚好学，吃苦耐劳，具有当演员的潜质，是一块"食华光饭"（做戏）的料子，得到开山师父的充分肯定。六个月师约期满后，宝珠初露头角，被介绍落班到"大利年"剧团跑梅香，后担任第五花旦，改艺名孔雀屏，与著名"丑生王"廖侠怀及文武生陈锦棠、花旦罗丽燕等同台做戏。1949—1952年，孔雀屏从林超群处学到扎实的基本功和舞台实践，数年间在广州、上海、海南等地扎起，有了自己的拥趸，特别是在海口演出半年，每晚"爆棚"，凭着当年林超群教授她的剧目《燕子楼》一炮而红。

1949年10月1日，中华人民共和国成立，10月14日广州解放，中国人民解放军举行入城仪式。当年广州三大戏班之一的"胜寿年"剧团，参加了庆祝广州解放的入城仪式，随后，该团在海珠大戏院演出《白毛女》，这是广州首次演出革命题材粤剧，主要演员有靓少佳、郎筠玉等，开粤剧风气之先。不久，华南文学艺术工作者第一届代表会议在广州开幕，林超群作为代表之一出席了会议。抗美援朝初期，"胜寿年"

剧团积极参加省、市文联组织的捐献"鲁迅号"飞机筹款、义演活动，积极投身"抗美援朝，保家卫国"的运动中，成绩显赫，备受瞩目。1950年下半年，华南文联支持成立"东方红""万年红"两个民营示范性戏班，开始进行戏班改革，林超群感觉到戏剧春天即将来临，积极参与、支持戏班改革，从戏班的旧传统、旧模式走向新剧团之路。

因应戏剧新形势的发展，1952年，林超群与广州平安戏院老板合作，成立"太阳升"粤剧团，属"民主班"，并任团长（班主）。主要演员有丁公醒、王中王、李候安、小木兰、白超鸿、林小群、梁鹤龄、何紫英、张玉珍、吕玉郎，后期还有罗家宝、孔雀屏等，编剧家先后有徐若呆、何建青、林仙根、谭青霜等，是广州当年五大剧团之一。所谓"民主班"，就是由艺人自愿合作、集体经营、民主管理的民营剧团。林超群的"太阳升"剧团虽属中型班，但演员年轻、有朝气、唱功好，能与大型班争胜，有如梨园中的一阵清风，吹遍城乡各地。演出剧目有《燕子楼》《木头夫婿》《虎符》《花王之女》《玉河浸女》《荔枝换绛桃》《潇湘秋夜雨》等。此时，林超群精神焕发，充满活力，沐浴在戏剧改革的春风中，创造了现代粤剧辉煌篇章。

根据林小群回忆，林慧记述了林超群与编剧家徐若呆的一桩合作趣事，饶有趣味。林慧写道：

父亲带领剧团同人，在继承传统的基础上，勇于改革，推陈出新。50年代初期，太阳升剧团著名的编剧家徐若呆先生和父亲共同策划（由徐老执笔），以一首古曲《燕子楼》中的主人公关盼盼一生遭遇为题材，写成了粤剧《燕子楼》长剧。由林小群、白超鸿主演。只可惜该剧本脱稿之日，徐若呆先生突然因病辞世了。父亲与剧团同人哀伤之余，认为一定要把该剧演好，以慰藉徐先生在天之灵。然而《燕子楼》这首古曲，原来是名唱家琼仙用舞台官话演唱的，父亲觉得既然全剧都是唱白话（广州话），如果主题曲仍照搬传统唱官话的话，很不协调，观众

二十世纪五十年代，林超群、林小群为
"太阳升"剧团下乡演出（郑迅翻拍）

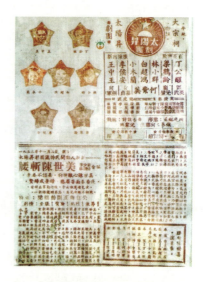

"太阳升"剧团演出海报
（郑迅翻拍）

大多听不懂官话，那样这个戏就搞砸了，父亲认为必须改革。

这首古曲，全首都是梆黄板式（中板、慢板、滚花），没有小曲。是一首很传统的粤曲，这个传统要保留，站在观众的立场，首先要让观众听得懂，就必须改成唱白话，要润饰、优化，认真进行唱腔设计，于是父亲想到一位粤剧音乐家黄不灭师傅。他相信，借助黄师傅一定能改革成功。他叫林小群拿着这首名曲去请教黄不灭师傅。黄师傅欣然乐助。经过精雕细琢之后，叫林小群去试唱，当时林小群欠缺速记工尺谱的能力，黄师傅就一句一句地教她唱。每天教两句，最终林小群就把《燕子楼》新曲硬啃下来了。

真要感谢黄不灭师傅不负父亲重托，把这一首长达半个钟的古曲，来了一个华丽大转身，由官话变成白话，行腔悠扬婉转，悦耳动听，唱到伤心处幽怨缠绵。林小群接着把该曲灌成唱片。之后粤剧界有什么会议、活动，父亲都让林小群演唱这首新版《燕子楼》。

通过大肆宣传，让同人明白若要观众爱看粤剧，就要进行改革，

一九五三年，"太阳升"剧团青年演员合影（郑迅翻拍）

创新！既要继承传统，又要推陈出新。由于该曲改得很好，唱者乐唱，听者爱听，演出中个个努力认真，声情并茂，林小群的唱功造诣大大提高，观众反映听了这首主题曲，已经值回票价了。结果这出戏上座率极高，大受欢迎。

后来在许多剧目中，都看到"燕子楼"板腔出现，例如《抢伞》中就有花旦唱"燕子楼"中板。甚至男角唱平喉也有沿用。在现代剧《争儿记》中，罗家宝就唱了一段"燕子楼"中板，十分动听，大受欢迎。

陈非侬说："好戏是度出来的，每一出、每一场都是如此。一定要由编剧和主要角色一起研究，一起度桥，才有好戏表演出来。"京剧四大名旦之一的程砚秋与剧作家翁偶虹共同创作的程派不朽名剧《锁麟囊》，就是一个有力的例证。

《锁麟囊》是集程派艺术之大成的剧目，它通过一个女子薛湘灵由富而穷的生活变迁，生动描述了社会的人情冷暖与世态炎凉。这个剧目酝酿很久了：自1937年起，程砚秋就与剧作家翁偶虹先生切磋剧本。编剧技巧也是用了许多，有烘云托月法、背面敷粉法、帷灯匣剑法、草蛇灰线法，为的是取得最好的舞台艺术效果。剧本创作的过程也是唱腔产生的过程，因为他们深知中国艺术的韵味和文化的境界都在一唱一做之间，且只能用濡沫人情去体会，而许多的演唱和细节，最后都要提炼为一种"诗意的存在"。为《锁麟囊》设计安排唱腔，花去了程砚秋整整一年的时间，真可谓殚精竭虑。他每编出一段都要唱给翁偶虹听，并就正于王瑶卿，一般来说京剧唱词都是很规整的七字句（7个字一句）或十字句（10个字一句），但程砚秋要求剧作者写长短句，说："请您费点笔墨，多写些长短句，我也好因字行腔。"翁偶虹当然照办。比如薛湘灵有这样两句唱词："在轿中只觉得天昏地暗，耳边厢，风声断，雨声喧，雷声乱，乐声阑珊，人声呐喊，都道是大雨倾天。""轿中人必定有一腔幽怨，她泪自弹，声续断，似杜鹃，啼别院，巴峡哀猿，动人心弦，好不惨然。"这种句式，在传统京剧里是根本没有的，而程砚秋就依据这样的文学描述和人物需要，创造出抑扬错落、急徐有致的新腔，并把唱腔和身段融合在一起，使程式化表演装满了真实的人间情感和惊人美感。1940年4月，《锁麟囊》在上海黄金大戏院首演，雅致独特的声腔艺术人人可体味，而体味不尽的世态炎凉，又带着几分温暖惆怅，一下子抓住上海观众的心，舞台上站着的名丑刘斌昆，听着听着，差点儿把自己的台词都忘了。该剧连演10场，场场皆满，到了第11天，改演《玉堂春》，可观众不答应。再演《锁麟囊》的时候，就出现了程砚秋领唱、大家合唱的动人情景。程砚秋生前说，他自己最喜欢的戏就是《锁麟囊》。80多年后，广大京剧戏迷同样追迷这出好戏，传唱的人很多。该剧被公认是程派的"戏宝"，历久不衰，为中国艺坛所罕见。

无独有偶。在粤剧界，同样也有编剧和伶人一同度桥成功的例证。这就是林超群与谭青霜合作的经典剧目《柳毅传书》。根据林家姐妹三人的回忆，林慧执笔写道：

20世纪50年代初，父亲任"太阳升"剧团经理。一位20出头的年轻人应聘入职创作。他原是记者，对粤剧有兴趣，开始学写剧本，父亲看

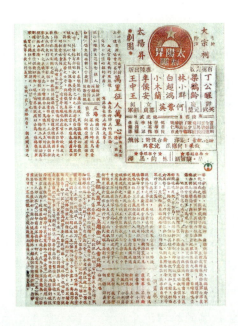

南海平地大宗祠公演"太阳升"剧团演出海报（郑迅翻拍）

二十世纪五十年代，谭青霜编剧的"神话粤剧"《柳毅传书》泥印剧本（郑迅翻拍）

到他有一定的文学修养，人又谦虚朴实、勤奋好学，创作态度严肃，很喜欢他，认定他日后是一个能写剧本的好苗子。果然，他后来成为优秀的粤剧编剧家，这个年轻人叫谭青霜（1925—1993），广东南海人。

　　父亲虽然没有执笔写戏，可他纵横粤剧舞台几十年，演戏无数，积累了经验，可谓触类旁通。他懂得怎样编排剧情（桥段），能够紧紧抓住观众的心，情节越是变幻莫测、高潮起伏，越能扣人心弦。父亲在这方面十分精通，对于初学写戏的人来讲，父亲当老师绰绰有余了。还有更重要的一环，粤剧不同于话剧，因为是戏曲，必须对全剧所有人物的唱段、唱腔有一个统筹的铺排。粤曲是一个宝库，有种类繁多的曲牌，大调小调，丰富多彩的小曲，光是梆子类的板式就有三种调式（正线、反线、二反线），变化多端，句子规格十分严谨。如果没有丰富的粤曲结构知识，别说写整个戏的唱腔，就连写一个唱段也是不容易的。父亲这方面的知识根底深厚，运用时如探囊取物，得心应手。

　　谭青霜初来乍到，入门新手，但他非常勤奋好学，父亲寄予厚望，毫无保留把粤剧知识传授给他。我大姐回忆说，他们的感情非常融洽，情同父子。父亲经常带着他，有时还捎上我大姐上茶楼，讲戏度桥、度曲……谭青霜对父亲尊崇有加，言听计从。最令人瞩目的代表作，是根据元杂剧改编的《柳毅传书》，这个剧目从情节（桥段）构思，到人物唱腔设计、演员的挑选，父亲起了主导作用。担纲演柳毅的罗家宝，就是被父亲慧眼相中的。父亲要剧团的行政主任吴余享，以林超群的名义写了一封信给时在香港的罗家宝，盛情邀请他加盟"太阳升"剧团。罗看信后欣然接受，立即回广州加入了"太阳升"剧团。1954年12月，由罗家宝、林小群担纲在广州首演《柳毅传书》，连演数百场也是场场爆满，饮誉羊城。据统计，光是罗家宝担纲的就有近千场，是罗家宝"虾腔"发端和形成的代表剧目。此剧不少剧团争相上演，历演数十年不衰，其中一些唱段脍炙人口，在海内外广为传唱。例如柳毅和龙女对唱的《花好月圆》唱段（小曲《柳摇金》）就是谭青霜按父亲的设计，字斟句酌地编写的。父亲还亲自导演这个片段，因为这设计巧妙地把柳毅在龙宫饮宴中龙女传情的情景再现，以达到使柳毅明白新娘就是龙公主的喜剧效果。《柳毅传书》一剧，不但令演员和编剧声名鹊起，还令剧团恰如其名，似早上八九点钟的初升太阳。

　　林小群说："《柳毅传书》是我们的传家宝，这是首本经典。我爸爸在这个戏排练的过程中，还不断地改进，'花好月圆'的曲牌，是他亲自设计的。在排练的时候，他就指导我们怎么做，谭青霜是写词，他不会唱，而我爸爸会唱，所以他知道用什么曲来唱什么词，那段《柳摇金》就是根据这个曲牌写来让他写词的。'千盼万盼'这一段，也是我爸爸设计的。排戏时，龙女和柳毅在龙宫敬酒那一段，还有一个动作是碰了一下，撞到他的身上，这是我父亲指导的，几十年了，我一演到这里，就会想起我父亲。我父亲设计了这个动作，那时候我就做给他看，对他说：'爸爸，你看看，这样行不行？'他说：'好。'实际上他也把导演角色都做了，包括剧本的安排、唱腔动作。那个时候的龙女牧羊，他安排用真'羊'，由两个人来扮演。总之，《柳毅传书》整个戏统筹都是我父亲做的，他的贡献非常大，却鲜为人知。"

🎭 粤剧名家

> **罗家宝**（1930—2018），广东顺德人，出身粤剧世家。自幼随父亲罗家树（掌板）和叔父罗家权（丑生）学艺，12岁登台，先后师从白玉堂、桂名扬、薛觉先，集前辈名家之所长，始创"虾腔"（因其乳名为阿虾）。他的表演精湛洗练、潇洒优雅、细致大方，唱腔自成一家，大受观众欢迎。他主演的《柳毅传书》《梦断香销四十年》等广泛流传海内外，历久不衰。

据罗家宝生前回忆，他说："《柳毅传书》是我1954年从香港回到广州后演出的第一部戏，亦可说是我的成名戏。当时'太阳升'剧团有三条台柱是颇有名气的演员，丁公醒、梁鹤龄、王中王。特别是王中王，他在二三十年代已经走红，听说他在海珠戏院演《血洒金钱》的一个奸仔，演得入木三分，淋漓尽致。当时南天王陈济棠的太太莫秀英看戏，看到抵颈唔住（粤语，忍不住气），用生果碟掟（粤语用字，以物抛掷）上舞台，而且破口大骂：'可惜我今晚没带枪，如果我带枪，我一定开枪打死你！'经莫秀英一掟，王中王马上红起上嚟（粤语，红起来），话佢（粤语用字，第三人称代名词）演奸仔演得够奸。莫秀英'掟扎王中王'，粤剧界马上传为笑柄。他在四乡很受欢迎。林超群不愧是一位精明的班政家，他会审时度势，利用三个前辈演员'傍'三个后辈演员，当时我和林小群都是二十出头。一生一旦唱得有样有声，二帮花旦，虽然弱小也不是很大问题。我在'太阳升'剧团两年多，《柳

第七章 四载班政 再耀光芒

一 粤剧男花旦——林超群

毅传书》先后演出百多场，我的唱腔亦为广大观众所接受。"

白超鸿在《浅谈罗家宝唱腔成就》一文中写道：1954年，罗家宝受聘于"太阳升"剧团，在《柳毅传书》一剧中，他的唱腔广受欢迎，从此为"虾腔"奠定了牢固基础，街头巷尾唱起"虾腔"来，真是一曲惊人，一剧成名。"剧本，一剧之本"，林超群慧眼识英才，伯乐遇知音。剧团旺不旺，全靠好拍档。林小群嗓音甜润、纤细、柔婉，在中低音区行腔特别流利畅达，宛如"珠落玉盘"，自成一家，具有强烈的感染力。"虾腔"与林小群的优美唱腔（一个唱生一个唱旦），合起来真是"天衣无缝"，使观众着迷。他们的歌声如听中低音管弦乐合奏，抒情柔美，悦耳动听，这对生旦的美妙歌声响遍五羊城。

正值"太阳升"剧团兴旺发展，如日方中之时，1955年农历八月十九日，林超群患急性肺炎不幸与世长辞，享年50岁（虚岁），英年早逝，剧界同悲。"太阳升"剧团同仁挽联曰：

卅年饮誉梨园艺传长女，作育英才能演能编方冀大，展奇才艺海流光成伟业；四载辛勤班政领导同人，投身戏改任劳任怨何期修，文早赴顿教吾辈失南针。

林慧在缅怀父亲的悼文中写道："同人对父亲为粤剧的贡献作出了客观、全面、高度的评价。回顾五十年代初，新中国刚成立，父亲从一个舞台上失落的演艺人，凭着他非凡的魄力和在圈中极好的人际关系，组建了'太阳升剧团'，任经理。他用人得当，培养任用年轻有为的明日之星，如我姐林小群，徒弟孔雀屏，还有小木兰、罗家宝、白超鸿，后来的王中王、梁鹤龄、丁公醒等。在编剧人员的任用上，他伯乐识马，对年青、勤奋、正派、甚有潜质的谭青霜尽力培养，直接参与他改编、创作的所有剧目，把自己纵横舞台多年积累的粤曲、音乐、演艺各个领域的知识和经验，编剧所需的元素，毫无保留传授给他，使他在短短几年里，能够改编、创作出一批内容健康、观众爱看、演员乐演、观众受落（粤语，接受之意）、剧场效果极好的剧目，如《虎符》《花王之女》《附荐何文秀》等。代表作《柳毅传书》长演不衰。该剧团在父亲的领导下，四年来朝气蓬勃，上座率高，甚至可以与大型剧团争雄。父亲在其人生的最后几年中，像一支点燃的蜡烛，为粤剧耗尽最后一点热和光。虚怀若谷，高风亮节，敬业乐业，所以受到同人的尊崇！"

　　纵观林超群短暂的一生，盖棺论定，他能演、能编、善教、善管，是才艺超卓、德艺相馨的好演员、好编剧、好老师，精明的班政家，又是个模范父亲，值得人们敬仰的一代优秀伶人，永垂千古！

第八章

青出于蓝
桃李芬芳

　　艺术的生命在于传承，一代胜过一代。林家先后出了林小群、林慧、林锦屏三个当红花旦，被誉为"林门三杰"。林氏姐妹回忆起父亲拉着二胡，或打着扬琴，逐字逐句教唱古曲《燕子楼》的情景："乌衣巷口斜阳晚，朱雀桥边野草寒……"这是她们童年受到的戏曲艺术熏陶与启蒙。当成年之后唱到动情之处，自然感慨万端，慈父昔日的容音笑貌，不时浮现在眼前。

　　林小群每忆及自己的进步、成长，都认为离不开父亲的悉心指引和循循教导。她说："抗日战争胜利后，我就去香港'胜利'剧团做第四花旦，是父亲给我接的。当时的'胜利'剧团就是马师曾、红线女在做。有一出戏，安排我做马师曾的老母亲，第一晚我在台上唱中板，马师曾在虎度门后等场，我唱着的时候突然听到他很大的骂声，吓得我差点儿忘记唱词，后来才知道他觉得我带的二转髻不合适。唉，跟这些大老倌做戏，时时刻刻都不能放松。这也是父亲一而再、再而三提醒自己，登台演出要处处小心谨慎，大意不得。1947年，仔姐（郎筠玉）同佳叔（靓少佳）从越南回到广州，重组'胜寿年'剧团，我父亲出任坐舱（经理），我进去做第四花旦。这时候，父亲就让我正正式式跪在郎筼玉面前，拜她为师。师父非常疼爱我，生活上、艺术上非常关心我，她当时如果有事不能上场，就会叫我顶上。她在《六国大封相》里做推车，也是经常说：'今晚我不推了，你顶上吧！'她的很多戏，成套都在我的脑里，她的曲是怎样唱的，我全部都能记住。很快我就从第四花旦升到第二花旦。一天，我父亲说，'鱼唔过塘唔得大'（粤语，'鱼不换新鱼塘就养不大'，暗喻不转换环境，就没法得到更大的发展空间），所以就给我接了去上海做的正印花旦。当时佳叔见我都做得到，就和我一起去上海演出。那时候有几十万广东人生活在上海，广东戏在那里都'好受'（粤语，受到欢迎之意）。我在上海演出差不多是做'揸台趸'（比喻戏班里的固定台柱）。四个月内换了几个文武生搭档，几乎是一日一套新戏，一个月三十日，我做了二十八套新戏，几乎就是一晚开一套新戏。每天晚上我刚做完一套戏，回到后台时新戏剧本就给我了，我在临睡之前就'撳撳撳'（粤语，快速浏览之意），撳完就知道这个戏大概是做什么内容。第二天就是看曲，看上下句接的是什么介口（粤语，科介之意）什么曲，到了化妆那个时候就一边提场一边记唱词。当时劳雪红坐在我旁边读剧本，除了记介口就是记曲词，这样差不多就能记住九成几啦。就这样异常紧密的演出，使我积累了很多实际经验，几个文武生，最早是佳叔，后来是梁荫棠、曾君瑞、名驹扬等，我全部都应付得了。做《六国大封相》，戏班为了给观众新鲜刺激，还叫我挂须出去坐车。所以我有花名叫'沙骝猪'（粤语俚语，称古怪主意多、机灵调皮的人）啊。"

千里驹的首本戏《燕子楼》是传统剧，经过资深音乐家黄不灭依据旦腔特点和歌唱条件精心设计，不同凡响，使全剧有创造性突破，成为粤剧和钻研粤曲的音乐教材。林小群说："在'太阳升'剧团，我同白驹荣做的《燕子楼》印象最深了。有一支主题曲，整首《燕子楼（中板）》全部唱完，这套《燕子楼》是我爸爸开的戏，那个时候是我爸爸说做什么戏，我就要做的，我没有什么话事权。这整首《燕子楼（中

第八章　青出于蓝　桃李芬芳

粤剧男花旦——林超群

板）》我点唱呢？于是就去找黄不灭老师，当时他就将这首曲做了改动，每天教我两句，多一句都不会再教的。黄师傅对音乐钻研得很深，又要求得十分严格。乌衣巷口斜阳晚，乌一，问字撑腔；衣一巷口，斜一阳一晚啊一啊，运腔吐字。一叮一板，朱一雀一桥一边一，问字撑腔，边一，吐字归音；野一草一寒一，吐字归音，很严格。每天两句，一大早就去学，直到全部学完。上台唱出来之后，反应很好，唱片公司灌制了唱片，陈卓莹老师在戏曲改革委员会开会时就特地播放了我这首《燕子楼》，获得行内认可。父亲泉下有知，自然会感到无比欣慰。"

　　林小群说："父亲对我唱功的要求十分严格，他要我每天踩着一对跷，不是上海跷，是古老跷，小脚的，点着一支香，唱完整首《仕林祭塔》，再练高音，就唱《秋江别》。练二黄，就唱《小青吊影》。父亲是绝顶聪明之人，对于我练习唱什么，他有很全面的要求，所有类型的唱段，要求我每天都是这样练，之后父亲又把我交给了黄不灭，后来又找了崔蔚林，古腔《黛玉归天》是崔老师教我唱的。所以说，我获得很多难得的学习机会，都是父亲给提供的。在'太阳升'剧团演出期间，父亲每天晚上都等我散粉（粤语，卸妆之意）之后，同我一起坐三轮车回家。演出的时候，他就坐在观众席里，注意听周围观众看戏时的意见，然后一坐上三轮车就开始指点我，从来没说过一句表扬的话，而是具体到哪一段观众反应不好，哪个字唱得听不清楚，即时指出。我就请教他怎么才能做得好、唱得好。他就逐个动作、逐个音教我怎么样处理。每天晚上都是这样，这对我有很大的督促作用。"林小群成功的背后，不知倾注了慈父多少个日日夜夜和良苦用心。林小群清楚记得，那时六妹艳玲（林慧）只有7岁，父亲教她唱《燕子楼》，七妹（锦屏）才5岁，也跟着唱念起来。

　　林慧、林锦屏深有感触地说："幼年丧父，已成为我们一生之痛。慈父留给我们的印象虽然不深，但年纪越长，就越思念，哪怕一点点留在脑海中的慈父的形象！父亲所教的《燕子楼》，及在虎度门偷看家姐演戏种下的粤剧'种子'，在学校的校长、师父的培育下，发芽生长……是父亲的'遗传因子'，是家姐的言传身教，是母校的精心培育！在过去的50多年从事粤剧演出、教学工作中，我们都是勤勤恳恳，刚直不阿，容人严己，认真对待每一出戏，亲切教导每一个学生。也许是冥冥中，父亲牵挂他的两个小女儿，把做人的道理灌输给我们。"

"艳玲1945年在家乡平洲出生，自幼受父亲的影响，喜爱粤剧。1958年考入广州粤剧少年演员培训班（广东粤剧学校前身），由于得到父亲的真传，加上天生一副好嗓子，三年级时得到郎筠玉教授折子戏《仕林祭塔》，演出后，深受观众和行家赞赏，郎筠玉称她为'我的蛇女'；著名演唱家、粤剧学校校长白驹荣参加广州中山纪念堂'羊城音乐花会'演出，挑选了她合唱名曲《夜送寒衣》，当时她是三年级学生，初露头角，获得好评。"1965年，林慧以优异的成绩毕业，被分配到粤剧团当演员，后被红线女提名调回粤剧学校任教，担任唱功、身段、表演教师，任文戏教研组组长。经过林慧悉心教导过的学生，如曹秀琴、郭凤女、陈韵红、余阳丽等，都成为剧团当家花旦、海内外知名的粤剧艺人。1983年，林慧移居香港，协助丈夫从商。其间接受香港八和粤剧学院邀请，担任唱功、基本功教师。1992年，移民加拿大卡尔加里市后，应邀先后在该市"雅韵轩音乐社""吕志轩剧社""振兴剧社"以及埃德蒙顿（爱民顿）市"警世钟剧社"等多个社团，辅助爱好粤剧人士教习演唱、体型训练、基本功等，并专责排戏，多年来先后导演了长短剧目30多个，深受观众赞誉。

林锦屏1947年出生于广州。她说："说来也巧，我父亲11岁学戏，我也是11岁学戏，是姐姐把我送入粤剧学校，父亲所教的半首《燕子楼》都时刻记在心上。"1958年，林锦屏考入广东粤剧学校，接受正规、系统的戏曲艺术训练，知名老艺人白驹荣、罗家权、新珠、曾三多等执教，她专攻花旦、小旦行当。三个月后就主演《凤仪亭》，由于天资聪颖、勤奋好学、成绩优异，先后获得广东省中青年演员百花奖、表

第八章 青出于蓝 桃李芬芳

粤剧男花旦——林超群

演一等奖等多项奖励。1965年毕业后，到广东省粤剧院属下剧团任正印花旦，参与主演《搜书院》《红梅记》《红楼梦》《李香君》《孟丽君》《梁祝姻缘》《西厢记》《唐伯虎点秋香》《贵妃醉酒》等剧目。20世纪70年代末，年轻的林锦屏与前辈名家文觉非、陈笑风赴香港演出，她以精湛的演唱和表演技巧，引起了轰动，香港戏曲界前辈谭伯叶称她为"香港第一声"，中国音乐家协会原副主席李凌誉之为"赋有性格的粤剧女歌者"，众多名家都认为林锦屏嗓音清脆明亮，在高、中、低音区皆舒展自如，既有"红腔"气贯长虹的抒情花腔韵味，又有其姐林小群唱腔婉转动人的特点，在此基础上又吸收和糅合了黄少梅、谭佩仪等曲艺前辈唱腔的特点，发展成为别具一格、柔情丰富而深沉，但又不失粤剧韵味的"屏腔艺术"。1986年，先后有广州太平洋、新时代影音唱片公司为林锦屏录制数十种录音带和光盘，在海内外发行。

1994年5月，广东省粤剧院举行林锦屏艺术研讨会，广东省文化厅、广东省戏剧家协会等领导、专家40多人出席了会议，众多人士都作了发言。研讨会充分肯定了林锦屏从艺30多年来所取得的艺术成就。她在艺术上不断探索，吸收名家之长，自成一格，先后演出了大批剧目，塑造了林黛玉、李香君、李慧娘、祝英台、小周后等舞台形象，1994年又成功地举办了个人艺术欣赏会，受到海内外广大观众欢迎。有专家指出，林锦屏是个"美"的、有性格的演员，人美声美，塑造的人物形象内心饱满，性格多样；有专家认为，林锦屏的表演清新奇美，如诗如画，具有很高的美学价值，达到炉火纯青的境界。专家们一致肯定，林锦屏不仅自身条件好，素质全面，而且好学上进，是青年演员学习的好榜样。

故土情深，林锦屏走红后曾多次回到南海平洲演出，报答父老乡亲。她说："家乡笔直的树木，给了我正直和坚毅；家乡纯朴的亲人，教给我诚实和善良，思念先人，爱在家乡——我真挚的情怀。"

孔雀屏——一个岭南戏班内外响当当的名字。20世纪80年代，孔雀屏出席全国文化系统先进个人表彰大会,她发言说:"50年代初,我在广州'太阳升'粤剧团与林小群、罗家宝等著名演员合作演出,我是二帮花旦。为了支援边远地区,我铭记恩师林超群生前的教诲,1957年告别了生活条件优裕的羊城,自愿到广东西南端的湛江粤剧团任正印花旦,那时我只有20岁,将自己的青春和热汗奉献给粤剧。几十年来道路虽然艰辛,但义无反顾,奋力向前。"孔雀屏感人肺腑的话语,默默耕耘数十年,作出了不平凡的贡献,引起广泛关注,同声称赞。

年华似水,岁月留痕,历史注定孔雀屏与湛江结下不解之缘。1957年,广州羊城剧团已定聘孔雀屏担任正印花旦,为了上位,要准备行头,需3个月才起货。正在这时,远在千里之外的湛江粤西粤剧团缺正印花旦和文武生。团长谭天亮得知孔雀屏的情况后,决定去"挖"走她,诚恳邀请孔雀屏到湛江粤西粤剧团任正印花旦、她的丈夫谈笑风任文武生,双方一拍即合。1957年9月的一个晚上,湛江群众剧场大"爆棚",1000多个座位座无虚席。演出的剧目是田汉的《金鳞记》。孔雀屏饰演假牡丹(鲤鱼精)。谈笑风配合默契,以精湛的表演艺术获得观众的赞扬,一锤锣鼓受落了,一炮打响。从此,孔雀屏成为粤西观众喜爱的演员。她说:"就是海边这些椰树迷住了我,从此扎下根来!"此后,孔雀屏走遍了湛江地区乡镇村庄的山山水水。人们把她的下乡班称为"穿山甲"。虽然他们的演出生活奔波不定,吃住条件艰苦,常常在用竹子和茅草搭起来的临时舞台上顶风冒雨演出,尝尽了苦头,但苦有所得,苦中有乐。孔雀屏说:"我们在粤西每年演出近200场,农村这个大舞台。不仅使我的艺术实践大有用武之地,也使我渐渐地确立了这样的价值观:人生最大的幸福,就是人民需要你,社会承认你。一旦失去了这些,人生也便失去了最大价值。这不仅成为我做人的准则,也成为我的艺术追求的最大动力。这是我的父母、我的师尊谆谆教诲的结果。"

孔雀屏戏路宽广,善于广采博纳,在继承粤剧传统的基础上,注意深入生活，吸取养分，演好每个角色，深受观众赞誉。由广东德庆悦城民间故事改编的古装戏《悦城龙母》，她参与主演，先后以花旦、青衣行当扮演龙女、龙母，角色跨度很大，从一个十几岁的天真活泼的渔家少女到稳重慈祥的中年妇女。为了演活这出戏，她带领演员去渔港体验生活，学习撑船、划艇、撒网、收网和补网，然后再设计舞蹈、身段并加以美化，从形体表演到人物内心世界的刻画，做到丝丝入扣，恰如其分，声情并茂，亲切感人。《悦城龙母》一剧历演不衰，累计逾千场，成为她的看家戏宝。粤西戏迷自豪地说："省城有《柳毅传书》，我们有《悦城龙母》，各有千秋。"两出戏孔雀屏都曾扮演龙母，真是无巧不成书，从中创造奇迹。

在新加坡，粤剧是最有影响力的中国地方戏曲。从1980年起，已先后邀请了中国广东五个粤剧团前往献艺，湛江粤剧团是第六个应邀到新加坡演出的中国粤剧团。前五个剧团均给狮城的观众留下了非常深刻的印象。孔雀屏率领的湛江粤剧团是一个中等城市的戏剧团体，剧团和演员的知名度都不是很高，是否能受到当地观众认可，心中没数，不免产生巨大压力。晚上8时帷幕刚拉开，观众就被神奇瑰丽的龙宫海景所吸引，剧场内爆发出热烈的掌声。随着剧情的展开，演员们唱、念、做、打的娴熟舞台艺术，赢得了一阵阵的喝彩声和惊叹声，整晚演出响起了近30次雷鸣般的掌声，气氛十分热烈。谢幕时，观众久久伫立在舞台前不愿离去，演员们只好走下舞台把观众送出剧场，观众们紧紧包围住主要演员要求合影或签名留念，热情祝贺首演成功。随后，新加坡《联合早报》发表题为《好戏！好演员！》的文章，赞誉《悦城龙母》是一出"能文能武、场面大、演员多、布景好，让青衣与刀马旦充分发挥演技的好剧目"，并对主要演员塑造的龙母、龙儿、渔父等几个艺术形象给予很高评价。

首场演出成功，在新加坡掀起了一股观看湛江粤剧团演出的热潮。中国地方戏曲以其特有的艺术魅力，紧紧地吸引住新加坡的广大观众。

演员们不但在《哪吒》《龙凤争挂帅》等剧中激烈的武打场面或个人高难度技巧中获得热烈掌声，而且在文戏《碧海狂僧》《三看御妹》等剧的大段主题曲中都赢得掌声不绝，甚至《顺母桥》剧中演员的大段念白以及《马娘娘》剧中"赶路"等做

孔雀屏一九九一年参加北京『全国文艺系统先进工作者』表彰大会时在天安门城楼上留影（郑迅翻拍）

工场面都掌声频频。特别令人高兴的是，湛江粤剧团一批优秀青年演员经过多年的勤学苦练，以其扎实基本功和演技获得了新加坡观众的热烈欢迎。新加坡的英文报刊《海峡时报》发表文章，赞誉20多岁的年轻文武生黄伟坤是"新的林家声"。《联合晚报》题为《令人激赏的黄伟坤》的评论文章中写道："看过了《顺母桥》与《龙凤争挂帅》之后，不得不承认黄伟坤不仅唱功好，而且是一位能文能武、戏路广宽，做、唱、念、打四功俱佳的优秀演员"，"扮相俊美潇洒，唱腔动听悦耳，能演文戏，又能南拳北腿，是一颗继承与发扬粤剧艺术的新星"。《联合早报》对年轻刀马旦李雪冰也给予了很高评价，称她身手敏捷，武功非凡，无论是毯子功、腰腿功、把子功，还是踩泥、乌龙绞柱、翻身、耍水旗、一字腿等功架都非常矫健扎实，是难得一见的刀马旦。《联合早报》在题为《戏路广阔的张华》一文中，赞誉张华唱腔悦耳动听，"既有芳艳芬的'芳腔'韵味，也有红线女的'女腔'影子……能吸取别人的优点，创造自己的唱腔，非常难得"。

湛江粤剧团在新加坡的演出取得了出乎意料的好成绩，因应观众要求一再延长演期，一共演了24场，平均每场上座率为95.7%。剧场负责人高兴地说："湛江粤剧团创造了1980年以来，中国剧团到新加坡牛

第八章 青出于蓝 桃李芬芳
粤剧男花旦——林超群

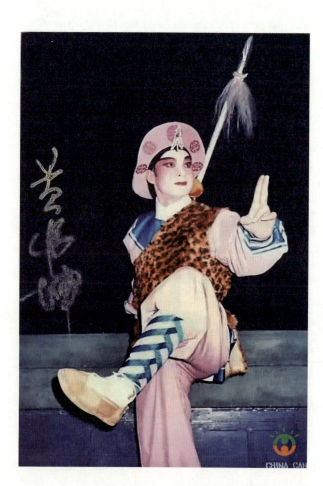

黄伟坤剧照（梁雪云供图）

车水人民剧场演出的最高票房纪录。"新加坡华语戏剧界前辈郑民威先生激动地说："想不到小小的一个湛江市，竟然有一个这么完善的粤剧团。"

在新加坡一炮走红的黄伟坤从小在农村长大，经过三次考试，方才进入湛江艺术学校就读，四年后毕业。1984年进入湛江粤剧团，孔雀屏慧眼识珠，发现他是一棵好苗子、戏班可造之材，不顾种种议论，大胆使用，严格要求，手把手地教他，压他主演《秦香莲后传》中的主角春哥。一开始他缺乏信心，经过耐心鼓励，1987年，黄伟坤在湛江市第一届艺术节中获得一等演员奖。之后，孔雀屏又创造条件，支持他参加广东省中青年戏曲演员"百花奖"竞争，获奖之后，他又相继获省首届粤剧新秀"康乐杯"奖。香港新闻界称他是"粤剧艺坛上的新星"。在香港演出期间，孔雀屏率领黄伟坤等去拜访林家声等粤剧名家，为年轻艺人创造学习、提升机会。

黄伟坤说："我初到湛江粤剧团时，是24岁的大龄青年，又黑又瘦，不时遭到冷遇，是孔团长不断地教育、鼓励，力排众议给我机会，提供平台，参与演出，获得发展机会。我有今天，是与孔雀屏老师的诚心关怀、厚爱分不开的，我永生不忘，万分感谢她。"

广州著名书法家李曲斋门人、旅居美国华人学者梁雪芸有七绝称，黄伟坤声色艺俱全，超凡脱俗，有梅郎遗韵。诗以赠之：

宋玉潘安驾鹤游，
徐公邹忌几春秋。
氍毹乍瞥黄郎影，
万万花中第一流。

古有明训："弃燕雀之小志，慕鸿鹄以高翔。"孔雀屏胸怀壮志，不满足戏班所取得的已有成绩，还要在粤西这片土地上创建剧艺大业，培育艺坛一代新人，大鹏展翅，孔雀开屏。20世纪90年代初，在粤剧人才青黄不接之际，她以独到眼光和超凡勇气，凭一己之力，自筹资金，创办小孔雀粤剧培训班，先后培养了粤剧人才300多人，桃李遍布香港、广州、佛山、肇庆等地，并成为当地剧团的台柱，有的还获得中国戏曲红梅奖、小梅花奖等各种奖项，她主持的湛江粤剧团和小孔雀粤剧团，不但在港澳台地区和内地（大陆）受到观众的青睐，而且得到新加坡、美国、加拿大等国家观众的喜爱。

1993年3月，小孔雀粤剧培训班在湛江开幕。经过孔雀屏缜密策划、准备，在几百考生中经过严格挑选、考试，录取了30多个学员，

第八章 青出于蓝 桃李芬芳 粤剧男花旦——林超群

孔雀屏（后排右七）一九九〇年二月创办"小孔雀粤剧培训班"，图为首批学员与湛江市委宣传部领导合影（郑迅翻拍）

并和这些小学员的家长签订合同书：学习期限三年，学习期满剧团择优聘用，不被聘用者自谋出路；学习期间自交伙食费和学费，但学习成绩优秀者和家庭确实有困难者可免学费。面对着这份学习合同，大多数学员的家长毫无顾虑，高高兴兴地把子女送来入学，还经常嘱咐孩子们好好学习，争取学习期满能被剧团聘用。学员们个个能勤学苦练，班里规定每天早上6时开始练功，晚上9时下自修课。可是，常常早晨5时，学员们就自觉地起床练功，晚上10时还未离开练功场。办班未满一年，学员就练出较为扎实的翻、跌、打的基本功，在羊城国际粤剧节基本功训练专场中表演，获得行家们的称赞。

孔雀屏秉承着昔日林超群师父的教导和多年舞台实践经验，开设了练声课、唱腔课、腰腿课、身段课、把子课、毯子功课、文化课等课程，请有丰富经验的老艺人授课，使教学工作很快走上了轨道。为了促使培训班能出好人才，孔雀屏采取了"以功带戏、以戏促功"的教学方法，每天的课程除了循规渐进地练好圆台、腰腿、毯子的基本功外，还有意识地把传统剧目中一些高难度的技巧，作为日常的基本功训练，这样为日后排戏打下扎实的基础。经过一段时间训练后，小学员的基本功取得扎实、鲜明的效果。如：时年9岁的符康清和10岁的黄小凤在《武松打店》一剧中，站在椅背上的"朝天登三起三落"；14岁的唐甜在《十八罗汉收大鹏》里表演的"转刀半腿朝天登三起三落，紧接下腰背落地朝转刀"；11岁的陈志华在《拦马》一剧中，在两米高的台上打"云里翻"；11岁的黄惠玲在椅背向下打"云里云桥"等技巧。每次排练演出都能准确而又完美地完成，师生们都感到高兴。

言传身教，为人表率。每天清晨，三星未落，剧团大院就沸沸扬扬，孩子们提早半个小时练私功，无须督促，苦练技艺蔚然成风。孔雀屏看见孩子们大清早练筋斗，一直练到日出霞现，一个个成了汗人，既心痛又开心。为了他们的健康成长，她虽身兼多职，劳碌奔波，但总是像慈母一样，经常亲自下厨，为一班"小孔雀"煮饭做菜、煲粥炖汤，增加营养，体贴入微，孩子们都异口同声称她为"雀妈妈"，小孔雀粤剧培训班就如同一个欢乐的戏班大家庭。孔雀屏继承了师父林超群优秀的戏德人品，在戏班内外广泛流传。某年，孔雀屏在广州开会，碰巧剧团接了台期，并要点她的首本戏《悦城龙母》，有关人员向团长兼主演孔雀屏报告，问能不能不演或改换别的剧目，孔雀屏说："山区的父老乡亲难得看一次大戏，我们不能置他们的兴致于不顾，民众看得起我，我就要对得住他们；我可以向会议请假，保证准时赶回来演出。"别人劝她说，既然有公务在身，少演两场又何妨。孔雀屏则认为观众是衣食父母，绝对不能怠慢，她言出必行，上午在广州开完会，下午直奔机场。抵达湛江后，便坐手扶拖拉机赶赴演出地点，由于山路崎岖，手扶拖拉机无法行驶，随即转乘摩托车来到演出地，她看到露天广场已挤满观众，少说也有上万人。是晚，孔雀屏和剧团演职员倾情投入演出，掌声响彻山区夜空。孔雀屏到湛江工作后，为了缩小与剧团其他演员薪酬差别，降低下乡戏金，曾三次主动提出减薪，被当地戏行内外传为

『小孔雀』演员莫燕云在『广东省第三届戏剧演艺大赛』中荣获金奖及『红线女育苗基金奖』（郑迅翻拍）

『小孔雀』演员梁兆明在『广东省第二届戏剧大赛』中荣获银奖及『红线女育苗基金奖』（郑迅翻拍）

佳话。

1994年，历经四个寒暑辛勤培训的小孔雀粤剧培训班在广州首次亮相，首场戏抛出《双枪陆文龙》，这是一出唱、念、做、打并重的戏，特别是"陆文龙"与"八大锤"对打一节，更是考究功夫，没有深厚的腰腿、翎子、带子功底和把子功，是无法瞬间一气呵成完成繁多的身段造型的。不少观众坦言，演好这场戏，才算得上名副其实的文武生。中华人民共和国成立以来，著名小武罗品超和湛江粤剧团的黄伟坤等曾演过这出戏。如今，小孔雀粤剧班的小文武生梁兆明能否担当胜任？孔雀屏忐忑不安。锣鼓声中，饰演陆文龙的梁兆明上场了，他年方十八，扮相英俊。只见他一个平线留腿亮靴、大转身腾空劈叉，再来一个"朝天登"三上三落，身不动，腿不抖，稳稳当当，从容自若，观众不由得大声叫好，剧场沸腾了……这一晚，观众掌声雷鸣、满台喝彩！随后又公演《哪吒闹海》，16岁的小刀马旦黄小凤、17岁的小须生李秋元、12岁的小花旦莫燕云功架都不差，唱、念、做、打有型有款。很多观众赞叹道："很久没看到如此出色的武功戏了，想不到湛江培养出这么多的粤剧人才，孔雀屏真是了不起。"

与此同时，以小孔雀粤剧培训班学员为基础组建的湛江小孔雀粤剧团，也不断结出丰硕成果。在第一届、第二届、第三届、第四届广东省戏曲（粤剧）演艺大赛中共获得五个金奖、三个银奖、两个铜奖。其中，梁兆明获两金、两银和两次"红线女新苗基金"金奖，黄小凤、莫燕云、王惠玲获金奖；梁兆明还被广东省戏剧家协会评为"广东戏剧十佳中青年演员"。在中国戏曲家协会主办的首届中国戏曲大赛中，李秋元主演《碰碑》获"红梅奖"，黄小凤主演《盗草》获"红梅奖"提名奖。另邹少杰在中国戏曲家协会主办的第九届中国少儿戏曲小梅花荟萃中获奖。湛江小孔雀粤剧团1996年应邀参加第二届羊城国际粤剧节和香港国际儿童艺术节演出，并于1997年7月参与香港回归祖国的庆典表演。20多年来，小孔雀粤剧团曾先后赴新加坡、美国等国家和中国台湾、香港、澳门地区献艺，饮誉海内外。如今，这些当年的"小孔雀"都已茁壮成长，各自展翅飞翔，分别成为广东各地剧团的台柱、骨干，或作为"艺术专才"被引入香港，充分展现他们的剧艺才华，在粤剧传承发展中发挥重要作用。

2006年5月5日，孔雀屏因病不幸逝世，享寿70岁。岭南戏曲界同仁痛失英才，万人悲痛。广东省有关方面举行了隆重的追悼仪式，知名老倌罗家宝、陈小汉、郑培英等分别撰文，沉痛哀悼。一代名伶孔雀屏扎根山区，不畏艰难，承传剧艺，培育人才，鞠躬尽瘁，堪称"前无古人，后无来者，或尚待来者"，其艺术人生值得载入史册，永远追忆！

纵观一代男花旦林超群短暂而灿烂的一生，高风亮节，成就卓绝，波澜起伏，曾一度几近淹没。所赖岭南艺坛有幸，在平洲乡亲鼎力支持下，最终得以再现辉煌，恢复他在粤剧发展史上的应有地位。林家三姐妹和入室弟子孔雀屏，继承林超群的优秀剧艺、高尚戏德，并将其发扬光大。这就是戏班的优良传统，伟大的"八和精神"，生生不息，世代相传。诚如古人所言："江山代有才人出，各领风骚数百年。"

第八章 青出于蓝 桃李芬芳

粤剧男花旦——林超群

林超群大事年表

◇1906年，清光绪三十二年农历丙午十二月二十七日，出生在广东省
南海县平洲乡平北澳边坊（现西河村），排行第四，名元挺。书香
世家，父林君可，民间开业医生；母颜氏，南海大沥人，在乡中设
私塾以课女生。

◇1911—1916年，6—11岁，在父母启蒙下入读本村私塾，读四书五
经等传统旧学；元挺长相俊俏，每逢乡间迎神赛会，扮演观音菩萨
或英雄女将，在四乡巡游。

◇1917—1919年，12—14岁，入读金山和、林君可等共同创办的平洲
"乐群英"童子班。结业时，初出道的艺童由老艺人带领，在平洲
大田基路戏棚等地参与演出《六国大封相》等剧码。

◇1920—1921年，15—16岁，先后随"乐群英""大富贵"童子班乘
红船在珠江三角洲四乡演出，其后溯江西行到广西巡演，任旦角。

◇1922—1924年，17—19岁，受"祝华年"戏班之聘，任正印花旦，

声名鹊起，改艺名林超群。

◇1925—1926年，20—21岁，马师曾受老板刘荫荪之托，组建"大罗
天"班，武生曾三多，花旦陈非侬、林超群、林坤山、金枝叶，丑
生马师曾。

◇1927年，22岁，班主靓少华将"梨园乐"班牌改为"华人天乐"，
小武靓少佳，正印花旦林超群，丑生骆锡源。
林超群扎起后，回平洲置地建屋，在花园中间盖水泥结构二层小
楼，供众兄弟居住。

◇1928—1932年，23—27岁，有"花旦王"之称的千里驹离开"人寿
年"班，班主随即聘林超群继任正印花旦，武生靓次伯，小武靓少
佳，丑生庞顺尧，编剧冯显洲、陈天纵。在广州乐善戏院演出《龙
虎渡姜公》（十八本），大受观众欢迎。
其间林超群事业如日中天，1931年回家乡娶妻黎碧华，次年诞下长
女淑仪（林小群）。

◇1933—1935年，28—30岁，任胜寿年班正印花旦，武生曾三多，小
武靓少佳。
1933年，二女林洁华出生。
1934年9月19日，在新加坡牛车水演出《月夜凤藏龙》，先演《六国
大封相》，林超群推车出场，功架轰动全场。此次演出，林超群被
新加坡精武体育会聘为顾问。其间林超群先后与白驹荣、白玉堂、
罗家权、靓少佳等灌录了八张唱片。
1935年，三儿林以照出生。

◇1936—1938年，31—33岁，在香港与白玉堂、曾三多、李艳秋、庞顺尧等组建"兴中华"剧团。

1936年，四儿林以垣出生。

1937年，五儿林以陞出生。

1938年8月12日，受澳门妇女慰劳会邀请，在清平戏院演出日夜两场《白虎伏玄坛》、《白菊花》（四本），为购买抗日救伤药品、慰劳伤兵筹款。

◇1939年，34岁，广州沦陷后，举家迁徙至香港，继续在"兴中华"剧团任正印花旦，与白玉堂合演《白蟒抗魔王》《红孩儿》《罗卜救母》等。

◇1940—1941年，35—36岁，靓少佳率领的"胜寿年"剧团，以香港为基地演出，林超群任正印花旦。1940年农历五月"胜寿年"班的宣传海报称他为"声技超群花旦皇后"；在此海报榜尾有两位十二三岁的小演员小燕红和梁燕芳，她俩初踏台板演一对"宫灯"，这就是后来闻名省港澳及海外华人地区的红线女和芳艳芬。

其间，林超群随团赴安南（越南）等地演出。

◇1942—1944年，37—39岁，香港沦陷期间，林超群返回广州，在乡间小型班演出，以维持生计。在一次下乡演出中，船工在搬运服装、道具时，戏箱不幸跌落河中，私伙尽毁，从此告别舞台。

◇1945—1947年，40—42岁，失业，举家回到南海平洲家乡，投靠三哥元栻。

1945年，六女儿艳玲（林慧）出生。

1947年，七女儿林锦屏出生。

◇1948—1951年，43—46岁，应靓少佳邀请，出任"胜寿年"班坐舱
（经理），租住在广州恩宁路八和会馆对面曾三多的房子，收孔雀
屏为徒。

◇1952—1955年，47—50岁，林超群与广州平安戏院老板合办太阳升
剧团，翌年改为"民主"班（"共和"班），林超群为经理，主要
演员有丁公醒、白超鸿（后罗家宝）、林小群、孔雀屏等，编剧谭
青霜。该团演员年轻、有朝气、唱功好。由林超群策划，罗家宝、
林小群主演的《柳毅传书》长演不衰，成为粤剧保留剧目的经典
之一。

◇1955年，农历八月十九日，因急性肺炎不幸与世长辞，终年50岁
（虚岁），英年早逝，剧界共悲。"太阳升"剧团同仁挽联曰：

卅年饮誉梨园艺传长女，作育英才能演能编方冀大，展奇才艺
海流光成伟业；

四载辛勤班政领导同人，投身戏改任劳任怨何期修，文早赴顿
教吾辈失南针。

（2020年11月25日整理）

主要参考书目

广州市振兴粤剧基金会、广州炎黄文化研究会、广东八和会馆等合编：《粤剧何时有——粤剧起源与形成学术研讨会文集》，中国评论学术出版社2008年版。

广东八和会馆、广州市荔湾区地方志办编：《八方和合——粤剧八和会馆史料系列（广东卷）》，广东经济出版社2012年版。

程美宝编撰：《平民老倌罗家宝》，三联书店（香港）有限公司2011年版。

罗家宝著：《艺海沉浮六十年》，澳门出版社2002年版。

梁俨然编著：《粤剧梨园旧典》，国际炎黄文化出版社1996年版。

罗澧铭著：《薛觉先评传》，商务印书馆（香港）有限公司2020年版。

广东省戏剧家协会编：《粤剧资料汇编》，内部资料，2002年。

李黎主编：《西关小洋楼故事》，羊城晚报出版社2020年版。

胡振（古冈）著：《广东戏剧史》（红伶篇之一、之三、之十），内部资料，出版时间不详。

谢彬筹、陈超平主编：《粤剧研究文选》（一）（二），内部资料，2008年。

黄伟、沈有珠著：《上海粤剧演出史稿》，中国戏剧出版社2007年版。

张建渝主编：《孔雀屏艺术人生》，岭南美术出版社2006年版。

黄伟著：《广府戏班史》，中国社会科学出版社2012年版。

梁沛锦编撰：《广州粤剧发展（1949—1965）》，非常品出版集团有限公司2006年版。

佛山炎黄文化研究会、佛山市政协文教体卫委员会编：《佛山历史人物录》，花城出版社2004年版。

罗彦铿著：《南海故乡情》，内部资料，2008年。

后　记

  《粤剧男花旦——林超群》经多方努力终于成书问世，我们深感庆幸。承接此书之初，我们没有想到有如此多的困难，作为与千里驹、陈非侬齐名的著名男花旦，竟然史料奇缺，有的仅是片言只字，寥寥数语；而林超群生前为人异常低调，没有留下个人文字记述，与他同时代的伶人都早已作古，无从寻访。巧妇难为无米之炊，我们一时陷入困境。

  "山重水复疑无路，柳暗花明又一村。"所幸旅居美国旧金山的闺秀唱家陈小梨女士，富有才华，多年来根据林小群、白超鸿伉俪口述，搜集、整理了许多粤剧宝贵资料，其中一篇长文《声技超群花旦皇后》，为我们提供了林超群的生平概略与线索，随后编写人员深入采访了林氏平洲乡亲和族人，查阅省港澳及海外有关粤剧史料，四处寻访，调查了解，求教、请益戏班艺人，点滴着手，聚沙成塔，拓展思路，坚定信心。特别令我们感到鼓舞的是，耄耋之年的白超鸿、林小群伉俪回到中山定居，使我们有机会直接采访，近距离聆听他们的宝贵意见，对丰富、充实本书内容，发挥了重要作用。由于我们并非戏曲专业人士，不谙音律，林慧女士执笔记述了其父多则艺术成就和家庭轶事，具体生动，充满人情味与乐趣，引人入胜；更使我们减少、避免了差错，保障出版质量。是林家姐妹手把手引领着我们去完成此书，没有她们的全力支持、鼓励，是绝对不可能做到的。在这里我们还要特别感谢梁俨然、李悦强、仇少娥、黄勇、黄冠勋、黄汉威、梁国澄、梁燕、黄荣、林炳基、刘荫慈等人士的支持和帮助，向每位为本书出力的朋友表示崇高敬意。

编写人员原拟跟随林超群早年翻山涉水远赴广西巡演足迹，搜寻有关史料，由于新冠疫情影响未能成行，深感遗憾。本书稿由崔颂明执笔（第一至第四章李耀安提供部分素材），郑迅负责图片摄制、加工，梁锦江负责书稿文字录入与图片传送。鉴于编写时间仓促及我们能力所限，本书疏漏、差错在所难免，敬请各方行家、乡亲和热心人士批评、指正，不胜感激！

2021年5月8日

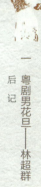

后记 粤剧男花旦——林超群

桂城（平洲）粤剧、粤曲名家

三 粤韵姐妹花——林慧、林锦屏

桂城（平洲）粤剧、粤曲名家编委会 编

SPM
南方传媒
广东人民出版社
·广州·

图书在版编目（CIP）数据

桂城（平洲）粤剧、粤曲名家 / 桂城（平洲）粤剧、粤曲名家编委会
编 . —广州：广东人民出版社，2022.6
ISBN 978-7-218-15796-2

Ⅰ.①桂… Ⅱ.①桂… Ⅲ.①粤剧—戏剧家—列传—南海区 ②粤
曲—音乐家—列传—南海区 Ⅳ.①K825.78

中国版本图书馆CIP数据核字（2022）第101164号

GUICHENG（PINGZHOU）YUEJU、YUEQU MINGJIA

桂城（平洲）粤剧、粤曲名家

桂城（平洲）粤剧、粤曲名家编委会 编

出 版 人：肖风华

责任编辑：梁 茵 胡 萍
封面设计：集力书装
责任技编：吴彦斌 周星奎

出版发行 广东人民出版社
地 址：广州市越秀区大沙头四马路 10 号（邮政编码：510102）
电 话：（020）85716809（总编室）
传 真：（020）85716872
网 址：http：//www.gdpph.com
印 刷：广州市豪威彩色印务有限公司
开 本：787mm×1092mm 1/16
印 张：22 字 数：300 千
版 次：2022 年 6 月第 1 版
印 次：2022 年 6 月第 1 次印刷
定 价：128.00 元（全三册）

如发现印装质量问题，影响阅读，请与出版社（020-85716849）联系调换。
售书热线：（020）87716172

桂城（平洲）粤剧、粤曲名家

三　粤韵姐妹花——林慧、林锦屏

编委会

主　　任：曹莉敏

副 主 任：江国强　何　政　金　珺

委　　员：孔妙然　李耀安　梁锦江　郑　迅

　　　　　谢安流　莫庆棠

执行主编：崔颂明

副 主 编：梁春凤　张嘉丽　叶明芳　关紫君

编　　务：张棣怡　李易彪　范家强　程子浏

总序

　　在中央大力倡导弘扬中华传统文化精神指引下，在桂城街道党工委有力领导和桂城文化发展中心积极推动下，2017年，《百年大戏传天下——桂城（平洲）粤剧粤曲今昔》《乐群英童子班图卷》和桂城粤剧艺术馆先后问世，引起区内外人士广泛关注，获得各方好评，广大父老乡亲奔走相告，引以为荣。文化是一个地区综合竞争力的重要组成部分，是经济持续发展的有力后盾，也是提升国民素质的基本途径，更是社会精神文明的重要体现。文化被称为软实力，恒久深远，力量无穷。桂城街道党工委因应时代潮流的发展，有眼光、有见地，继续大力推进本地文化事业走向新高度，在积极开展群众性文化娱乐、戏曲活动的同时，把握时机，投入力量，对桂城（平洲）地区戏曲史料进行深入挖掘、整理，组织乡亲及有志之士，从长计议，计划出版一套系列丛书，全面彰显有"粤剧摇篮"之称的桂城（平洲）的灿烂辉煌。不断扩大影响，启迪、激励后人，进一步深入普及岭南传统文化，广泛传播精神文明，为桂城留下永恒记忆，也为地方戏曲史料汇集贡献力量，功在千秋。

　　粤剧发源于珠江三角洲地区，是我国重要的地方剧种之一，2009年经联合国教科文组织批准，被列入"人类非物质文化遗产代表作名录"，获世界公认。桂城（平洲）地处佛山南海腹地，与广州相邻，具有独特的人文优势。一百多年来，在这片沃土上，粤剧名家辈出，先后有金山和、林超群、林小群、白超鸿、林慧、林锦屏、金枝叶、靓少佳、梁醒波、陈卓莹、陈仲琰、叶大富、叶兆柏、梁玉嵘、麦穗秀等戏曲名家，为粤剧的形成、发展作出了贡献，为世人瞩目。这些艺坛精英，大多数出现在20世纪初叶，处于粤剧大发展、大变化时期，正值由"戏棚官话"转变成广州话本地方言，本地戏班发展、壮大取代外江班，粤剧从农村进入城市戏院、剧场演出，最终步入粤剧本土化的成熟期。这些老一辈伶人都是历史的参与者和见证人，承先启后，继往开来。逐一总结、整理每一位行家的艺术生涯，有着丰富的内容和史实，对于研究、考察、充实粤剧发展史都有重要的历史意义和宝贵价值，也有利于地方文献的不断汇总、积累，为后世借鉴、参考。

　　编写这套书，本着求真务实精神，以史料为依据，本地戏曲名家为传主，寓知识性、趣味性、学术性于一体，通俗易懂，雅俗共赏，图文并茂，具有可读性。让我们协力同心，为桂城文化事业贡献绵力。

崔颂明

2021年3月　南海桂城

在中国戏剧史上，有许多梨园世家的传奇，世人注视，耐人寻味。京剧梅家"三旦"，开历史先河。梅兰芳祖父梅巧玲（1842—1882），天资聪敏，刻苦学艺，为第一代京剧旦角演员，有"活肖太后"之称，常被选入清内廷承差，为"同光十三绝"（即同治、光绪时期13名昆曲和京剧名演员）之一。梅兰芳（1894—1961），现代中国首屈一指的京剧表演艺术家，"四大名旦"之首，名扬中外，享誉世界。出生于20世纪30年代的梅家第九子梅葆玖，京剧名家，梅派艺术的传承人。梅家三代杰出男花旦，实在难能可贵，叹为观止。

无独有偶，岭南大地上出现罕有粤剧"林门四旦"，脍炙人口。100多年前，南海平洲"乐群英"童子班培育出来的男花旦林超群，饮誉省港澳，与其时有"花旦王"之称的千里驹及名家陈非侬并驾齐驱。林超群的三个女儿林小群、林慧、林锦屏继承父业，均为粤剧著名花旦。传承乃父风范，青出于蓝，成就卓越，桃李满天下，声播岭南及海外华人地区。深受观众和戏迷欢迎。林氏三姐妹多年来为粤剧在国内以及美国、加拿大、东南亚地区广泛传播，默默耕耘作出巨大贡献，永垂青史。

目录

林慧篇

第一章

多才多艺
学业尖子

1958年是热火朝天的一年，春暖花开，喜气洋洋。广州河南海幢公园内外，人头涌涌，好生热闹。广州市老艺人剧团附设少年粤剧训练班正在公开招生，前来报考的都是年龄10—14岁、具有初小至初中文化程度的男女少年，由家长带领下慕名而来的有3000余人，盛况空前。训练班由粤剧一代宗师、有"小生王"之称的白驹荣和一批经验丰富的老艺人主考。历年来，海幢公园一带被视为戏班兴旺发展的宝地，为广大民众称赞敬慕。

位于河南海珠区同福中路和南华中路之间的海幢寺，占地面积近2万平方米，历史悠久，素以环境清幽、园林优美而著称，南汉时称为"千秋寺"，清初曾大规模扩建，遂成为广州"四大丛林"之冠。相传期间有一和尚云游至此，在其后花园旁边建起一间佛屋，并在门额上写上"海幢"两个字，意指"海幢比丘潜心修习成佛"，从而命名为"海幢寺"。1932年辟建为河南公园，1933年更名为海幢公园。海幢寺坐落于海幢公园的西侧，公园内有多株百年古树，其中有树龄超过300年的菩提古树3株。据传，这些树是明崇祯十五年（1642）天然禅师从光孝寺原株分植出来的，有待考证。据《广州城坊志》引沈复《浮生六记》的描述，当时海幢寺"规模极大，山门内植榕树，大可十余抱，浓荫如盖"。进了山门之后，又可见红棉夹道，花开时节，望如"赤诚之霞"。海幢寺里还有花园多处，种满了奇花异草，苍松翠柏，竹韵悠悠，鹤戏云端，鹿鸣呦呦，景色之美，无与伦比。

其时，在海幢寺门前为烟波浩渺的珠江，一派田园风光。清初著名诗人王士祯曾著文赞叹：海幢寺"极伟丽。北望白云、越秀，西望石门、灵峰、西樵诸山，东眺雷锋，即往菠萝道也，南为花田，南汉葬宫人处，素馨花产此"。海幢寺西侧为闻名中外的溪峡伍家花园，这是十三行殷商伍紫垣的私宅。清同治元年（1862），酷爱岭南文化的伍紫垣为培育戏班新人，冒着清廷禁令风险，在伍家花园举办"庆上元"童子班，对外宣称为"家庭娱乐活动"，以应付官府追究，招收邝新华等10—18岁少年、儿童为艺徒，签下"投师约"，教习数月，就以"京班"名义登场演出，同时又继续学艺。最终为本地戏班从"亡行"逐步走向中兴，培养了八和会馆创始人邝新华等一代伶人，为岭南大戏的传承与发展作出了不朽贡献。

| 林慧十二岁留影 | 林慧年轻时留影 |
| （郑迅翻拍） | （郑迅翻拍） |

三　粤韵姐妹花——林慧、林锦屏

林慧篇

一九六〇年，林慧《仕林祭塔》公演的唯一剧照（郑迅翻拍）

在海幢公园西侧的南华西路鳌州外街33号及同福中路堑口长庚里39号，为八和会馆先贤出资购买的两间砖木结构旧式楼房，是戏班同仁的固有物业。如同彼岸八和会馆附近恩宁路、多宝路、逢源路周围一样，南华西路、同福中路附近同样聚居着众多戏班艺人，老倌名角随时可见，而邻近的成珠酒楼与第十甫的陶陶居隔江相望，同是艺人茶叙、觅食、谋生、组班之地，相映成趣。著名编剧家南海十三郎，早年就住在海幢公园附近的同德里。据曾住在福良里、年逾八旬的叶兆柏老艺人回忆，早年他与艺徒一同在海幢寺内"四大金刚"佛像前的宽广平坦麻石地上赤脚练功，不怕太阳晒，不怕下雨淋，风雨无阻，练出本领，情景记忆犹新。海幢公园真是戏班老倌深切难忘的地方。

20世纪50年代中叶，在广东省有关部门支持组织下，成立了广州市老艺人粤剧团。参与者全是有阅历的老叔父（粤剧行话，老前辈），按照以前的古旧服饰、头盔配置装备，旨在继承传统，弘扬剧艺，故称老艺人剧团，由南派小武、唱做均佳、武功超卓的靓少英担纲组建，剧团曾演出排场戏《西河会妻》，表演高超技巧，令后辈赞叹不已。在此时刻，由经验老到、有高度使命感的老艺人专心一意培养一代戏班新人、造就新时代的英才，实为艺坛明智之举措，有远见之决策。

考生中，有一对才貌出众的姐妹花——13岁的林艳玲（林慧）和11岁的林锦屏，是由她们的大姐、广东粤剧院三团正印花旦林小群带着来投考的。经过初试和复试，两姐妹脱颖而出，都被录取了。林艳玲为正取生，林锦屏为备取生，双双进入粤剧训练班。教师皆为当时粤剧名宿、著名艺人，诸如靓少英、李翠芳、新珠、曾三多、罗家树、宋郁文、梁家森、陈少侠、陈荣佳、新贵妃、金山炳、陈皮鸭、孙颂文、冯源初、阮水、区叠、冯廉等。

🎭 粤剧名家

李翠芳，广东台山人。1932年，在"日月星"剧团担任正印男花旦，年薪1.8万银元，被誉为"万八大老倌"，主演《玉指挽山河》《直捣黄龙》《蛮宫富贵花》等剧目，及后参加"觉先声""新春秋"粤剧团，与薛觉先、陈非侬、何剑秋、新珠、邓丹平等合作，主演《天魔绝迹》《楚汉争》等剧。曾赴上海虹口明珠戏院为旅沪广东同乡会筹建医院义演。1952年，李翠芳随广东省广州市代表团赴武汉参加中南区戏曲观摩会演，主演《凤仪亭》，获个人奖。同年，随广东省代表团赴京参加第一届全国戏曲观摩演出大会，又获奖状。后任广东粤剧学校副校长，并兼任教师。

🎭 粤剧名家

新珠（1894—1968），原名朱植平，别字晓波，广东南海大沥人。14岁时到广州青少年戏馆（童子班）学戏，边学边演，历时3年。该馆解散后，他加入"国山玉"戏班演戏，两年后，晋升为第二武生，此后辗转泰国、新加坡等地演出，改艺名为新珠。28岁时到香港，先后在"祝华年""周丰年""人寿年""月团

三 粤韵姐妹花——林慧、林锦屏
林慧篇

圆"等省港名班任正印武生。他主演的《单刀会》《华容道》《古城会》等戏，把京剧北派武打与粤剧南派武功结合起来，汇南北之长为一家，有"生关公"之誉。20世纪50年代后期，新珠任广东粤剧学校艺术指导，他与曾三多、梁国亨组成三人小组，共同整理粤剧"木人桩"108个连续动作，于1963年编为完整教材出版。

　　林艳玲、林锦屏姐妹花学习粤剧，是有着深厚的家庭背景和社会渊源的。她们的父亲林超群是20世纪二三十年代著名的粤剧男花旦，大姐林小群是广大观众熟悉的后起之秀、著名正印花旦。少年时，父亲就拉着二胡或打着扬琴，逐字逐句教姐妹二人唱古曲《燕子楼》中板"乌衣巷口斜阳晚，朱雀桥边野草寒……"短短几句，却让她俩毕生难忘。当年，父亲和大姐经常带着她们去后台看戏，耳濡目染，姐妹双双都不知不觉爱上了粤剧。孩童天真，姐妹俩时常把父母的大床当作舞台，蚊帐就是帐幕，两个裤筒穿在手臂权当水袖，咿咿呀呀就唱起戏来了……

家学同遗传对一个人的影响不容忽视。1945年，时局混乱，林超群遭遇劫难，丢失戏服，被迫离开舞台，举家回到家乡平洲。此时，林家六女儿艳玲（林慧）出世，家庭人口多，生活无着，朝不保夕，陷入极度困境。林慧回忆道："我就在这个不该出生的时候来到了这个世界。常言道，祸不单行，可能在母亲十月怀胎时就先天不足，出生不久我营养不良，罹患骨炎，膝盖关节处烂得天天流血流脓，可怜到连哭的力气都没有，母亲几乎认定我活不了，姐说我那时瘦弱，不似人形，哥哥们背着我时，皮包骨的身躯和弱小的脑壳吊在幼小的脖子上，无力地晃荡着，哥姐们形容我是'禾花雀头'。可慈爱的双亲死活不肯舍弃我，硬是把我从死神手里抢救回来。我永远珍惜，感谢父母养育之恩。"

林慧撰文写道："我是一个很努力、不允许自己落后的人。记得小学一年级时，举办文艺汇演，要表演一出话剧《葡萄熟了的时候》，老师让我参演其中一个小孩，角色是要一边拍皮球一边出场，若一般小孩可能会害怕，搞不好皮球滚到观众席怎么办？可我轻易就把这小角色演

一九六五年六月，广东粤剧学校首届毕业生与校长教师合影（郑迅翻拍）

三　粤韵姐妹花——林慧、林锦屏
林慧篇

好了，老师们可喜欢我了。尤其是唱歌、体育两科，成绩都很出众。我记得在另外一次文艺晚会上，我还单独表演了蒙古舞。小学五年级时，国家体操队的一男一女教练，来学校选苗子，把我选去参加'广州青少年业余体校'集训。我十分喜爱体育运动，原来有我父亲的体育因子。据大姐小群讲，父亲除了是游泳好手，还是足球爱好者。在'太阳升'剧团时，他常带着大姐和编剧谭青霜去睇（看）足球比赛，而我三个哥哥都是体育爱好者。我的五哥林以陞高中时参加过全运会，还获得全国男子体操全能第二名，后来成为广州解放军体育学院的体操教练。我小时候经常跟着三个哥哥从西关步行上白云山运动、练功，不知疲倦，兴味盎然。父亲在我六七岁时常带着我们去游泳，我很快就能游一两千米。所有这些文体素质良好基础，为我接受剧艺训练增添了莫大信心。"

广州市少年粤剧训练班，又称广州市老艺人剧团附设少年粤剧训练班。1958年春招生完毕，随即移师广州西湖路流水井三号集训开学。1959年7月改称广州粤剧学校，1960年升格为广东粤剧学校，成为培养粤剧人才的综合性专业学校。校址先后在广州犀牛路、东风路、车陂，

林慧七兄弟姐妹合影
（郑迅翻拍）

现址在佛山市南海区大沥镇。广州市少年粤剧训练班班主任白驹荣（后任粤剧学校校长）。"从创班开始，一直陪伴及教育着我们成长的一位慈祥女干部，后来成为学校教导主任的黎玲玉老师，受到所有学生的尊敬。我们的启蒙老师就是海内外著名的'四大名旦'之一孙颂文，还有文化课老师区婉敏、左永存等，都是培育我们成长的好老师和一众前辈叔父。这些老师、老前辈和我们同吃、同住，教我们艺术，像父母般呵护我们，他们永远活在我心里！"

少年粤剧训练班朝气蓬勃，焕发生机。男孩子都剃光头，穿一式的红色灯笼裤仔，精精灵灵，活力十足。这就是戏行科班的传统，表示从小入行，童伶练功多穿红色扎脚裤，束腰带，受严格系统训练，俗称红裤仔出身，为岭南科班标志。林慧写道："我和七妹考入少年粤剧训练班，政府出资培养我们，食宿公费，被视作祖国未来的花朵，幸福地成长。我们尽管失去了亲爱的父亲，却又及时得到众多老师和同学的呵护，感到莫大的安慰和鼓舞。感到温暖的同时，更感要知恩图报，加倍努力学习，决不辜负祖国和人民的关爱栽培。"林慧说："我是广东粤剧学校第一届毕业生，从入学到毕业，我的学习成绩包括艺术专业各科（唱功、武功、学戏、基本功及文化各科）成绩都在前三名之内。"

班主任、老校长白驹荣虽然双目失明，但他心水很清，学员入学后三个月，他便亲自考核，根据个人的声线条件，分开类别；又按体型条件，由教导处分配专业老师施教，鉴定每个人适合学什么行当。林家姐妹花被分至文行，学小旦和花旦戏。林慧深深领会到：一个人的成长，家庭教育、父母影响相当重要。她写道：

由于自小耳濡目染吧，我和妹妹学习上总是比较得心应手的。半年多的基础训练，已经让我们具备了初踏台板的条件。我们整个班的编制，包括演员专业和乐队，而演员专业又包括了各个行当；音乐专业则包括了敲击乐和管弦乐各种乐器。所以，一个班的编制，实际上就是一

三 粤韵姐妹花——林慧、林锦屏 林慧篇

林超群全家福，摄于一九五四年（郑迅翻拍）

个剧团。我们班第一次上台表演的情况是怎样的呢？首先是一轮热闹的高边锣鼓，跟着是音乐大合奏《娱乐升平》《赛龙夺锦》之类的乐曲，在乐队伴奏下，全体演员大合唱，我还记得开头一两句的曲词："全民大进军，和英美竞赛，歌唱祖国在和平竞赛……"节目还有我们女学员表演的歌舞《秋收忙》，男学员表演的《龙舞》。记得我第一次踏台板的剧目《凤仪亭》，是孙颂文老师传授的传统剧目，唱功和念白都是用戏棚官话，孙颂文老师是20世纪20年代著名花旦，主演《三春围城》《貂蝉拜月》等剧，文武俱能，我和七妹都获得了演出的机会（分为A、B组）。与我合作的是蔡润新，演吕布；赖超岳，演董卓。红线女老师当时来看我们演出，问我："你演什么角色？"我回答："演貂蝉。"她打趣地说："我还以为你反串呢！"因为那时我是一个"肥妹仔"呢。七妹锦屏那一组，她也演貂蝉，袁晓军演吕布，石坚（原名梁新）演董卓。初踏台板，只是希望把师父教的东西不错不漏、"搬字过纸"地做出来就算交差了，因为年纪还小呢。

在少年粤剧培训班学艺不到一年，便有一批影响较大的剧目公演，包括《二堂放子》《秦香莲》《宝莲灯》《水淹七军》《武松》《大闹狮子楼》等戏宝。当时的《羊城晚报》和《广州日报》曾连篇报道，影响广泛。

🎭粤剧知识

戏棚官话 早期粤剧唱念皆用戏棚官话，它既不是普通话，又不是广州话，很难确定是哪一种方言。有前辈艺人讲，戏棚官话为中州话、中州韵，一般认为就是宋元时代中州地区（即现在河南省一带）语言的特点，一些古老剧种昆剧、徽剧、汉剧均称法宗中州话。但由于在发展过程中各自结合当地方言，经过长时间的演变，中州话的特点已不甚明显，甚至变了样，据中国著名戏剧家欧阳予倩在《试谈粤剧》中称："广东戏用的所谓戏棚官话，可以说就是桂林话。"1954年夏，粤剧"万能老倌"薛觉先从香港回到广州定居，曾与白驹荣等一道赴广西考察剧艺，通过与邕剧同行深入交流，彼此认同，早年粤剧的"戏棚官话"与邕剧同出一辙，可以同台演出，毫无隔阂，再次有力印证，所谓"戏棚官话"，亦即桂林话。

林慧深情回忆道："广东粤剧学校正式挂牌，校长白驹荣，副校长李翠芳，还增加了许多老师、行政人员等，我们成了第一届学生。除了接受比较正规的艺术和文化各科的教育，我印象最深的是第二个登台演出的教学剧目：《二堂放子》。我演王夫人，有幸直接受教于白驹荣校长，还有资历很深的李燕清老师。经过两位前辈的悉心教导，我受益匪浅。白校长完美的唱腔艺术，清爽明亮的声音，字正腔圆，朴素干净，声情并茂的风格，是我的楷模。虽然白校长双目失明，但他扮演刘彦昌一角，感人至深。每当他唱到'仔呀你黄连命苦尚何年，谁叫你有娘生来无娘养'时，悲怨之声，催人泪下。所以，当我演王夫人，唱到（乙反滚花）'心似孤舟逢巨浪'一句时，就是学习白校长以情带声，以声传情的唱法，把夫人极度伤心、悲愤的心情充分地演绎出来。还有

三　粤韵姐妹花——林慧、林锦屏
林慧篇

李燕清老师教我演王夫人出场时，如何运用慢五踩锣鼓点，踏着锣鼓的节奏，每走一步，都要有内心目的为依据，用敏锐的眼神审视台上的三父子，从而表现出夫人当时的内心感情和人物性格。我们的演出得到好评，被当时的广播电台收录并向广东各地听众播放，给我们这些刚踏足舞台的年青艺童无限鼓舞。在我的演艺生涯中，我深深铭记着一位前辈——我的恩师郎筠玉。她教了我两个折子戏：《仕林祭塔》和《百日缘》。我从中得到丰富的教益，使我从一个演员，到后来成为导师的过程中，受到很多启发，积累了不少经验。记得三年级时，郎老师和新名扬（谭康）老师傅教授的剧目《仕林祭塔》，我和同学合作：陈志坚演仕林，赖超岳演塔神。这是一个唱功、做功都很考功夫的青衣、小生对手戏，光是白娘子的'祭塔腔'就要唱20分钟，这整段传统的'反线二王'，经过郎老师的加工演绎，包括节奏的变换和边唱边演的身段和舞台调度，为此剧减少了沉闷，增加了看点。得到两位前辈悉心的教导，我们也没有辜负老师的栽培。这个戏，我们演出了很多场（累计几十场），无论公开售票，招待外宾，或上山下乡落基层，每次演出，观众的掌声告诉我们，自己的努力，得到了肯定和赞扬！我记得，当时曾看到《广东画报》刊登了我个人一幅占四分之一版面的剧照，也收到一些热情观众的来信，给予肯定与鼓励。"

🎭 粤剧知识

《白蛇传·仕林祭塔》 传统剧《白蛇传》，原编者不详，白蛇（白素贞）与青蛇（小青）因向往人间，私下凡尘。白蛇在西湖邂逅许仙，并以伞为媒，与许仙结为夫妇。金山寺法海要把白、许姻缘拆散，设下圈套，使白素贞现出白蛇原形，许仙被吓昏倒。为救丈夫，白素贞冒险上山。采摘灵芝，救回许仙性命。因腹中有孕被法海战败，路过西湖断桥，产下儿子取名仕林之后，被压在雷峰塔下。18年后，仕林长大，中了状元，知母亲被压塔下，前往祭塔，把塔推倒，终于一家团聚。其后广东粤剧院二团演出本《仕林祭塔》，由陈冠卿整理，郎筠玉、关国华主演。剧中音乐设计"祭塔腔"唱段有所创新。

🎭 粤剧名家

郎筠玉（1919—2010），满族，原籍北京，出生在广州。其父是清代驻粤八旗子弟的后裔，曾在广州曲艺界当掌板，拉二胡，母亲为一名"瞽师"（盲艺人），她自小与戏曲结缘，8岁随父亲到茶座卖唱，9岁到广州西堤大新公司天台演日戏，演过小生、文武生、花旦，她戏路宽广，从容大方，细腻传神，子、平、大喉均运用自如。由她主演白素贞一角的《仕林祭塔》已成为粤剧青衣表演的代表作和粤剧学校的教学剧目。

林慧回忆道："记得前几年，回广州和老师、同学们欢聚，我即席唱了一首邓丽君的名曲《月亮代表我的心》，这是我发自内心的，一个海外游子对母校、老师、同学的热爱和思念。之后，一位师弟对我

林家三姐妹，（左起）林慧、
林小群、林锦屏

三 粤韵姐妹花——林慧、林锦屏
林慧篇

说：'师姐，不管你唱什么，我们都好像听到你唱《仕林祭塔》！'这是原话，我明白他的原意，是我唱这个戏，给同学们的印象太深了。只可惜，到现在为此，我连一份录音带都没有，仅剩下一张照片了……其实，一个剧目演出的成功，绝不是一个人的功劳，我的搭档——演《仕林祭塔》的陈志坚同学，是首届男学生中，无论唱功、表演都是十分突出的。演戏需要有很默契的对手，还有掌板的周学军（国平）、头架的王炳尧，和他们合作，真的是得心应手。从三年级开始，我们一边继续各种课程的培训，每个月里都有一个星期公开售票演出；寒暑假便下乡登台。这样的校园生活，太幸福了！在演艺技能方面，我们有如春园之草，不见其生，日有所长。学戏则从最简单的模仿，进入一个艺术创作改革和提高的过程。例如《仕林祭塔》一剧中，白蛇唱到'那法海施金钵'一句，老师原来教的是双手托掌举过头，抖手、蹲下的动作。我想改用

林锦屏（右）与母亲（中）、大姐林小群合影（郑迅翻拍）

林锦屏（左）与六姐林慧合影（郑迅翻拍）

一个更能表现白蛇反抗不屈的动作，于是，先是'食'（把握）住重一锤的锣鼓，双手托掌，接着在几个延长的强音配合下，用边抖手边翻身慢慢的动作，更强烈地表现出白蛇在痛苦中挣扎、不屈的反抗精神。结尾时，在与仕林、塔神的追逐过程中，还增加了一些反身、车身、碎步以及三个人的定点造型，这就更强烈地表现出母子难舍难分被迫无奈的情形，增强了悲剧的感染力。白蛇入塔后，仕林的抛乌纱、官袍，耍水发的动作，碰撞塔门用了'吊毛'的筋斗，一个文场戏在奇峰突起的高潮中结束，令人印象深刻。"

林慧继续回忆道：

回顾涉足艺海多年，有些经历尤为印象深刻，永志难忘。记得在剧校三年级那年，广州举办"羊城音乐花会"，献唱者当然都是名演员、名唱家。可没想到我一介无名的小卒也沾上了光。那是我们的白驹荣校长点了我的名，要我与他对唱传统剧目《夜送寒衣》。当时我妹妹对我说，同学们都羡慕不已。我自己感到的是有点受宠若惊，为何选中我？校长的家住在学校，师太不时让我到她家，送些从香港带回的巧克力和水果给我吃。我怕给同学看见，说校长偏心眼。其实是我心里有解不开的结，我认为，不管是演戏还是演唱，都要有感情交流才能代入角色，然而老校长和我的年龄、外貌都是爷爷带着孙女的感觉，怎么能演绎成俩夫妻呢？我担心自己没法代入角色，唱不好，岂不就辜负了老校长的培养和关爱！所以，这次演唱我都是在极度沉重的心理压力下，战战兢兢地完成的，至于唱得好不好，见仁见智了。

　　事隔20多年后，我在香港街头一个专卖录音带的小铺发现了一盘录音带，封面是白驹荣、林艳玲（我学生时代的乳名），唱的是《泣荆花》。我如获至宝，买回家后即听，果然就是当年白校长和我对唱的《夜送寒衣》。可惜几十年搬家无数次，最终连唯一纪念老校长的录音带都遗失了，真是遗憾，我自责不已！……能够和白校长登台对唱一首曲，是多么难得的机会啊！可是当时我的"心结"实际上是钻了牛角尖，做了"蚕虫师爷"了。幸好我有一个良好的学习方法，凡是学了新东西，睡觉前我都要"放电影"，就是把所学的东西像放电影一样在脑海里过一遍，甚至几遍。当"放电影"以后，我的心结就打开了。白校长太精明了，他选唱这曲目，是说做丈夫的把自己锁在书房里，为了专心修炼成仙，不近女色，妻子夜送寒衣也坚决闭门不纳。压根不需要什么眼神交流、夫妻恩爱等。他选我一介学生陪他唱，是要告诉观众，他培养的粤剧接班人，初试啼声了。多么令人尊敬的老校长啊！

第二章

手执教鞭

蛇女蛇孙

1965年8月，林慧和一众艺童从广东粤剧学校毕业了。毕业班的汇报演出，其中有古装长剧《金鸡岭》。在公演期间，有一天演二号女主角丘二嫂的盘美霜同学发高烧，如没人顶上就要停演了。班主任曾老师找上林慧，要她顶上。这是一个戏份不轻的刀马旦角色，唱念做打齐备。戏中有和清兵对打一段，还要翻筋斗，打"撞脚级翻"（体操行话，叫"侧翻内转后手翻"）。当时，真的找不到第二个能顶上的人了，林慧虽然有一些心理压力，但由于她平时十分努力，就算没有安排给她角色，当别人排戏时，她都在一旁用心看、用心学，课后还认真唱，好像有预感可以随时顶上似的。终于真的顺利地顶了一场，这就是林慧毕业前难忘的"顶包"记！

🎭 粤剧知识

《金鸡岭》 1962年由李门等根据太平天国有关史料及粤北地区民间传说编写剧本。晚清年间，太平天国大军由广西进抵湖南道州时，为牵制广东方面的清兵，掩护主力北上，西王萧朝贵同意其妻洪宣娇的请求，由她率领一支女兵进入广东乐昌坪石，冲破两广总督叶名琛带领的重兵围击，智取金鸡岭，凭险据守，将北上清

三 粤韵姐妹花——林慧、林锦屏

林慧篇

兵牵引在金鸡岭下。叶名琛利用萧朝贵在长沙战死之机，让人假扮天朝使臣，企图诱骗洪宣娇队伍下山，洪宣娇识破其阴谋，粉碎了包围，胜利北上与主力会师。

　　校园的生活美好、顺利、充满阳光。大家思想单纯，一切听学校领导的话，练好本领，演好戏，就万事大吉了。毕业分配，林慧和妹妹林锦屏都被分配到广东省文化局属下的农村文艺宣传队，上山下乡，送戏上门。宣传队由二十几个人组成，有时会分成两个队，由两位粤剧学校的老师和两位毕业生分别担任分队的队长。林慧和林宁老师（后来成为林慧的丈夫）带一队。以轻骑队的形式，到新兴县深入农村、山区演出，配合省委宣传部工作队，演出现代戏短剧，如《打铜锣》《借牛》等，还有演唱粤曲选段、表演小歌舞等。轻骑队经常一天一个点，遇

林慧年轻时留影
（郑迅翻拍）

到汽车到不了的山区，队员们便挑上行李，演出用的服装道具、乐器等跋山涉水前往。有一次要爬上约800米高的叫作"猫爪岭"的山岭去表演，但出麻烦了，其中一位名叫何淑叶的演员发高烧，不能演出。她要演出的短剧足足有30分钟的对唱，是政治宣传戏，唱段难唱得很，用行内话说："唱到你一口泡。"林慧是队长，这次"顶包"当然又是非她莫属了。林慧只能挑着几十斤重的行李、道具，一边爬山，一边背曲。到了山上，放下行李便装台，晚上就登台了。当时演出很艰苦，一个小分队只有11个人（包含乐手），分担几个小时的节目，林慧与七妹林锦屏同在一个队。每到一个点，放下行李，还要立即访问当地的先进人物、挖掘好人好事等，随即写词谱曲，或者以"对口词""莲花板"等形式，表演宣传。轻骑队的生活很艰苦，但大家看到农民观众的热情，看到同事们送戏上门的决心，心里都是甜蜜蜜的！大家同心、团结，像兄弟姐妹

一般，愉快地在广阔天地度过了整整一年。接着轻骑队解散，队员们都
奉命调回广州城了。

当林慧他们1966年再次回到校园时，一切都变了，同学之间原来
兄弟姐妹一样的感情变得冷漠。接着，文艺界全部人员都被下放到广东
英德茶场文艺"五七"干校。在干校，除了每天的劳动，林慧还被分配
到干校文艺宣传队。一次，林慧接受了一个演出任务，要在干校的文艺
晚会上演唱革命样板戏——钢琴伴奏京剧《红灯记》片断。她顿时感到
"泰山压顶"，演唱革命样板戏片断是任务，只能唱好，稍有差池或一
丁半点差错，可不是闹着玩的啊！林慧的母语是广州话，要唱京剧，必
须恶补普通话。给她伴奏的是广东歌舞团的钢琴演奏家江元芳，一位从
未谋面的合作者。而更加祸不单行的是，林慧因为过度疲劳，正患感冒
咳嗽，这可怎么办？只好寻医求救，好心的医生安慰她不要担心，"打
封闭针"是可以止咳的。于是打了一支盘尼西林，从锁骨中间的喉咙处
扎下去，果然药到病除，不咳了！林慧最终凭着好像白蛇精千年修炼来

广东粤剧学校一九七八年毕业生
合照（郑迅翻拍）

的"道行"一样，唱了两首《红灯记》选段：李铁梅的《我家的表叔》和《听罢奶奶说红灯》。自我感觉唱得还可以，也听到不少掌声……其实应该感谢钢琴伴奏的江元芳，是她高超的钢琴演奏艺术，帮林慧过了一关，这真是刻骨铭心、绝无仅有的表演。可惜，这位年青、美丽的钢琴演奏家江元芳，不久就不知道是什么原因，竟以令人难以接受的方式，结束了自己宝贵的生命，令人深感痛惜。

经过近两年的劳动锻炼，林慧和林宁已组织了家庭。1970年的秋天，他们两人被再下放到肇庆地区文工团（粤剧团）。当时是盛演样板戏的年代，林慧被安排担任《红灯记》中铁梅的B角。第一次演出因为A角皮肤过敏，又是由她紧急顶包出场。此后5年中，林慧还演过《沙家浜》里被匪兵抢了包袱的姑娘……

1972年，红线女调到广东粤剧训练班从事专业教学工作，她一边在广东各地物色少年儿童，培养样板戏接班人，同时四处寻找师资，充实教学力量。1975年某月，林慧和另一位同学被红线女相中，调往她主

三　粤韵姐妹花——林慧、林锦屏

林慧篇

办的粤训班任教，教学的科目包括：唱功、身段、戏课。林慧到粤训班时，"文革"后第一班学生郭凤女、曹秀琴等已是三年级了，当时仍是只能演样板戏，也只能教《红灯记》《智取威虎山》《沙家浜》《海港》及现代剧《游乡》等剧目。同时，要求学生基本功、唱功、身段课必练，以巩固"四功""五法"的技艺基础。

打倒"四人帮"后，恢复排演古装戏，逐步教授《仕林祭塔》《拦马》《三岔口》《白蛇传》等传统剧目，并且让学生踏台板见观众，让他们在课堂学到的技艺能在舞台实践中得到巩固和发挥。校方为了达到"教学双长"的目的，让老师带领学生一起上台演出，这是很好的做法。教师通过演出，既提高了本身的艺术水平，也对教学有很大的促进与提高。其中林慧与谭康老师（新名扬）演出《仕林祭塔》、与陈志坚老师演出《百日缘》，均由广东省电视台收录播出。排演《百日缘》时，得到武功组前辈徐抖老师的大力帮助，在该剧最后，仙姐飞天时，他穿黑衣把林慧托举在肩上，由舞台左边走到右边，上了平台再由右边走向左边，作飞天造型，此时全场黑灯，只用追灯照着七仙姬，突显了仙女飞天的特别效果，是一个不错的新尝试。一个得到观众认可、欢迎的传统剧目，有前辈的心血结晶，也有一代代后辈的努力。《仕林祭塔》一剧，郎筠玉老师传授给林慧，林慧又传授给曹秀琴、陈韵红等后一辈。郎老师看过林慧和曹秀琴的戏，曾经很高兴地对林慧说："你是我的蛇女，秀琴是蛇孙。"从精益求精而言，艺术是没有止境的。林慧感慨地说："现在，我认为这个传统剧目，单在唱腔方面，还有不少改革的空间，那就让有心的后来人去做吧！"

1978年毕业于广东粤剧学校的著名花旦曹秀琴，2022年2月11日在家乡广东台山接受广州电视台南国都市频道《相恋岭南》专题节目采访中兴奋地说："我爸爸是个粤剧业余爱好者，自小培养了我对粤剧的爱好，后来我进入粤剧学校接受专业训练。学校以红线女老师为首的教学队伍非常强大，我公演的第一出戏《仕林祭塔》是林慧老师教我的，做

曹秀琴（右）到卡城演出
与林慧合影（郑迅翻拍）

好戏，能够得到观众认可，并为粤剧留下传统艺术作品，我感到莫大的
光荣耀与鼓舞。"

🎭 粤剧名家

　　曹秀琴（1962— ），广东台山人，8岁随父在乡间学戏。1978
年以优异成绩毕业于广东粤剧学校，被分配到广东粤剧院，并在新
组建的青年剧团担任正印花旦。在罗品超、郑绮文等名师指导下，
进步浪快。她扮相俏丽，能文能武，唱腔甜美圆润，韵味浓郁，
富有磁力。主演《百花公主》一戏成名，随后演出的《梅开二度》
《一曲长相思》《猴王借扇》《锦伞夫人》等剧均获好评和奖励。
曹秀琴先后赴美国、加拿大、新加坡等地演出，均受到称赞。曹秀
琴曾任广东粤剧院副院长，2008年当选为广东八和会馆第四届理事
会主席。她和她的先生吴国华共同主持修复广州市恩宁路八和会馆危
楼，获海内外八和弟子交口称赞。

三　粤韵姐妹花——林慧、林锦屏
　　林慧篇

🎭 粤剧名家

陈韵红（1965—　　），广东澄海人。1984年毕业于广东粤剧学校，被分配到广东粤剧院时，即被罗家宝器重，启用她在《袁崇焕》一剧中饰演袁夫人，并在广东省首届艺术节上亮相，随后担纲主演神话戏《美人鱼》《春满杜鹃湖》《夜捉王魁》《劈山救母》《范蠡献西施》《焚香记》等剧目，并获文化部首届"文华表演奖"及第十二届"中国戏剧梅花奖"等多种奖项，后移居香港，仍关注参与粤剧活动。

1983年春，林慧移居香港和先生、女儿团聚之前，在学校仍参与排演了由陈西名、刘汉鼐两位编剧执笔移植的长剧《哀歌篱下燕》，剧情是描写一个婢女——燕燕被富家公子欺骗，始乱终弃，无处申诉，为了反抗复仇，在富家公子新婚之日，燕燕在新房上吊身亡的悲惨故事。此剧曾演出多场，得到观众好评。林慧赴港后由危佩仪接任饰演燕燕。

到香港后，林慧应邀在八和粤剧学校任教，其中还发生一段小插曲。香港八和会馆的办事人黄姑娘交给林慧一封信，原来是广州一位观众寄来的，这位热情的女观众在信中说道，看过林慧演出的《哀歌篱下燕》，被她扮演的燕燕深深感动……这位观众说了许多赞扬的话，令林慧十分怀念。在粤剧学校手执教鞭的日子，她万分感谢戏迷对她的厚爱。

香港毗邻广州，两地历来关系密切。据史料记载，19世纪中期已有流动的粤剧戏班在香港演出。20世纪20年代起，往来两地的省港大班逐渐兴起。1938年冬，日军侵占广州，粤剧艺人纷纷赴港避难，香港成为粤剧演出集中地，戏班颇为兴旺，薛觉先、马师曾、白玉堂、上海妹、廖侠怀等名家云集，齐聚一堂，好戏连台。穗港戏班交往亲如一家。50年代之前，两地粤剧不分彼此，发展路向大致相同，此后两地粤剧走向

林慧一家三口全家福
（郑迅翻拍）

有所不同。香港粤剧以商业运作为主，组织形式灵活自由，注重传统艺术。其戏班团体，无论职业或非职业，均由民间兴办，政府只管理、引导，不做干预。职业剧团要面对市场竞争，适者生存，他们可以在戏院大张旗鼓演出，也可以到乡村演神功戏，灵活多样，不受限制，自发民间戏曲活动异常兴盛，大小乐社比比皆是。

　　林慧移居香港，除协助丈夫经营生意之外，仍然投身到粤剧行业中。香港八和粤剧学院慧眼识珠，聘请林慧为任课老师，主教粤剧基本功、腰腿功，也教刀枪把子、唱功等课程，任教的同时，她也结识了不少香港戏曲界朋友。当时，香港油（麻地）尖（沙咀）旺（角）区议员关妙美女士组织的"精英剧艺社"经常邀请林慧参加该社的活动。关妙美，南海九江人，原来主修西洋音乐，但酷爱粤剧，是花旦陈咏仪的母亲。她请林慧指导她的女儿，林慧曾帮助陈咏仪去广东粤剧学校进修，使其艺术上大有进步。

三　粤韵姐妹花——林慧、林锦屏
林慧篇

🎭 粤剧知识

香港八和会馆 1953年，香港八和会馆在广东八和粤剧职业（公）会（八和会馆）香港分会的基础上，于香港注册成立，为香港粤剧工作者的团体组织，历任会长（主席）：新马师曾、关德兴、何非凡、梁醒波、麦炳荣、黄炎、关海山、陈剑声、汪明荃。该馆以弘扬传统粤剧艺术、保障同业权益和生活福利为宗旨，关怀老弱，协助孤寡，祭祀前贤，并积极参与社会福利事务，义不容辞。香港八和会馆注重推动粤剧演员培训。20世纪80年代，成立了八和粤剧学院，培育了廖国森、盖鸣晖、卫骏英、邓美玲等多位活跃于香港舞台的艺人，其成就有目共睹。

1982年，关妙美、曲艺家赖天生、有"骨子歌王"之称的钟云山共同创办"精英剧艺社"，参与者还有李龙、李凤、李小文、林克辉以及闺秀唱家霍林淑端、李孙文英等热心人士。在他们的精心培育下，花旦陈咏仪等一代粤剧新秀逐渐成长。陈咏仪现为香港粤剧舞台的支柱，并当选为香港八和会馆理事。

🎭 粤剧名家

钟云山（1919—2012），祖籍广东惠阳。出生在香港，他家境殷实，数代从事建筑行业，早年在自家公司绘图则，业余醉心戏曲，常到乐社拉胡拍和，间或登台演唱，逐渐脱颖而出，成为香港乐坛的佼佼者。据香港电台1998年编印的《粤剧粤曲歌坛》称：钟云山为战后著名唱家，其引腔叠韵，别具一格，因此有"骨子歌王"的美誉。20世纪50年代灌录其《一段情》《一江春水向东流》《金叶菊》《李仙传》等曾风靡东南亚及美国、加拿大各地。60年代，与崔妙芝、冼剑丽、张悦儿等多次到新加坡、马来西亚等地表演。70年代，亦远赴美国、加拿大、澳大利亚等地巡回演唱。据粗略统计，他先后灌录的唱片多达150余套，一度成为香港唱片公司抢手的歌者。诚如有行家说，钟云山红极一时，"他的舞台表演足迹遍及美加和东南亚，唱片歌声传遍全球华人世界"。

　　精英剧艺社经常邀请香港影视界、戏曲界人士交流技艺。林慧有幸参与其中，并受邀与闻名于乐坛的"骨子歌王"钟云山先生一起参加过演唱活动，印象殊深，难以忘怀。

　　"骨子"是地道的广州方言用语，现今已鲜为本地民众使用。表演艺术上的"骨子腔"，有人诠释为：文雅、高贵，富有品味，咬字清晰，叮板严谨，于疾徐间行腔自如，唱功臻于化境，自然平实，不矫揉造作，声情并茂，真切感人，有绕梁三日之感。钟云山腔如其人，他平日注重仪容，衣着剪裁合身，梳理整齐，外表"官仔骨骨"，谈吐斯文，为人友善，君子风范。

　　林慧写道："记得有一次钟云山先生与赖天生先生一起到访我公司，亲自邀请我与他合唱一曲，当时我已经很久没有参加他们的活动了

林小群夫妇、林慧夫妇与林锦屏合照（郑迅翻拍）

三　粤韵姐妹花——林慧、林锦屏
林慧篇

林慧（右）与林锦屏（左）
合影于香港（郑迅翻拍）

（专心协助他先生的生意），我实在记不起与他合唱了哪首歌。但是钟
老先生人如歌一样'骨子'，他绕梁三日的'骨子'唱腔，以及他的谦
谦君子、平易近人的高尚品格，给我留下了深刻印象。钟老前辈对粤曲
歌坛的贡献，永远值得我们尊崇和怀念。"其间，精英剧艺社在香港举
办的每场演唱会，均是慈善义演，演唱者都是较有实力的粤剧界或是社
会知名人士，很受欢迎。林慧参与这些慈善活动，满怀喜悦之情，她终
生难忘。

香港粤剧音乐家冯华先生开办了音乐茶座粤曲歌坛，邀请林慧去
演唱，林慧抱着虚心向学的态度参加，对任何人都表示友好和尊重，可
是却遭到一位资深的子喉唱家不太友好的对待。后来林慧想明白了，她
以为林慧是来抢饭碗的！早前在八和教授唱功时，与林慧合作教学的资
深音乐家也很不客气地说了一句"这些大陆腔"！林慧深深感到有些香
港艺人怀有浓烈的排外观念，他们对内地同行看不顺眼，不管你多有能
力，就算你再谦虚谨慎，双方的关系都不太融洽。香港名伶梁汉威先生
曾请林慧辅导了他的学生大半年，并和他的学生同台演出折子戏《黛玉

归天》，林慧演黛玉，这是她第一次在陌生的香港舞台踏台板演出，虽然博得不少掌声，但林慧并不开心，因为她对香港这个艺术圈子并不熟悉，毕竟内地的生活和工作环境、人际关系，与香港差异极大，要融入这个圈子太难了。有见及此，当香港八和会馆时任主席的马国超先生找林慧洽谈，有意组织一个"全女班"，欲请新加坡的女文武生马艳红与她合作担纲时，林慧也婉言谢绝了……

在香港，林慧选定了谋生可行之路，就是全心全意协助先生做生意。林慧的先生是60年代北京中央戏剧学院的学子，很有奋斗精神，原来在内地从事话剧演艺事业，到港后，也想在戏剧编导方面闯一闯，可惜没有帮手，更因香港不承认内地学历，很难立足。在朋友的帮助下，转行从事进出口贸易生意，向内地投资，艰苦奋斗了10多年后，终见成效。随后，夫妇俩便"急流勇退"，于90年代，和在国外留学的女儿一起移居加拿大，共聚天伦之乐，充当"寓公"去了……

第三章

粤韵情怀
生生不息

据史料记载，随着华人移民不断增加，从19世纪中期开始，前往美国的粤剧戏班逐步增多。与此同时，粤剧进入加拿大，有一个由8人组成的UON SOO FONG（音译）戏班和一个由21人组成的黄龙剧团在温哥华一带演出。20世纪30年代，仅温哥华一地就有5个粤剧戏院和2个经营演出的公司，专营戏班生意。据不完全统计，2008年，加拿大温哥华、多伦多等地就有较大规模的粤剧乐社等剧艺组织50余个，有为数不少的华侨、华人参与粤剧、粤曲活动，诚如1903年美国旧金山《华兴报》载《天涯生观戏记》一文所言："广东之人，爱其国风，所至莫不携之，故有广东人足迹，即有广东人戏班，海外万埠，相隔万里，亦如在广东之祖家焉。"可见，粤剧在海外粤籍人士的精神生活中所占的重要地位。

林慧于2001年定居加拿大卡尔加里（又称卡城）。虽然离开了祖国，但粤剧艺术是她的生命所在，传艺的教鞭也没有放下。她精心辅导喜爱粤艺的侨胞。卡城的华人剧社（音乐社）原来有七八个。以前的活动以唱曲为主。由于得到政府赞助的经费维持营运，每年每个剧社必须进行一两次舞台义演，或者慰问老人等回馈社会。音乐社有时为了节省开支，便会以"演唱会"形式演出。若能争取到各界资金赞助，便排几个折子戏演出，让业余粤剧爱好者娱己娱人。但由于节目的形式比较单调，多是较为沉闷的文场戏，全台节目，戏的种类千篇一律，毫无新意，谁愿意看呢？因而观众越来越少。为了招徕观众，剧社各出奇招，有的送点心招待，甚至派米粉。林慧初到卡城，看到这种情况，心里真不是滋味，心想：难道粤剧在这里真沦落到如此地步吗？她对那些剧社的主持人说："你们不能这样搞了，长此下去，不送东西就没人来看戏，即使来了，吃完点心，拿了礼物，戏没演完，人已走了一大半。你们为什么不去想想，是不是演出的节目有问题呢？观众虽不用花钱买票，但也要花几个钟头的时间，看自己不爱看的节目。换作是您，会愿意吗？'己所不欲，勿施于人'嘛。"但林慧深信，只要努力提高节目的艺术水平，使一台戏形式多样化，有

三 粤韵姐妹花——林慧、林锦屏
林慧篇

折子戏《怒碎招夫牌》剧照，左为余君强，
右为李碧瑶（郑迅翻拍）

新鲜感，就有吸引力，观众就会喜欢看。可找出问题只是
第一步，要改变习惯思维，是很不容易的。要留住观众，
就要有真本领，需要全面提高这些业余粤剧爱好者的艺
术水平。这就要有经验丰富的粤剧导师去教导，让他们去
学、去练。为在卡城繁荣粤剧艺术，林慧感到自己责无旁
贷。她开办粤剧艺术班，教授粤剧艺术，虽然学生个个都
已年过半百，有的甚至年过七旬，但学戏仍然非常勤奋，
他们认为，既然喜欢粤剧，就要努力学好戏，演好戏！这
一理念与林慧的想法吻合，志同道合，一拍即合。一贯以
来，她对所有求教者，都是不吝赐教的。

谭飞霞是林慧在卡城的第一个学生，反串男角唱平
喉。她当初拿了一份《白蛇传之合钵》的曲谱给林慧看，
说准备与她的拍档吕露璇排演对唱，征求林慧的意见。林
慧看过此曲后对她说："《白蛇传》是家喻户晓的神话

剧，每一场戏都十分精彩，已深入人心。如果我是观众，多看几次也不会厌。但如只用对唱的形式去演绎，即使唱得再好，观众都会认为，还不如看一出戏更好。"林慧建议她们不如把这首曲改变成一场戏，并一力承担为她们导演。对林慧的提议，她们都一致赞同。林慧精心编撰剧本，增加了法海和小青两个人物。根据需要，曲词也略有增删。她们请来了演法海的陈冠萍（南海平洲人氏），演小青的余丽梨，剧目就立即开排了。

神话故事的特点是有灵活的创作空间，林慧合理化地运用各种艺术手段去丰富人物形象，增加了剧情的趣味性，力求给观众多增加一些视觉上的享受。例如，让法海跳上桌子，把禅杖抛起压向白蛇、青蛇，寓意他施以法力，变成千斤之重，力压向两人。白蛇、青蛇合力接住，经过三起三落的搏斗，终破其法力！其中还加插了一段精彩紧凑的武打片断：先是持双剑的小青与持禅杖的法海搏斗，接着是白蛇徒手奋力击退法海的攻击，并跳起来巧妙地用后脚踢开法海的禅杖。其中，许仙险被法海推倒而被白蛇扶住的造型设计，巧妙又好看。这些编排，让每个角色的性格鲜明地展现，场面也充满动感和活力。该剧的主题是"合钵"，人物之间的一切矛盾和斗争都是围绕这个主题而展开的。剧中人许仙和白素贞，有许多唱段表达受压迫的愤慨和反抗精神。扮演者谭飞霞和吕露璇，在剧中的唱功和做工都有不俗的表现。而对点题道具"金钵"的处理，林慧颇费心思。因为资源缺乏，无法花五六百加币去租用作特别效果的幻灯机；当剧情中法海用金钵去收白蛇时，林慧安排以抽象的手法，用"水底鱼"的音乐锣鼓营造气氛，许仙、白蛇、青蛇围绕空中抽象的"金钵"进行推磨。她巧妙地调度，用小青持双剑刺向"金钵"等动作，表现反抗精神。剧情发展到法海手捧"金钵"站立高台，高举金光闪闪的"金钵"（此道具是陈冠萍亲自制作的，金钵内装有闪亮的小灯泡），寓意法海施法吸收白蛇。饰白蛇的演员用碎步、抖袖、反身，然后侧身离场；许仙单膝跪地，甩水发，最后倒地，短剧至

三 粤韵姐妹花——林慧、林锦屏
林慧篇

此完场落幕。此剧的演出，受到观众和圈内人士的赞扬，博得热烈的掌声。

《救风尘》之《花迷蝶醉》，原来是古装折子戏，内容表现风尘女子赵盼儿巧用计谋，严惩恶少周舍，为好姐妹报仇。林慧将古装戏改成民初的现代版，其警恶惩奸的意义是一样的，但艺术上是一种新的尝试。赵盼儿由钟佩霞扮演，周舍由陈冠萍扮演。说起钟、陈两位学生，林慧很是称赞。陈冠萍第一次正式登台，是在《合钵》一剧中扮演法海，唱念做打演得有板有眼。钟佩霞伙拍他演《摘缨会》，也是第一次演戏份这样重的角色，她学戏那种认真、苦练的精神，专业演员也尤为不及。还有，演《合钵》中小青的余丽梨，初来求学时，真的是五音不全，经过艰苦学习，她不但能唱，还能演、能打。她两度演出，

林慧（中）在卡城培养的得意门生：花旦李碧瑶（左），刀马旦余丽梨（右）（郑迅翻拍）

在《断桥会》中演小青，以及在《杨门女将》中演杨七娘，都功架十足。她和演番将的余君强一段枪对打，连外援的音乐师傅都称赞说："从未见过业余的演员，竟能打成这样……"她上街，居然被过道行人认出，指着她说："这就是杨七娘！"她的先生林志城是卡城名副其实的唱家，也激动地对林慧说："连我老婆，你都能教成这样，难得！"

林慧对艺术的爱好是很广泛的，电影、话剧、戏曲、歌舞、交响乐都爱看，尤其最爱芭蕾舞。她看过世界顶级芭蕾舞大师乌兰诺娃50多岁时和她的两个高足表演的《天鹅湖》，认为这简直是人生高尚的艺术享受。林慧每看一出戏或电影，都不是单纯地娱乐，尤其是看那些"老戏骨"，比如焦晃的表演，他们演什么像什么，从而引发林慧深思：

《白蛇传之断桥会》，青蛇余丽梨（左一）、林慧（左二）、白蛇李碧瑶（左三）、许仙余君强（左四）、林慧先生林宁（左五）（郑迅翻拍）

三　粤韵姐妹花——林慧、林锦屏
林慧篇

他们为什么演得那么好？哪些地方值得借鉴？这就是看戏的收获。林慧认为，一个出色的表演艺术家，闭门造车是造不出来的。在启蒙阶段，最初是模仿。一个好的"开山师父"很重要，如果只有"半桶水"的话，最好不要当导师，以免给人"开坏山"，误人子弟。最初阶段，学生就要练好各方面的基本功，才不会"学到用时方恨少"。前辈们所讲的"台上一分钟，台下十年功"，指的就是要恰如其分地利用一切手段，包括唱、念、做、打"四功"，手、眼、身、法、步"五法"，把剧中的人物形象准确鲜明地、生动地、有血有肉地塑造出来，从而产生强烈的艺术感染力，这就是演员必须要在剧本的基础上进行艺术再创作的过程。

桂城粤剧粤曲艺术馆"林慧"橱窗全景（郑迅摄）

大概10年前，加拿大卡城华人粤剧社志轩音乐社的刘基立拿了一叠曲纸请林慧看，这是男女合唱曲《史可法浴血扬州》，他想请林慧给他们改写成一个折子戏。刘基立演史可法，花旦是专门邀请香港的粤剧名伶郑咏梅。但郑咏梅只能在演出前两天才能从香港飞抵卡城。而刘基立只是个粤剧爱好者，从未练过什么基本功，仅有一定唱念基础。这是多么难啃的"硬骨头"啊！为了尊重剧社和刘基立热心粤剧的精神，林慧知难而进，答应了他们的请求，着手导演设计《史可法浴血扬州》这出折子戏。这是一次十分"难啃"的任务，"难啃"不在于导演什么戏，而在于时间不够用。因为花旦郑咏梅在卡城两天内还有另一出戏要排。林慧唯一能够做的就是在郑咏梅到来之前，让饰演男角史可法的刘基立预先学会全剧的动作、调度，尤其是与饰演夫人的花旦互动的动作和调度，都要固定不变，待花旦来到一合成就好办了。但是花旦郑咏梅对林慧全剧导演的计划是否同意是未知数，如果到时再改动，男角就肯定会"落水"。作为导演，就成了演员和观众中间的"风箱老鼠"了。其实，这种"隔山买牛"的排练方式、演出形式，在业余爱好者的领域已经形成常态了，在卡城，林慧他们这些搞专业的人士，为了让当地苟延残喘的粤剧多一点活力，除了适应环境，还尽了最大的努力，提高热爱粤剧的业余人士的艺术水平，教他们多演好戏，把传承粤剧作为自己余生己任。

林慧是一个非常认真执着的导演，她对演员的要求是很严格的。她认为："其实辅导业余爱好者，你必须像教专业学生一样，从每一个动作，每一步开始示范，让他模仿，若能学到六成，已是很不错了。"首先，林慧要为史可法这个角色作外形设计：要他穿着白色服装，坐马，甩水发，穿高靴，左手握枪、右手执马鞭出场，用"急急锋"锣鼓，走一个马荡子，最后勒马扎架，开始唱段。教习的过程中，林慧反复强调："一踏出虎度门出场，你就是史可法，打败仗了，骑马来到江边。你的一举手，一投足，都是有的放矢，唱的每一句曲词，都必须发自内

心，通过你的眼神，把你此时此地的心情表现出来，才能把观众带到你所处的环境当中，这样一个真实的、鲜活的史可法就出来了。"这位演员学习非常努力、认真，悟性也很高，花了很多时间，首先把出场一段攻下来了，然后林慧又充当对手，再把他和花旦很长的配戏都排熟了。待花旦郑咏梅从香港赶到，合戏再排。而郑咏梅真不愧是一个经验丰富、功底扎实、十分聪明的好演员，她基本同意按照林慧的导演设计，没有改动两人的互动、调度，合成得十分顺利，这个戏演出成功了！观众看得入神，参演者满意，林慧自然感到无比欣慰。

在离林慧居住的阿尔伯塔省的省会卡城300多公里的爱民顿，有两位学生的故事也让她永远难忘，一晃已过了10年了。当时，爱民顿经常有学生前来求学唱、求学戏、学习粤艺基本功。其中林太梁翠芬和李碧旋来找林慧学戏时，她们拿来一份对唱曲《孝庄皇后之情谏》，让林慧给她们排成折子戏。她们学戏不辞劳苦，早出晚归，每次来学4个小时，然后自驾车行驶300多公里路程回去。为排好这个戏，林慧花费心思去备课、设计。因为剧中人物多尔衮和孝庄皇后大玉儿是马背上的英雄、举足轻重的历史人物。林慧首先要她们明白，演这两个人物和演一般的古装生旦戏是不同的。唱曲中一段"弓舞"，是运用歌舞剧《小刀会》的舞曲，表现两人回忆曾经并驾齐驱、自由奔放的快乐时光。为了排好这一段，林慧翻看了许多蒙古舞蹈的影碟，设计了几个骑马的步法和动作，边唱边舞，用雄鹰展翅、粗犷强劲的动作，融合在身段的表演之中。林慧要求很严格，不厌其烦地给她们示范；她们也学得很认真，一丝不苟，达到了林慧的要求。正式演出时，林慧给她们打气，亲自到爱民顿捧场，观看演出。演出效果很不错，观众报以热烈的掌声。过后，两位演员分别致电给林慧，反串饰多尔衮的林太高兴地说："我姐姐看了戏，不相信我第二次登台，就演得这么好。"她的夫婿原先是反对她登台演戏的，谁知看戏后，他到处问自己的朋友："你有冇睇我老婆做戏呀？冇睇就真系嘥晒啦！（你有没有看我老婆做戏呀？没看就真是错过啦！）"演孝庄皇后的李碧旋也给林慧来电称："六姐，给您报喜了，很多朋友都赞我演得好，化妆好靓，我好开心！我好多谢你！"

可演出后才过了一个多月，林太给林慧电话说："六姐，碧旋走了！"林慧以为听错了，大声问："你说什么？"林太很凝重地说："碧旋过世了！"听了这个电话，林慧良久无言……其实，碧旋来学戏时已经病了很久，但她热爱粤剧，喜欢演戏。林慧一直全力支持她，李碧旋在病中坚持学戏，陪着她的是梁翠芬（林太）。使李碧旋最开心的是演了《孝庄皇后》这出戏，最喜欢的是孝庄皇后这套戏服，人人都赞她好靓。李碧旋因病离世后，梁翠芬（林太）买了她生前喜欢的戏服给她陪葬，让她穿着，开开心心地到另一个世界去！

看到这些身在异国他乡的华人粤剧爱好者对粤艺的追求和热衷，他们为粤剧的传承所作的努力和付出，林慧十分感动，这也鞭策着她努

三　粤韵姐妹花——林慧、林锦屏

林慧篇

力做得更多、更好。但同时存在的隐忧也令林慧无法释怀，明摆着的事实是：卡城的粤剧发烧友们几乎都年过半百，台上的人走一个少一个，台下看戏的，也大半是公公婆婆，亦是有减无增。而愿意加入学习的年轻人，无论是台上或台下都屈指可数，难以为继。一天，一位朋友来电说，有位热心粤剧的卓先生想要找她。原来，卡城德高望重、贡献颇多的华人侨领是卓炳强先生的父亲。卓炳强继承父亲遗志，想为宏扬、传承粤剧艺术作出贡献。于是他找林慧洽商，看是否可以从学生入手，在学校中物色志愿者，搞训练班，招收培养粤剧接班人。这个想法，其实林慧早就与粤剧学校当年的同班学友吴卓光谈过，希望能与他合作，在加拿大传承和弘扬粤艺，共同圆梦。只是他居住在多伦多，家人不愿意迁居卡城而作罢。林慧与卓先生谈得十分深入，卓先生连培训的资金、场地都安排好了，林慧也把培训计划交给热心人卓先生。林慧本想一力

林慧泰国游，与蛇共舞
（郑迅翻拍）

承担，独力而为，再奋斗几年，培养出更多、更好的粤艺人才，可惜，就在此时，林慧的身体不幸出了毛病：在教一位学生舞大刀花时，右边肩膀突然疼得失控，大刀也掉在地上了。医生转介她去看专科，照片显示，她的肩膀原有的四条韧带已断了三条，如剩下的一条也断了，这只胳膊就全废了！林慧年纪大，医生又不同意做手术，只能采取"保守疗法"。这就直接影响到预先设想的培训计划。林慧意识到事情的严重性，看来是力不从心，有心无力了。经过和卓先生认真分析，从实际出发，只好遗憾地把计划搁置了。

2001年林慧移民加拿大，至今20余年来，据不完全统计，她参与指导和直接导演的粤剧剧目（包括长剧和折子戏）超过30个；剧目类别计有神话、鬼戏、花脸、谐剧、文场生旦戏、武场靠把戏等，还传授了一些特别的技巧给学生和当地的演员，例如扇子功（扇舞）、刀枪把子

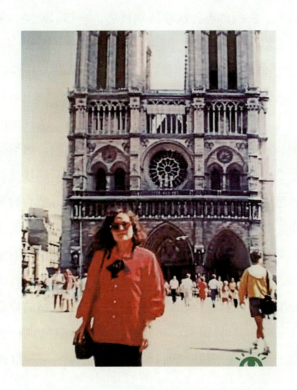

林慧在法国巴黎圣母院留影
（郑迅翻拍）

三 粤韵姐妹花——林慧、林锦屏
林慧篇

林慧夫妇与家人在卡城

功、舞剑（长穗剑）、长绸舞等，这些特别技巧，全部都曾经运用到剧目中，令演出丰富多彩，生色不少。例如《白蛇传》之《断桥会》，在卡城演出大受欢迎。林慧以广东粤剧院的演出本为基础，在排练过程中，根据三位学生对较难的动作可承受的程度进行判断，作出取舍和修改，再经严格的训练，演出十分成功。他们都年过半百，演许仙的余均强是位计算机专家，演白蛇的是他太太李碧瑶，饰青蛇的余丽梨是位财务经理，他们完全是用业余时间学习演戏的。他们对粤剧的热爱和刻苦学艺的精神，让林慧十分感动，驱使她使出百分百的精力悉心教导。一些难度较大的动作，如三个人叠罗汉，做得很漂亮。小青的双剑耍得很好，配合着反身、车身等动作，十分接近专业水平。表现小青追杀许仙的三个人穿插舞蹈，配合音乐、锣鼓，场面轻松而紧凑，很有看头，博得了观众一浪接一浪的掌声。观众如此热烈的反映，在卡城的业余粤剧演出中，据说是第一次！节目闭幕，司仪热情地把林慧从观众席请上台，向观众介绍说：演出这么精彩剧目的导演就是她——六姐林慧老

师！多伦多的音乐领班阮国旋师傅对此剧目的演出大为赞赏，特邀他们去多伦多演出。温哥华的华人剧社也有此意，林慧和三位学生正在筹划之中，谁知新冠肺炎疫情突然爆发，一切都改变了，良好的愿望或已成为泡影……林慧这个粤艺"园丁"，面对着突袭而来的疫情，一切都暂时停摆了。林慧无奈，只能仰天长叹，内心默默地对她为粤剧贡献了终生的严慈、亲爱的父亲说："爸爸，我没有偷懒，我尽力了！"

三 粤韵姐妹花——林慧、林锦屏
林慧篇

林锦屏篇

名家点路
初现锋芒

第一章

　　广东著名学者曾昭璇先生说："广州西关乃岭南文化精英集中之地。"这个评语客观、准确，言之有理。仅就广东粤剧而言，相当一个历史阶段，先后位于西关黄沙和恩宁路的八和会馆，它的周围曾经先后居住过众多粤剧红伶，粗略估计有百人左右。其时的戏班行会环绕八和会馆四周，老倌汇聚，星光熠熠，有如众星拱月，蔚为大观，一时成为市民追捧、仰慕的聚焦点，构成当地独特的社会文化现象。抗日战争胜利后，林超群举家从南海平洲乡下迁居广州，住在好友曾三多的房子——恩宁路71号，就在八和会馆新购置的会所对面。楼下有厅，二楼有房，天台还有个阁楼仔，环境清静舒适，一家老小过着勤俭、简朴的生活，其乐融融。

　　1947年2月23日，林家七姑娘在广州出生，当这名婴儿呱呱坠地之后，给父母及家中众兄姐带来欣喜之外，也引起各人的担忧：因先天不足，她弱小的躯体像小鸡一样，生怕养不大。加上家庭经济不景气，母亲见此，还打算将她送给别人抚养。父母后来想来想去，还是舍不得，家中人口虽多，但咬起牙关也是能挺得过去的。阿七的名字是祖母给起的。祖母颜氏，幼读诗书，通文学，是一名乡村私塾女教师，她要为孙女取个响亮而有特色的名字。"阿七"在母腹中已有"锦屏"之

林锦屏捐赠给南海区档案馆六岁时父亲林超群教唱的《燕子楼》曲谱（郑迅翻拍）

名，冥冥中似乎已经注定，长大后必然接班饰演花旦（锦屏人）。祖母有眼光，要树立一个光彩夺目的鲜明标志，为林家再添光芒。

锦屏小时候活泼聪明，但又因最小而受溺爱，养成很任性的性格，动不动要哥姐让着，有时气得妈妈要打她，都是父亲解救。父亲有时带六姐林慧和锦屏去珠江河畔的"海角红楼"游泳，这是广州著名的消暑娱乐之地。游人甚众。林超群爱好广泛，又是个游泳高手，可以平躺水面不下沉。他耐心教女儿游泳，六姐很快学会，且游得又快又有耐力；而锦屏却怕水，只会哇哇大叫，不敢游，所以到现在仍不会游泳。六姐林慧比锦屏大两岁，但比她懂事多了。六姐很乖，从不令大人生气。小姐妹喜欢跟哥哥们玩，上白云山锻炼身体，不知疲倦。林锦屏自小喜欢画画，因家里买不起画纸和笔，只能在地上画，大家姐林小群买了一盒五颜六色的粉笔，她就每天在家里的地上画仙女、公仔，不亦乐乎。有次，林锦屏用纸画了几张雪姑七友，贴在家姐买给他们做功课用的黑板上，五哥在上面画了一只大老虎，说这是她。她气得大哭，吵醒了晚上演出、白天要休息的大姐。大姐从房间跑出来，用刀斩烂了黑板，骂了他们一顿。

林锦屏6岁入读离家不远的丛桂路小学。她特别喜欢唱歌，有把好嗓子，被推选入广州西区少年之家合唱团并担任领唱。当时领唱的是一首名叫《对花》的歌曲，音乐感很强，这得益于她的天赋和大姐的两柜唱片，她时常打开留声机听唱片，古今中外什么歌曲、戏曲、音乐，通通照听，疯狂爱好。

林超群对林锦屏和林慧疼爱有加，时常带她俩到戏班玩耍，还不时让她们站在虎度门旁看大人演戏，睁眼观看，津津有味。在父亲的教导下，7岁的林锦屏开始学习古曲《燕子楼（中板）》，此曲是传统学习课程，虽然只学了半首，但她却终生难忘。1955年，林锦屏正读小学三年级，父亲因患急性肺炎不幸离世。每忆及此，她感到无比悲痛。她说："慈父离世时我只有8岁，尽管还不太懂事，却已成为我一生之痛。爸爸传授给我和六姐两个幼女的只有半首古曲《燕子楼》，随着年纪越长就越思念，哪怕是一点点在脑海中慈父的形象。"说来也巧，父亲11岁学戏，她也是11岁学戏，虽然她学戏时父亲已离去三年，是姐姐把她送入戏剧学校。但7岁时父亲所教的《燕子楼》，及在虎度门偷看大姐演戏种下的粤剧"种子"，在学校的校长、师父、老师的培育下，发芽生长……是父亲的"遗传因子"，是大姐的言传身教，是母校的精心培养，一颗粤艺新星脱颖而出。

林超群去世后，一家的生活重担都落在大姐林小群的肩上，母亲因伤心过度，不幸患上脑瘤，幸好是良性，动手术切除后又患上子宫肌瘤。家庭经济十分困难，上有病殃殃的老母，下有六个弟妹，除了二姐在顺德当小学教师外，全部未成年，仍要上学。大姐林小群当时已是剧团的正印花旦，她每月一发薪水便全数交给母亲，她自己的用度全靠平

时有限的录音报酬。她自小勤劳孝顺，关爱弟妹，林锦屏形容林小群"亦姐亦母，如父如夫"，是家中的顶梁柱，顶天立地的大家姐、好家姐。

1958年的春天，大姐带着六妹林慧和"阿七"林锦屏报考广州市老艺人剧团属下的少年粤剧训练班（后改为广东粤剧学校），学制属中专，文化程度达到高中毕业。林锦屏自此正式踏进了戏行之路。幸运的是，她入门便得到了名师的指点，少年粤剧训练班由一代粤剧宗师、有"小生王"美誉的白驹荣先生任班主任，他后为粤剧学校校长，教师皆为当时粤剧名艺人。白驹荣，原名陈少波，广东顺德龙潭村人，1892年出生，双亲去世得早，从小由大母韦氏养大，曾当过纸扎店学徒、在鞋店站过柜台。直到19岁时，才跟"天演台"志士班的男花旦郑君可学艺。该班的艺人吴有山见他聪明勤奋，待人诚恳，便收他为徒。为了培养他成才，亲自为他编写了首本戏《金生桃盒》，该剧上演时，又为他起了"白驹荣"这个响亮的名字。他没有辜负师父的期望。1912年在吴有山组建的"民寿年"班任第二小生，不久升为正印小生，随后进入

"国丰联年"班。他演出《金生桃盒》时，精心设计开朗谐趣的书生形象，并用广州话演唱部分唱段，观众反应热烈。后经小武周瑜林指点，技艺大进。他与千里驹合作，主演《金生桃盒》《泣荆花》，剧中他创造了八字二黄慢板，丰富了粤剧的唱腔板式。白驹荣注意向民间艺术形式学习。他演唱的《客途秋恨》就是戏曲瞽师（失明艺人）的"扬州腔"，形成风格独特的"白腔平喉"。他先后灌录的名曲有《客途秋恨》《落霞孤鹜》《海角寻香》等许多唱片。20世纪20年代初期，已拥有"小生王"之美誉。白驹荣的吐字特别清晰，唱腔博取众长，自成一格，别具韵味。

自古大师多磨难。白驹荣在大红大紫之际，竟患上了视神经萎缩而终至失明，被迫离开舞台。虽然经历了如此重挫，但坚强的他靠曲艺度日，整日里如切如磋，如琢如磨，艺术更显炉火纯青，渐入佳境。中华人民共和国成立后，他的眼疾获得了治疗，虽然疗效不大，但在人民

林锦屏还没考入广东粤剧学校前留影，大姐教练功（郑迅翻拍）

林锦屏少年时与大姐林小群、大姐夫白超鸿合影（郑迅翻拍）

政府关怀下，他恢复了艺术青春，并在双目失明的情况下，重返舞台。演出了粤剧《二堂放子》《选女婿》《琵琶上路》《卖怪鱼龟山起祸》《拉郎配》等戏，还录制了不少唱片如《琵琶上路》《竹伯返唐山》等，至今仍脍炙人口。他乐观地将苦难化成人生璀璨的艺术珍珠，更是一位出色的革新家，在粤剧界较早将观众难以听懂的舞台官话改唱白话，使演唱吐字玲珑，叮板扎实，感情细腻，运腔简朴流畅，跌宕有致，韵味无穷。他经过反复实践，发展了金山炳的平喉（将小生演唱假嗓改用真嗓），为发展粤剧唱腔艺术作出重大贡献，是位德高望重的表演艺术家。1956年他上京参加全国先进代表大会时，国家领导同志亲自慰问，关心他的眼疾，并派人陪他到北京友谊医院医治。1958年，他创办了广东粤剧学校，并任首届校长。他精研善择，严师出高徒，培养出了一批又一批的学生到各剧团担任主要角色，可谓桃李满门。

广州市老艺人剧团属下的少年粤剧训练班，文化课是分班上的，校方按各人入学条件分班。六姐林慧是高班，"阿七"林锦屏是中班，年岁小些的同学在低班。艺术班分文武各行当，还有音乐班、击乐班。上课时老师让她们旁听，熟悉锣鼓点，好演戏。入学3个月后，白驹荣和老师经过细心考察，便根据各人的声线条件为同学们分行当。林慧专攻青衣、刀马旦。而林锦屏学习的是小旦、花旦。13岁时，珠江电影制片厂拍摄电影《七十二家房客》，王为一导演希望找林锦屏演阿香一角，但因她年纪太小，学校也不同意，结果没能演成。

倒嗓是男女在青春发育时期所经历的变嗓过程。少年在身体成长的过程中，由于内分泌腺的作用，声带迅速长大，引起嗓音变异，声音嘶哑，甚至歌不成声，对于演员来说，这就需要特别关怀与保护。

二年级时林锦屏刚好12岁，她开始变声了，这是由童声转变为成年嗓音的一个变声期，这段时间嗓子会变粗甚至有些嘶哑，特别是唱歌的人，如果不注意保养，声带就很难复原。粤剧班里有几位同学经验不足，没有注意保护好声带，导致变坏了嗓子而被迫退学。白驹荣特别意

一九六〇年，林锦屏（左四）与林慧（左一）在阳春下乡演出

识到这些问题，为了学生的艺术前途，珍惜人才，他每天都要逐个细心倾听学生们说话、练嗓子。他眼睛失明，但心水很清，听觉敏感且记忆力极强，每个学生的声音、名字他都记得清清楚楚。当林锦屏走到校长面前，开口唱了两句，老校长就已听出她正在踏入变声期，便再三吩咐班主任让林锦屏声带休息半年，不练唱，练武功也不要说话，以保养声带，并反复强调要切实认真做到重点保护。对于天真活泼的林锦屏来说，不唱歌，轻声慢语说话，整整半年之久，实在很不容易。在老校长的指导下，她最终安全度过了变声期，进入了新的专业学习阶段。她特别感恩白驹荣老校长这位犹如再生父母的良师。

林锦屏尽管出身戏班世家，但她并不骄傲自满，比别人更加勤奋努力，受到老师和同学的喜爱。

名师言传身教，林锦屏学习粤艺天资聪慧，艺术课、文科（身段做手、唱功表演）学得很专心，很有兴趣，腰腿基本功成绩也不错。文化课也很好，在读小学时，她作文成绩很好，数学就差一些，因为林锦屏只读到小学五年级便考入粤剧学校，未学过代数。平时为了应付交功

课，只好抄同学的作业，而到了考试，不能抄，便交白卷。教数学的陈老师责问："林锦屏，你怎么搞的？平时功课是五分加，考试却是零分！"她哑口无言。"把子功"及"筋斗武功"也比较差。教"把子功"的老师是京剧师傅，教学严格，林锦屏害怕自己记不来招数遭师父斥责，所以往往到上把子课时就躲在一旁甚至借尿遁，看到武功组的师兄姐弟练得又顺当又起劲，她只有羡慕而不敢以身试练。唱功课的老师是罗家树师傅，教传统粤曲。每次上唱功课，罗家树都买一些水果放在桌上，唱得好的有奖赏，林锦屏几乎每次都能吃得到。少年儿童时代不知忧愁，整天除了上课就是玩。最喜欢玩扑克，游戏名为"斗大"。最调皮的6名女同学中，几乎全是属猪或属鼠的，锦屏就是其中之一，课与课之间休息15分钟，她们几个也不放过，满身汗水冲入宿舍，就速战速决玩起"斗大"扑克游戏。六姐林慧和其他大一些的师姐就比她们懂事多了，都成了班长及班干部，管着调皮的她们呢！

🎭 粤剧知识

　　把子功　把子是戏曲舞台演出所用的武器道具的统称，包括常用的大刀、单刀、大头枪、单头枪、双头枪、剑、斧、叉、八角锤等古代冷兵器。因为在演出中刀和枪使用较多，所以在行内习惯叫"刀枪把子"，并把它引申为武打的同义词。而对打双方手执把子进行武打技术训练的基本功，就被称作"把子功"。

🎭 粤剧名家

　　罗家树（1900—1972），广东顺德人，七八岁时在乡间学习敲击乐，及后专攻掌板，兼学唱曲，14岁随师父大锣达到广州戏班，先掌大锣，逐渐成名，享有"打锣状元"之誉。20世纪20年代，先后在省港大班与千里驹、上海妹、廖侠怀、桂名扬、新马师曾、陈锦堂等著名艺人合作演出，在"觉先声"剧团任掌板时，与薛觉先一起改革粤剧敲击乐，如把京剧的锣鼓打法运用到粤剧锣鼓之中，引进"龙凤鼓"与"响铃"等乐器丰富击乐，成效显著。罗家树掌板技艺娴熟，节奏准确，与演员及同台乐师配合默契，无论文场、武场皆很出色，在同行中享有盛誉。

　　粤剧学校办学要求十分严格，白驹荣校长非常重视嗓音训练与研究，因此粤剧学校的嗓音训练与研究在全国戏曲同行中一直起着示范作用。此外，南拳、南派武技及粤剧音乐锣鼓伴奏也是粤剧学校专业强项，为同行认可。学校以传统粤剧剧目为教学教材，十分重视学生的实践表演能力。三个月以后学员就登台表演，办学不到一年，便有一批影响较大的剧目公演。如《二堂放子》《秦香莲》《水淹七军》《醉打蒋门神》等戏宝。当时的《羊城晚报》和《广州日报》曾连篇报道，影响广泛。

　　林锦屏在学校参演的第一个戏是《凤仪亭》，她说："入学三个月就分行当，分了我做花旦、小旦，半年后我就登台演出，第一个戏参与

林锦屏（前排右一）十岁时与三哥、四哥、六姐合影（郑迅翻拍）

主演《凤仪亭》，是全校、整个粤剧行当中最细个（最年轻）的花旦。这是学校的栽培，我永远都不会忘记。"《凤仪亭》由莫志勤编剧。东汉末年，权臣董卓杀百姓以邀功，戮朝臣而胁主，因其义子吕布英勇无敌，故群臣束手。司徒王允忧国伤时，定下连环计，将义女貂蝉先许吕布，后嫁董卓。在凤仪亭上，董卓与吕布争风吃醋，父子成仇。最后，董卓为吕布所杀。该剧于1952年先后参加中南区戏剧观摩演出和第一届全国戏曲观摩演出大会，导演陈西名，主演罗品超、李翠芳。罗品超获一等奖，李翠芳获奖状。该剧还曾进中南海怀仁堂，为毛泽东主席等国家领导人演出。年纪小小的林锦屏初试啼声，表现中规中矩，声音扮相出众，显示出很好的艺术潜质，获得学校老师的肯定，这对她是莫大的鼓励。

在白驹荣、新珠、李翠芳、孙颂文、罗家树等名师教导下，她努力打造唱、念、做、打的基本功。林锦屏嗓子天赋优越，音纯、声清、音域宽、运气足，唱起来珠圆玉润，悦耳动听。在唱法上，她最钦慕红线女和大姐林小群。她认为红线女吐字清晰，运转玲珑，听来似一支清脆的箫笛沁人肺腑；大姐的嗓子圆润、柔和、运腔婉转流畅。两人的唱腔各具特色、各有千秋，值得认真学习、借鉴，取其所长，为己所用。上声乐课时学习西洋发声，由朱订南老师施教，上传统唱功课时用心钻研，善于将两种唱法相比较，研究歌唱家的发声与粤剧唱法的异同。参与工作后，她仍向夏秋燕、施明新两位声乐老师请教，从粤剧传统唱法中揣摩运腔的韵味和吐字的腔口、念白的功夫，从中博采众长来提高自己。

七载寒窗，林锦屏除了接受校内老师的精心培育外，还得到郎筠玉、红线女、薛觉明、练玲珠、邓丹平、罗家宝、林小群、小飞红、陈西名等名家的指教。林锦屏天资聪敏，勤奋学习，因而大有长进。在学期间，她学会并主演了《评雪辨踪》《拾玉镯》《盘夫》《三件宝》《选女婿》《打面缸》等一批花旦应工剧目，是学校数一数二的高材

三　粤韵姐妹花——林慧、林锦屏
林锦屏篇

生。林锦屏心想，取得这些成绩总算对得起早逝的父亲、含辛茹苦抚养一家大小的母亲，以及用瘦小的肩膀担起家庭经济担子的大姐林小群了。林锦屏深情地说："从小，父母亲、姐姐及学校老师都教导我们，衣服破旧补好就能穿，最紧要是干净，仪表要端正，不穿奇装异服，不可贪小便宜，不能讲大话（说谎），要老实做人，不浮夸。这些良好的教育，直到今天我都忘不了，思想品德是靠小时培养的，即使参加工作踏入社会后，社会上尔虞我诈、奸狡险恶的现实令我吃了不少亏，心灵上也受了不少的创伤及委屈，但我仍坚信，绝不损人利己，要老实做人，认真演戏，不图名利，始终是心安理得，活得舒心。"

粤剧学校是培养粤剧人才的摇篮，1960年，由时任广东省文教委书记的区梦觉同志批准，学校搬至犀牛路5号（原民族学院），始定名为"广东粤剧学校"。至"文革"前，粤剧学校共有学生300多人，设有粤剧表演、粤剧音乐伴奏及舞台美术等专业。

在校期间，林锦屏才艺超人，她实习演出过短剧《凤仪亭》（饰貂蝉）之外，还有《拾玉镯》（饰孙玉姣）、《二堂放子》（饰王桂

林锦屏在广东粤剧学校毕业证书（郑迅翻拍）

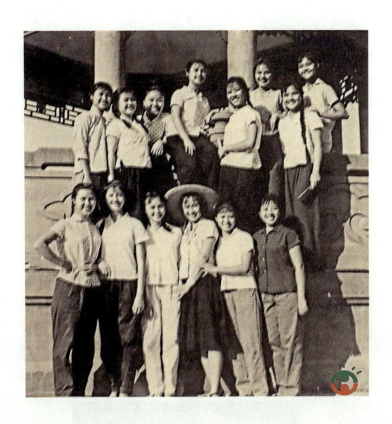

三 粤韵姐妹花——林慧、林锦屏
林锦屏篇

英）、《评雪辨踪》（饰韩翠屏）、《盘夫》（饰严兰贞）、《放裴》（饰李慧娘）、长剧《选女婿》（饰张丽英）、《争儿记》（饰史小莲）、《社长的女儿》（饰林小红）、《南海长城》（饰阿螺）均获好评。1965年，林锦屏18岁，从粤剧学校毕业，被分配到省属农村文艺宣传队，跟随省委领导同志下乡。其间，排练、演出一些有关社教的小节目。1969年，全省文艺团体下放到英德茶场劳动。林锦屏在那里摘了3个月的茶，这时才知道茶树的模样和摘茶叶的方法。从茶场回来广州后，她被分配到广东粤剧院工作。林锦屏清楚记得，当时她每月领取的工资是35.5元，一年后转正，领的工资是47元。

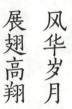

第二章
风华岁月
展翅高翔

　　1969年，林锦屏被分配到广东粤剧院工作，时值"文化大革命"，只能演出革命样板戏，粤剧院排演的《沙家浜》《杜鹃山》《龙江颂》等，崭露头角的林锦屏都担任重要的角色。

林锦屏十五岁时留影（郑迅翻拍）

林锦屏、文觉非、陈笑风于一九七九年赴香港演出《搜书院》，与任剑辉、白雪仙等合影（郑迅翻拍）

1973年，国家领导同志来广州接待外宾，在友谊剧院观看了粤剧《沙家浜》，林锦屏演阿庆嫂。谢幕时，国家领导同志上台接见演员，亲切地称赞她是广东粤剧舞台的后起之秀。握着国家领导同志温暖的手，望着日理万机的他消瘦的脸庞，林锦屏激动得泪流满面，良久说不出话来……国家领导同志转身走下舞台，背影是那样的疲惫，衣衫被汗水浸湿了一片……望着他的身影，林锦屏联想到他曾称赞"粤剧发出新光彩"，认为"昆曲是江南的兰花，粤剧是南国的红豆"，感慨万分。国家领导同志关怀粤剧，粤剧便有了"南国红豆"的美称。国家领导同志的亲切接见，激励着林锦屏为粤剧的传承、发展作出积极的贡献。1979年，林锦屏主演《搜书院》，并赴香港献艺，圆了报答国家领导同志亲切关怀、鼓励自己的梦。

三 粤韵姐妹花——林慧、林锦屏
林锦屏篇

赴港演出回来后，林锦屏又演了多个新戏。另外，又在中国唱片公司、太平洋影音公司、新时代影音公司等机构，分别录制了多首粤曲对唱和独唱。

广东粤剧是中国非物质文化遗产，是中外文化交流的纽带。1970年10月13日，中国与加拿大建交。有一晚，广东省举办晚会招待加拿大驻穗领事，在广州友谊剧院演出粤剧《沙家浜》。林锦屏扮演阿庆嫂，当晚发生了一件令她十分难忘的趣事：在第六场唱主题曲时，林锦屏突然感到台下观众在哄笑。原来是一个八九岁的"番鬼仔"（粤语，指国外小孩）顺着舞台左侧的阶级走上台，越走越近，好奇地拉着阿庆嫂的小围裙，天真地笑着、玩着，爱不释手。这个小孩原来是加拿大领事的儿子，他第一次来中国，看中国戏曲表演感到十分好奇，故缓缓上台想摸摸这个中国阿姨的衣服。演样板戏是一件十分严肃的事，遇到这种情况，林锦屏完全不敢停下来，无论台下怎样笑，她也当看不见，照演照唱。后来，台下的领事助理及中方的舞台监督一起上台，像老鹰捉小鸡似的，在台上追了几个圈才把这小孩捉住抱入后台，这时阿庆嫂的主题曲也唱完了。后来听说这个"番鬼仔"到了后台还把围住逗他玩的人打了一巴掌呢！

林锦屏迈进粤剧领域风华正茂，展翅高翔。她说："毕业后到广东粤剧院，我一个戏一个戏地接着做，去实践，真的不断进步，因为一定要演出才有进步，练到滚瓜烂熟才上台，要有个适应过程，好辛苦，但很有价值。"

在人才云集的广东粤剧院所属剧团，年轻的林锦屏一出道便担任正印花旦，接连演出过《沙家浜》（饰阿庆嫂）、《杜鹃山》（饰柯湘）、《搜书院》（饰翠莲）、《红梅记》（饰李慧娘）、《红楼梦》（饰林黛玉）、《李香君》（饰李香君）、《孟丽君》（饰孟丽君）、《梁祝姻缘》（饰祝英台）、《西厢记》（饰崔莺莺，也饰过红娘）、《怡红公子悼金钏》（分饰白玉钏、白金钏）、《朱弁回朝》（饰公主）、《绣襦记》（饰李亚仙）、《天罡剑传奇》（饰李离夫人）、《王大儒供状》（饰陈彩凤）、《醉打金枝》（饰升平公主）、《昌华公主》（饰昌华公主）、《唐伯虎点秋香》（饰秋香）、《宝莲灯》（饰三圣母）、《乞米养状元》（饰韦秀环）、《李后主》（饰小周后）、《贵妃醉酒》（饰杨贵妃）等剧。先后与罗家宝、关国华、小神鹰、罗品超、陈笑风、彭炽权等多位前辈，以及同辈、晚辈同行，文武生演员合作演出。合作过的香港演员则有龙贯天、陈剑声、梁汉威、吴仟峰等，并与陈小汉、黄少梅录制粤曲CD、卡拉OK和个人独唱CD。演过多个资深编剧家和撰曲家的粤剧、粤曲作品。

多年来，林锦屏以艺术为第一生命，在舞台上成功地塑造了林黛玉、李慧娘、李香君、孟丽君、翠莲、祝英台、崔莺莺、金钏、玉钏、红玫瑰等不同时代、不同遭遇的女性形象，给观众留下了深刻的印象。她擅长演委婉缠绵的悲剧人物，但高贵刁蛮的公主也演得很到位。她的演出风格典雅，做工细腻、严谨，嗓子甜美，吐字清晰，唱功深厚。有专家在《林锦屏表演艺术风格刍议》（子午，1992）中指出，她是一个善于"根据不同人物角色需要设计舞蹈动作以及头饰、服饰等的全能演员"。她善于运用表演和唱功造型去塑造人物性格，演得有深度，形神兼备。特别在《李香君》中饰演李香君、在《搜书院》中饰演翠莲、在《红楼梦》中饰演林黛玉、在《梁祝姻缘》中饰演祝英台最为成功。曾随团赴港澳地区，以及美国、新加坡等地演出，受到热烈赞扬。赴美演出时，有华侨曾写诗道："惆怅锦屏归去日，乡亲何日再开眉。"

1979年5月，林锦屏随文觉非、陈笑风赴香港演出，她以精湛的演唱风格和表演技艺，在香港引起了空前轰动。香港曲艺音乐前辈谭伯叶把她誉为"省港第一声"，报章称赞她为"全团最年轻有前途的正印花旦"，中国音协前副主席李凌则称她是"富有性格的粤剧女歌者"，"一起腔就把听众吸引到音乐中去"。1984年春节，林锦屏曾赴北京参加中央电视台全国春节联欢晚会，演唱粤剧《南海渔歌》，向全国观众

林锦屏赴中央电视台春节联欢晚会出席证

展现了她的"屏腔艺术"。

　　林锦屏天资聪颖，勤奋好学，热爱艺术，全副身心投入，不断要求进步，她精心研究粤剧唱腔，同时努力学习美声唱法，掌握正确的发声位置和呼吸方法，这对塑造人物性格，用声音表达各种人物的感情更容易得心应手，形态沉着，观众听得舒服，看得顺眼。她的舞台演出表情自然、声情并茂；反对令人生厌、挤眉弄眼的表演、声嘶力竭的演唱，并不断以艺术榜样勉励自己。她说："我比较注重学习红线女的典雅神情和林小群的婉转动听，又着意吸收粤语歌曲那平顺质朴的发声，以克服戏曲假嗓的不足，适合现代观众崇尚自然的品位。"

　　林锦屏有自己艺术人生的座右铭，不断获得升华、进步。她说："粤剧是我毕生眷恋的艺术，舞台上的角色，是我的魂，我的心。我热爱粤剧，不管风吹雨打，我绝不停止耕耘。一定要把人物演活，人物形象创造得好，审美价值就越高。美的艺术孕育于艰苦的创造之中，没有对人物的深刻理解就不能有新创造。只有对人物理解得深，才能表演得真；只有深知人物的情，才能活现其形，从而以形传神。有前辈的经验供学习，这是幸福的。自己属于艺术，永远也不会离开为之奋斗了几十年的粤剧艺术，如果一旦离开，自己便成为一个没有灵魂的人，只剩下一个躯壳。"

著名编剧家、深圳粤剧团原团长萧柱荣先生与林锦屏是同行，又是同龄人，交往多年，彼此相知。他撰文写道：

1987年仲夏，我参加了广东省文化厅组织的观摩团进京观摩第一届中国艺术节，同团进京的还有广东粤剧院当家花旦林锦屏。这次半个多月的接触，最吸引我的，是她于艺术观念的独立思考和于艺术批评的凌厉辞锋。她有思想、有观点、有理论、有文化，远非只是有声、有色，优于平常唱做念舞演技的粤剧老倌。我很庆幸有此机会向这位高手学习，不时与她就一些艺术问题辩论个脸红耳赤，还在同爬八达岭路上来了一阵"长城论剑"。我们生肖都属猪。再细算，她属猪颈，我属猪肚，她送了我一个雅号"包顶颈"，我也回赠她一个美名"猪颈姐"。之后，我们见面、通讯都习惯用此称呼以取乐。当时，由于有充裕的空间展开话题，她还给我详尽地介绍了他们这个出自南海平洲粤剧摇篮的林氏粤剧世家。此后，我特别注意林锦屏的演出。1990年我看了林锦屏的《贵妃醉酒》后，当即介绍并玉成深圳市粤剧团的一位新扎花旦，拜林锦屏为师，希望她能承传林氏姐妹的唱腔艺术。

萧柱荣对林锦屏的评价是客观、真实的。他说："林锦屏非常聪明，有激情、冲劲，有自己的见解，而且有勇气毫无保留地表达出来，实在难能可贵。在艺术上有其突出成就，她先天条件非常好，声、色、艺数她第一，前辈名家演过的粤剧《搜书院》、由京剧改编的《贵妃醉酒》，她都有所突破，独树一帜，获得行内和观众认可，值得称赞。"以下是她出演过的主要剧目。

《搜书院》 1954年由杨子静、莫汝城、林仙根据同名琼剧传统戏改编。镇台府丫环翠莲的风筝断了线，被琼台书院学生张逸民拾到，张逸民在风筝上题诗一首，交还翠莲。镇台夫人见诗，认为翠莲有私情，将其关在柴房里。翠莲在丫环秋香帮助下女扮男装出逃。经琼台书院假称寻乡友张逸民迷路，见到张逸民后吐露真情。张氏决意与她结为鸳鸯同归故里书院。镇台带兵围住书院搜查，书院掌教谢宝仗义执言，机智地将翠莲藏在自己的轿子的底格，趁夜色掩护送出城外，两人终成眷属。这是马师曾、红线女的首本戏。其中，红线女饰演的翠莲一角形象早已深入人心，唱腔脍炙人口。林锦屏、陈笑风出演的《搜书院》被媒体称为"第二代《搜书院》"。演出前，林锦屏一方面诚心向名家学习，另一方面反复研究人物的思想情感，追求剧艺形象的真实完美，终

林小群与林锦屏
（郑迅翻拍）

于塑造了一个真挚、淳朴可爱的翠莲形象。她扮演的翠莲细腻熨帖，圆润剔透的嗓音传神动听。哀怨处如泣如诉，猿声鹤唳；亢奋时声如裂帛，飘然激越。特别是"柴房自叹"一段，抑扬顿挫的腔调将翠莲极度愤懑、彷徨、焦灼的思绪表现得入木三分。同时，林锦屏继承了昆曲老师傅传授的"放风筝""书房会"的身段功，使粤剧表演焕然一新。编剧家李悦强指出，林锦屏的《搜书院》表演，焕发出"清新之气"。1978年，她与文觉非、陈笑风等到港澳演出《搜书院》，受到港澳剧迷的热捧，当时香港曲艺音乐前辈谭伯叶称赞她是"省港第一声"。至今，该剧已累计演出了200多场！

《柳毅传书》 这是林超群在20世纪50年代初，任广州"太阳升"剧团经理时一手策划、由青年编剧家谭青霜根据冯梦龙小说《柳毅传书》改编的粤剧，历演不衰。洞庭龙女三娘远嫁泾河，被夫虐待，隆冬时节，驱役于渭水之滨牧羊，求助无门，悲啼掩面。书生柳毅上京赴考，遇此不平事，愤而折返洞庭，代为传书报讯，三娘遂得以被救返龙宫。三娘感恩，亦爱慕其高风亮节，酒席筵前向柳毅含情敬酒，然柳毅传书之举乃是仗义执言，本无男女私念，更恐被世人嘲讽，故断然拒婚，三娘黯然送别。别后，柳毅心中对三娘亦常为牵念，无奈却又必须应从母命，与一渔家女子成婚，花烛之夜方知新娘乃是三娘幻化，皆大欢喜收场。林锦屏演龙女三娘之前，粤剧界也有林小群等13位花旦演过此角色，但她发挥自己的演技，与罗家宝合作主演，获得成功，她用自己的风格去表演，依然是一位出色的龙女。

《昭君出塞》 传统剧，出自明代《王昭君出塞和戎记》第二十九折。汉皇选西宫，昭君入宫做了宫女。一日，昭君弹琵琶以感怀身世，汉皇惊艳，昭君把画师毛延寿奸计告之，汉王便改策昭君为西宫，贬皇后凤姬为贵人，又将毛延寿充军塞外。凤姬与毛延寿两人联手设计将昭君远嫁匈奴单于。出塞之日，昭君被识破冒认公主代嫁，惜单于坚持娶昭君，昭君与元帝二人无奈接受。昭君要求匈奴王年年进贡汉王朝及杀

三 粤韵姐妹花——林慧、林锦屏
林锦屏篇

毛延寿，匈奴王答应。这是红线女主演的名剧之一，林锦屏在该剧中饰演王昭君，出塞时所唱的一大段唱腔吸取"女腔"的精华，又发扬了自己的风格，受到极高的评价。

《莲花仙子词皇帝》　宵娘是南唐李煜的爱妃，能歌善舞，人称莲花仙子。宋灭南唐，李煜屈为臣虏。宋太祖虽赏识宵娘，遗憾的是以君王天下之态对待宵娘，宵娘以死相拒，登上金莲花，遥对李煜拜而舞，然后自尽。林锦屏饰演女主角宵娘。为了塑造这个人物形象，她不仅亲自设计服装、头饰和形体动作，还与音乐师傅一起设计了几大段精彩唱腔，这使得剧目既有粤味，又有很多创新。这个角色很好地发挥了林锦屏善于用声腔艺术刻画人物的长处，唱出跌宕多姿、悲切婉转，给人以杜鹃啼血般的悲剧美感。同时，林锦屏还向舞蹈界老师请教，模仿芭蕾舞步，使宵娘含着泪花为李后主最后的献舞很有层次感，这也反映出林锦屏对艺术的执着追求和对人物的深刻理解。林锦屏在该剧中饰演宵娘，曾获广东省艺术节"表演一等奖"和"唱腔设计一等奖"。

《武松杀嫂》　潘金莲与西门庆私通，被武大撞见，反为西门庆

所伤，王婆唆使潘金莲毒死武大。武松回家，见兄灵堂起疑，逼问何九叔，得实情，杀嫂报仇。林锦屏饰演潘金莲，乃以个人风格去塑造这一悲剧人物，非同一般。

《洛水情梦》　汉末军阀混战，魏蜀吴三国鼎立，曹操之子曹植与甄女玉婵相爱，并造有金缕玉带为定情之物。曹操之子曹丕对曹植十分猜忌，在政治上频加逼害，并伺机夺去了甄女。甄女处于曹家兄弟权力斗争和爱情纠纷之中，含恨投江。林锦屏饰演的甄玉婵，美丽善良，光明磊落，正气凛然，感人至深。

《拾玉镯》　孙玉姣在门前绣花，被青年傅鹏看见。傅鹏爱慕上孙玉姣，便借买鸡为名，和孙玉姣谈起话。傅鹏的潇洒多情也打动了孙玉姣的心。傅鹏故意将一只玉镯丢落在孙玉姣的门前，她含羞拾起，两人的心愿被刘媒婆看出，便出头撮合这件好事。林锦屏扮演的孙玉姣，采用小旦表演程式，做工细腻。尤其是孙玉姣做针线时的做手大受赞扬。

《梁祝姻缘》　东晋时期，浙江上虞县祝员外之女英台，美丽聪颖，女扮男装远去杭州求学，途中邂逅会稽书生梁山伯，一见如故，草桥结义，从此同窗共读，同学三年，情深似海。祝父思女，催归甚急，山伯十八里相送。祝父将英台许配给太守之子马文才，梁祝楼台相会，誓死相爱，然山伯忧郁成疾，不久身亡。英台闻此噩耗，誓以身殉。被迫出嫁之日，绕道山伯墓前祭奠，悲痛之时，风雨雷电大作，坟墓爆裂，英台翩然跃入坟中，墓复合拢，风停雨霁，彩虹高悬，梁祝化为蝴蝶，在人间翩跹飞舞。林锦屏饰演的祝英台，着力发掘人物的思想内涵，从人物性格特点出发，形象栩栩如生，情真意切。特别是在"易装求学""十八相送""催妆""哭坟"等场次的表演中，独具特色，给祝英台注入了新的生命力。同时，这出戏改革了粤剧的某些程序，节奏紧凑、明快，更富于真实感。即使是在80年代初粤剧"淡风"很盛的澳门，也出现了"爆棚"现象。后来，林锦屏还录制了有交响乐伴奏的清唱版"梁祝"，给观众耳目一新的感觉。

《打金枝》 唐代宗将女儿升平公主许配汾阳王郭子仪三子郭暧为妻。时值汾阳王花甲寿辰，子、婿纷纷前往拜寿，唯独升平公主不往，引起议论，郭暧怒而回宫，打了公主。公主哭诉于父母，逼求唐皇治罪郭暧，郭子仪绑子上殿请罪，唐皇明事理、顾大局，并加封郭暧，劝婿责女。小夫妻消除前嫌，和好如初。林锦屏饰演的升平公主既聪明又任性，既可恶又可爱，演活了一个"皇帝女"，令人啼笑皆非，爱恨交加。

《西厢记》 唐贞元年间，河中府普国寺为崔相国生前所建。相国死后，崔夫人带女儿莺莺、红娘及侍婢暂住西厢守灵。书生张君瑞赴京赶考，路经普国寺，遇见莺莺，二人一见钟情。叛将孙飞虎欲抢莺莺为妻，老夫人于急迫之下，当即许诺：能退兵者，可与莺莺婚配。张君瑞得白马将军杜确解围，老夫人却悔婚。红娘传书递简，二人赋书写对，在西厢相会，终成眷属。林锦屏饰演的崔莺莺，以"闺门旦"的表演程式，优雅淡定，骨子玲珑。

《红梅记》 大学生员裴舜卿与已故李御使之女李慧娘折梅巧遇，一见钟情。奸相贾似道贪慧娘美色，强抢其入府作妾。一日游湖时，慧娘与裴生重逢，相对而泣，被贾发现，遂杀害慧娘。慧娘死后冤魂不散，在土地公公帮助下，救出被贾似道诱骗入府囚禁的裴生。然两人阴阳相隔，悲伤而别。林锦屏饰演女主角李慧娘，表演时唱腔清脆嘹亮，将人物勇敢善良的性格、爱憎分明的思想感情表现得淋漓尽致，深受观众称赞。一段"鬼怨"，使剧中的"放裴"唱段成为传统折子戏。李慧娘与裴生配合的功架表演，舞蹈身段，艺术精湛，加上喷火等特技，场面十分惊险动人。至今，此剧共演300多场。

《李香君》 莫汝成根据孔尚任《桃花扇》改编。明末秦淮歌女李香君才貌超绝，虽地位卑微，却品格高尚。通过她与贵家公子侯朝宗的恋爱故事，反映了在历史变动的重要关头，中华儿女高贵的情操和气节。李香君在"却奁"中拒绝了金钱的利诱，在"守楼"中反抗了权势的逼迫，在"骂筵"中痛骂了祸国殃民的权奸。她忠于爱情、舍生忘死，侯朝宗却屈服于淫威，香君最终含恨而死。在《李香君》中，林锦屏饰演的秦淮歌妓李香君性格发展的脉络有条有理，从与侯朝宗定情新婚时的柔情似水，到发现侯朝宗经不起严峻考验而变节时"脱下罗裳，掷还珠翠"的大义凛然，教人不可逼视！一段"守楼"，林锦屏学习红线女的唱腔，连音乐伴奏的师傅都十分感动。"骂筵"一段，得到中国音乐家协会副主席李凌老师的赞赏。他希望林锦屏上北京用"爱乐"乐团伴奏演唱。林锦屏把握住了人物的思想性格，以其清脆甜亮的声音、起伏明朗的行腔，以情带声，以声触情，声情并茂，将人物真挚而缠绵的神情、炽热鲜明的爱憎表现得恰到好处，给观众以美的艺术享受。

《怡红公子悼金钏》 陈冠卿根据《红楼梦》改编的粤剧。贾宝玉烧香归来，看见终日辛劳的侍婢金钏还要为就寝的王夫人捶骨，深表同情，暗中赠金钏一颗香滑雪津丹，对她说了几句贴心话。不料被王夫人听见，下问情由，辱骂金钏勾引宝玉，并把她逐出家门。金钏含冤投井自尽。其妹玉钏却把仇恨倾注到宝玉身上，宝玉欲辩无由，借进羹之机，诚恳地向玉钏倾吐了自己的苦衷和受杖责的痛楚，玉钏才明白姐姐之死的真相。《红楼梦》原著关于金钏和玉钏的描写较少，剧情简单，林锦屏反复阅读原著，为人物形象的塑造做了许多案头工作，把金钏的温顺、沉静而又刚烈和玉钏天真纯洁、身贱志高、爱憎分明、疾恶如仇的性格表现得十分鲜明、生动，成功地塑造了性格迥异的金钏和玉钏的形象。特别是"金钏投井"和"送羹"两场戏，观众好评如潮。

《白蛇传》　传统剧，20世纪初叶，已有李雪芳演过，后有多位名家在省港澳演出。林锦屏在该剧中饰演白素贞，给观众留下深刻印象。该角是唱念做打俱全的人物，对于专攻文场戏的林锦屏来说，这个角色的武打场面（"盗仙草""水漫金山"）的难度很大，但在新加坡演

林锦屏载誉而归
（郑迅翻拍）

1995年，林锦屏赴美国三藩市为列治文康复中心筹款义演《贵妃醉酒》，获加州州长签发1995.10.14三藩市林锦屏日奖状证书（左）和康复中心颁发的表演艺术奖（右）

1989年，林锦屏（中）获"广东省中青年演员百花奖"时与文化厅长郑达、老文化局长李雪光合照

林锦屏（左）与姐姐林小群及丁凡在广东省中青年戏剧演员《百花奖》颁奖大会上合影

1996年，林锦屏（右）赴美国演出获赠纪念品（颁赠者为波士顿侨领）

54-55

这出戏时居然获得满堂彩，这与林锦屏扎实的基本功底子和勤奋苦练是分不开的。

香港曾举办"南派粤剧汇演"，林锦屏应邀参加，以古曲《仕林祭塔》演出南派版本。她设法找到晚清女师娘唱过的古曲曲谱及文字本，以及在粤剧学校打下的"官话"基础，全场折子戏以官话唱出，大获好评，"粤剧"泰斗罗品超大赞此戏乃精品。

《贵妃醉酒》　由京剧大师梅兰芳主演的名剧改编，梅兰芳从青年时期到晚年数十年不间断地演出此戏。杨玉环与唐明皇约在百花亭摆宴。玉环久候明皇不至，原来他早已转驾西宫。贵妃羞怒交加，万端愁绪无以排遣，遂命高力士、裴力士添杯奉盏，饮至大醉，怅然返宫。林锦屏饰演杨贵妃。剧中，贵妃未出场，在幕内唱，先声夺人。然后配锣鼓点出现在舞台最高台阶处，注目观众。这个亮相十分亮丽，给人感觉她是一个实实在在的端庄、自信的杨贵妃。她沉浸在皇帝的宠爱之中，很欣赏自己的美貌、才华出众，非三千妃嫔能够相比。林锦屏仔细分析这个人物在此短剧中几起几落的情感变化。步下台阶的时候，她一步一步、十分自信地走到台口，与拍档梁建忠和何笃忠紧密配合，好像是两片绿叶陪衬着好看的红花。给观众以难忘的印象，不可磨灭。随着剧情的发展，等待皇帝来，等一下不见来，三更还不见来，四更又不见来，快要天光了还不来。最后失落的时候就狂饮酒，狂得有道。

著名编剧家李悦强认为，梅兰芳京剧《贵妃醉酒》的典（古典）、雅（高雅）、贵（贵气）、浓（氛围饱满），与林锦屏粤剧《贵妃醉酒》的骄（骄纵）、奢（奢华）、艳（冷艳）、妒（美妒），各具特色。1995年，林锦屏随团赴美参加三藩市（旧金山）列治文康复中心筹款演出时，以一出《贵妃醉酒》获得美国加州州长签发的"1995.6.14三藩市林锦屏日"奖项证书。个人演员在美国获得此项殊荣，实属凤毛麟角，令林锦屏受到极大鼓舞，欢欣不已！

林锦屏从艺以来不断探索，吸收各家之长而自成一派，受到海内外广大同行和观众的认可、赞扬，为粤剧艺术事业的发展作出了巨大贡献。1994年5月27日，广东省粤剧院举行"林锦屏艺术研讨会"，与会者有文化部门领导、专家、学者和新闻界朋友40多人，对林锦屏几十年来工作成就和贡献开展热烈讨论，并给予充分肯定。

广东省戏剧家协会副主席陈仕元说："作为一个看了几十年粤剧的观众，我很欣赏林锦屏的表演，我认为戏剧最主要的还是情感艺术，如果说没冲突、没行动、没情感，就没有真正的戏剧。林锦屏完全是用感情来演戏，无论是唱念做打，或一举手一投足都带着人物所需要的感情，亦即情感的投入。如她饰演的林黛玉在'葬花''焚稿''归天'几场戏中，每一个步法、水袖、身段、造型都能恰如其分地反映此时此地人物的心态，动作十分精练，有层次、有高潮，很感人。而且她戏路广，除了演缠绵悱恻的戏外，还能演一些慷慨激昂的如《李香君》这样的戏。在李香君'骂筵'的一场中，从'我有恨，恨满胸……南朝半壁守江东，北复中原盼列公……'直唱至'把江山断送，误国元凶，魏家孽种'。唱得慷慨激昂，把爱国主义的感情发挥得淋漓尽致，把卖国贼骂得狗血淋头，很自然、很有分寸地表现出来人物内心的呼唤。一个演员能达到这种境界很不简单，这是她多年奋斗的结果。由于林锦屏的文化修养较高，能很好地理解人物，内部和外部的动作设计得好，留给观众的印象很深。据说有时为了塑造人物，她自己设计服装、头饰、道具等，使形象更加完美，这也是一种艺术创造。"

刘玲玉（广州市文艺创作研究所研究人员）说："林锦屏在我心目中是一位粤剧艺术美神，其表演清新奇美，如诗若画，具有很高的美学研究价值。俞振飞老先生谈到表演经验时说'戏曲最高境界是诗境意境'，我认为林锦屏的表演达到了这种境界。有些演员的演出不是程式和技巧的堆砌，就是过于生活化，缺少了戏曲雕琢的深度，令观众看了一次就不想再看。而林锦屏演出的《红楼梦》，我就看了五六次，她唱的主题曲的腔调和表现人物思想意蕴的仪态和动作，使我品味再三。她是多才多艺而戏路专一，擅演花旦的文情戏与悲剧，30多年来，她在粤剧舞台上塑造了近百个古今中外不同性格的妇女形象，有复仇女神李慧娘，有大义凛然的李香君，有多情的孟丽君，有软弱孤傲的林黛玉，有为爱情舍生忘死的小周后，有能歌善舞的窅娘，有雍容华贵的杨玉环等，这些人物形象塑造得非常鲜明深刻，使她在海内外拥有广泛的观众。我认为她的表演艺术高峰是从塑造林黛玉开始，到小周后、窅娘、杨贵妃几个人物时达到了炉火纯青的境界。她的表演艺术对前辈是有所超越的，难怪她演的'葬花''焚稿''归天'等几场折子戏被选为向广东全省青年演员示范表演的节目。"

陈自强（粤剧编剧家）说："林锦屏是目前粤剧圈中一位多才多艺的名旦，她有一定的文学根基，写得一手清秀的字，懂得自己进行唱腔设计，尤其最可贵的是她那对粤剧事业至情至性的精神。她先后演出了我写的几个剧本——《南唐李后主》《莲花仙子词皇帝》《贵妃醉酒》。我认为她在《莲花仙子词皇帝》中饰演的窅娘最有光彩，活生生地塑造了一个爱得深、恨得切的南唐奇女子，给人留下难忘的印象。看林锦屏演戏，欣赏她的表演艺术，每每让人击掌称赞，深深地舒一口气。她艺术上不时有些过分自我或走火入魔，演得她身心交瘁，又令人为她沉重地叹一口气，感谢林锦屏和我合作了几个戏。我喜欢做一个命题，就是人生无奈。但我是写在纸上，而林锦屏用她独特的表演艺术和唱腔艺术写在了舞台上。"

蔡衍棻（粤剧撰曲家）说："我只谈谈林锦屏唱腔上的成就。1976年，林锦屏参加全国曲艺汇演，她演唱的曲目是红线女谱曲的《鸟儿问答》，在北京演唱了十几场。（我负责打幻灯。）征服了很多不懂粤语的观众。林锦屏的唱腔技巧自有基柱，除了天赋的条件外，她在学习名家的过程，不论门派，凡认为好的就学，包括自己的大姐和父亲，但学习人家的唱腔又不是生搬硬套，而是灵活运用，通过自己的融合处理后，用自己的方式反映出来，不是单纯追求外部的形似，而是力求达到

三 粤韵姐妹花——林慧、林锦屏
林锦屏篇

神似。唱腔的运用，她除了注意在塑造人物的特色外，对板腔转折的技巧运用得也相当熟练。过去人们认为只有女伶即唱曲艺时才注意板腔转折，但林锦屏近年来唱的单支曲也反映了她这方面唱腔的成熟，特定的小曲转梆黄或梆子转二黄，她都转折得毫无痕迹，有相当高的水准，她唱主题曲或是单支曲《红棉礼赞》都已达到浑然一体、一气呵成的艺术境界。而且还能驾驭声腔的强弱，驾驭每首曲节奏的变换，以及动静之间的转换配合等，都表现了很高的技巧。

"林锦屏的唱腔还善于吸收兄弟姐妹艺术唱腔的养料，达到丰富自己唱腔的目的。比如唱《蝶恋花·答李淑一》有评弹的影子，《黛玉葬花》有越剧曲词的味道。又如在10年前，我填的新小曲叫《轻舟荡月》，原是器乐曲，用人声较难唱。而林锦屏运用子喉与平喉交替，使用相当高的技巧，使听众不但不觉有异，而且感到悦耳。有些曲目她还吸收西洋发声方法去演唱，很有特色。总之，她在旁征博引上没有过分强调是粤剧还是评弹，也不是取来作主题曲，而是经过消化，在艺术上点到即止，不照搬。

"田汉曾经赠梅兰芳一首诗，其中有两句'保住青春五十年，最纵横处最精严'，我想阿七还不到50岁，我们也不用取全两句，可以用'既纵横，又精严'来用在她身上较为恰当。纵横是指她的唱腔艺术的多样性、丰富性，表现能力强化；精严是指有些曲目和特定唱腔，她是呕心沥血去创造和研究的。作为中年艺术家，能做到这点十分可贵。"

在"林锦屏艺术研究会"之前的1992年7月，广州市文艺创作研究所研究人员呢喃（子午，许燕良）发表题为《林锦屏表演艺术风格刍议》文章，提出"屏腔"问题，引起人们关注。"编者按"称："在当代粤剧舞台上，曾经产生了以'红腔'为代表的一批久负盛名的唱腔流派；但是，像罗品超、陈笑风、林小群等早已为广大观众和专家所肯定的个性独特、风格卓异的唱腔艺术，至今仍没有人从理论上为他们总结出一套完整的风格特征来。这是一项需要填补空白的艰巨工程。本文作者对70年代末崛起的粤剧新秀——林锦屏的表演艺术风格有自己的独特发现和见解。他在文中第一次提出'屏腔'概念，并概括出其艺术特征。希望引起专家、同仁的注意，一可加强、促进此项研究，二可发表不同意见，进行学术上的争鸣。"

呢喃表示，"正如很多名家所公认的，林锦屏的嗓音清脆明亮，在高、中、低音区皆舒卷自如，既有'红腔'气贯长虹的抒情花腔韵味，又有其姐林小群唱腔婉转动人的特点。而且，林锦屏又是目前我省中、青年演员中唯一能自己设计唱腔、以声音造型，并能根据不同人物角色需要设计舞蹈动作以及头饰、服装等的全能演员。在近后10多年的演出实践中，林锦屏在'红'、林二腔的基础上，进一步吸收和糅合了黄少梅等曲艺唱腔和越剧的某些演唱特点，再加上她对西洋发声方法的独特领悟和科学化用，早已突破了自己原先的格局，而发展成为别具一格的'柔情丰富而深沉'的'屏腔'艺术。"其"特质就是注重人物的精神造型，根据不同的人物选择不同的主要音调（包括对节奏、语感的把握和统摄）作为唱腔的主音，构成主导动机和句型。林锦屏擅〔善〕于以情塑声、以声融情，把人物的情感揉碎在每个乐句甚至每个音符之中；起腔时，口中含着一股真气，这股真气随着乐句弥散开去，产生了一种近似气功那样摄人心魄的效果。我们听林锦屏唱戏，好像体内默默接收着她发出的'声气'（以声载气），引起了情感、呼吸等的相应变化和融和〔合〕。所谓'抚心发声'，情真气生，这正是'屏腔'艺术的深层精神实质"。

三　粤韵姐妹花——林慧、林锦屏

林锦屏篇

急流勇退
怡然自得

第三章

　　林锦屏是个善于独立思考、有主见的人，有自己做人、做戏的宗旨。她说，几十年的人生艺术道路，多少坎坷曲折，无数酸甜苦辣，鲜花与泪水，掌声与遗憾，委屈与喜悦，交交集集，混混淆淆，分不清，理还乱！年纪大了，力不从心，就应退休，不要勉强，更不必恋战。长江后浪推前浪，后继自然有来人。要争取过好休闲舒适、无忧无虑的晚年生活。

　　20世纪90年代，正是林锦屏戏剧生涯的高峰期，大红大紫，无限风光，此时理应大展拳脚，再创辉煌。出乎人们的意料，她却急流勇退，告别广东艺坛，不免令戏迷和戏班行家深感惋惜。林锦屏坦诚地"解剖"自己，毫无保留。她说："踏入戏行，我顺风顺水，但就性格而言，我并非事业心很强的人。也不是外界传闻中那么刻苦用功，只是有些小聪明，加之运气较好，稍有成就而已。我有追求艺术完美之心，却无成全其完美之力。一出好戏不可能是一个人的，要同心合力一起演好。在我的剧艺生涯中，我有些戏的拍档合作并不那么顺心，留下遗憾！我很羡慕任（剑辉）白（雪仙）与唐涤生天衣无缝的合作，他们才不枉此生。成名之后，戏班有些事令自己并不开心，产生厌倦情绪。"有些人特别喜欢出国演出，她却不以为然，几次出国有"大种乞儿"之感。海外华侨喜爱粤剧，邀请戏班远道去演出，自在情理之中，但是他们大多不是富豪，凑钱集资，实在不易，为节省开支，主办方租住廉价的时钟酒店、学校，有的缺乏床单、被褥、热水，有的蚊蝇、甲由丛生。出国演出未必如想象中理想，这是她的心里话。

林锦屏于1997年移居香港，并注册成立锦屏剧社，设馆收徒。林锦屏任社长，彭逸文任总干事，区文凤任秘书。锦屏剧社是面对业余文艺团体，有当地政策支持，交税可减免七成到八成。同如香港文化中心，拥有2000个座位，才收11600港币的场租，还是在尖沙咀黄金地段。做得好可以赚10多万，当地政府也不要求报税交税。

二〇〇二年一月二十二日至二十三日，香港大会堂『林锦屏经典名剧汇演』宣传单（郑迅翻拍）

三 粤韵姐妹花——林慧、林锦屏

林锦屏篇

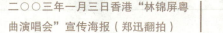

二〇〇三年一月三日香港"林锦屏粤 曲演唱会"宣传海报（郑迅翻拍）

香港黄金剧团演出海报，与龙贯天 演出《武松杀嫂》（郑迅翻拍）

　　这就是香港的戏行环境，林锦屏刚到香港的时候，还不适应。最初，她与当地文武生合作，今日给一个剧本，明晚就要上台，香港艺员对自己演的戏很熟悉，林锦屏就很生疏，如果用一句比较难听的俗话，就是"新鸡入旧笼"。林锦屏说："我是新的，他们是旧的，肯定熟过我，我就要加倍努力。真是记曲记到脑都痛啊，几日就要演一个新长剧，而且一个礼拜要演出好多场戏，不同的戏，礼拜日就两场。在香港做戏呢，要有人来看你的演出，就算你当正印花旦，也得负责推票。我要推5000港币的票。后来自己搞表演，开演唱会，也要推票。"但怎么样建立观众的基础呢？香港大会堂是古老的政府会堂，在中环的黄金地段，林锦屏两夫妇就租了一个室，叫作演奏厅，租金2个小时245港币。林锦屏就在这里做活动，卖戏票兼招生，举办粤剧培训班。第一期有80多人报名，上一堂课收入7000港币。

林锦屏努力适应香港的社会环境。她没有学过扬琴，在广州，通过小提琴家骆臻的女儿在乐器厂买了一架扬琴，很漂亮，由著名乐师汤凯旋亲自给调的音。林锦屏把扬琴带到了香港，她自己学着打，居然就学会了。林锦屏开办粤曲培训班，上课时就用它来伴奏。粤剧培训班报名的人很多，有律师、会计师、医生、金融界的朋友，他们都很喜欢粤剧，学习的热情颇高。"他们学了以后，我们搞演出，这帮人就变成票房的支柱，就是粉丝。老师演出，学生们就买票。"林锦屏对他们说："你们买票，我会给你们最好的座位，才80港币一张票。"场租10万，但收入了17万，这就是等于赚了7万港币，这是第一次。此后，他们就一直这样做下去，最辉煌的时候是一次演唱会，请了陈小汉、彭炽权、陈玲玉、阮兆辉、新剑郎等6个人，林锦屏唱了8首国语歌、6首粤曲。这场演出卖了24万港币的门票。从经济角度看，是非常成功的。

香港锦屏剧社海报
简介（郑迅翻拍）

香港锦屏剧社

锦屏剧社成立于1994年初，由广州青年文化宫主办。社长和导师是著名粤剧演员林锦屏小姐。广州市市长黎子流亲笔为剧社题词："不弃阳春白雪，更需下里巴人。"

1996年初，林锦屏女士移居香港，锦屏剧社也移师香港，由香港游乐场协会主办。游乐场协会总干事梁伟权先生为剧社领导成员之一，现拜林锦屏为师。

林锦屏原系广东省剧协副主席、广东粤剧院二团副团长、国家一级演员。她清新高雅的唱腔，精湛细腻的表演在粤剧界享有盛誉。

梁伟权的演唱风格潇洒大方，很有大家风度。陈小梅是香港东莞工商总会刘伯乐中学的英文教师，她有着一副悦耳甜美的子喉，在师从林锦屏后，演唱水平和表演技艺有了很大提高。剧社的其他社员梁惠清、陆丽卿、邓秋萍等，都是有多年演唱经验的业余唱家。

林锦屏小姐在粤剧折子戏《贵妃醉酒》中饰演杨玉环。

三　粤韵姐妹花——林慧、林锦屏
林锦屏篇

林锦屏油画肖像（郑迅翻拍） ｜ 林锦屏与爱猫合影（郑迅翻拍）

  内地与香港粤剧环境迥然不同。林锦屏说："香港艺人做戏很自由。他喜欢怎么做就怎么做，没有什么规范的，可以爆肚、搞笑。有一次我跟龙贯天合作演《凤阁恩仇未了情》，我演红鸾郡主。剧中，有个渔民把我从海上救了上来，我当时失忆。他说：'这个人鬼鬼地像个鬼妹一样。等我用英文问一下她，"What's your name？"'他的英文水平很差，全场观众大声笑。我听不懂他讲什么，但我觉得他肯定是问我叫什么名字，那我就讲了一句英文：'I don't know。'跟着他又来了一句，用普通话问我：'你叫什么名字啊？''我不知道啊！'我就这样回答他。在台上这样玩，如果在内地，那就不得了。在内地，也有演《凤阁恩仇未了情》这个戏，但和香港的版本差很远。"

  "有一次我和龙贯天做《武松杀嫂》，台词是：'大郎，你起来喝药吧！'我知道这是毒药来的，就犹疑不敢下手，演王婆的艺员就拼命地按我的手。武大郎死了之后应该有一段唱腔，我忘了词，做西门庆的陈剑峰这时候就代我唱完这两段反串中板。两整段都是他来唱，用他的角色来演唱，代替了我。香港做戏，就可以这样。

"香港艺员如果讲即兴表演，适应舞台的能力，是很了不起的。个人的艺术或许不能跟内地比，但是他们有的地方就比你好。香港大多数的艺员都懂音乐，例如梁汉威不仅会拉小提琴，还会画布景。这种多才多艺，与他们的经历相关。他们年纪很小就入剧团，没有戏做时，就要去请教师父学艺。所以，他们都学了很多本事，自己开乐社，生存能力就比较强。香港艺员要有人请才可以有戏演；没人请，你就要多想办法赚钱，适者生存。

"香港的艺员不是你做花旦的，就单做花旦，文武生也是，你必须多做一些行当。阮兆辉就很厉害，有一次他做赵匡胤，我做赵匡胤的妹妹，本来这个角色是请虾哥（罗家宝）演的，但是虾哥没空，就由他顶上。开打完了以后，就有一段快中板，因为这个戏太生了，整段快中板，阮兆辉就在台上临时编出来，唱出来。如果是我就不可以，只能站

林锦屏与丈夫彭逸文合影

三 粤韵姐妹花——林慧、林锦屏
林锦屏篇

林锦屏捐赠给南海区档案馆
演出服饰实物（郑迅摄）

林锦屏捐赠给南海区档案馆
《林锦屏手稿》（郑迅翻拍）

在那里不动。（这种能力）不能不令人信服。"

　　林锦屏的丈夫彭逸文喜欢音乐，熟悉香港的场地、香港的老倌，对香港戏行的内情十分了解，是演出的策划能手。

　　林锦屏来到香港，如何与观众见面，关键是要做好准备工作、宣传工作。彭逸文觉得，如果靠卖广告、上电视，灯箱广告费用很高，要便宜的，就是在演出场地派单张传单，因为艺人的生命就在观众中间，一定要在第一天卖票的时候，让很多人来抢票，这样就成功了。林锦屏和蒋文端在文化中心大剧院的演唱会，三层楼座位都全满，人们问："怎么林锦屏那么厉害？"三楼都爆满，观众排队买票，抢得很厉害。就是因为策划周到的结果。

林锦屏在香港演出《贵妃醉酒》，楼下的票4天售完，有一个阔太太何陈志玲很热心，她买了票以后对林锦屏说："二楼最后一行看不见舞台的表演，但是你们都卖180块，这么厉害。"那一次演出很受欢迎，林锦屏说："我演的《贵妃醉酒》是京剧改编的，粤剧与京剧两者有些不同，我演的贵妃，没有佩戴凤冠霞帔，因为梅兰芳他是男人嘛，他的动作就比较慢一点，他有他的风格。我的就不一样，表演的就是舞蹈啊，风格不一样，化妆、服装也不一样，我是轻便的服装，轻便加上身材也不是很差。怎么说呢，他表演的是京剧，是国粹，我们是地方戏曲，有我们自己的特点、特色。"

彭逸文说："香港的艺员很辛苦，为了生活，接演很多戏。我举个例子，有次请阮兆辉唱粤曲，一个晚上唱两支，是正式的演唱会。辉哥跟我说：'能不能让我先上场，第一、第三个唱？'我说没问题。他唱完这两支曲以后穿回这套衣服，又不用化妆，就开车去元朗，下车跟着

林锦屏与澳门徒弟、闺秀唱家
梁家碧合影（郑迅翻拍）

三　粤韵姐妹花——林慧、林锦屏
林锦屏篇

林锦屏与香港名伶陈剑声合演
《狄青闯三关》（郑迅翻拍）

就唱，一个晚上赚两份工钱，多不容易。另一次，他和林锦屏唱一首《琵琶行》，这首曲非常好听，安排他们第三个唱。唱完第一个，他还没来，再唱第二个时，他才匆匆赶到，他换了衣服立刻登台，唱完了以后，他还要赶着去机场飞往新加坡。香港艺员只要他们能够交到'货'，就可以了。香港是没有要求背曲的，我也不要求他们背曲。香港的老倌说：'我整出戏都可以做出来，怎么就背不了曲呢？但是，我值得花那么多时间去背曲吗？我就是这样的，要不你就不要请我了。'龙贯天、阮兆辉都是对着谱唱的，观众接受最要紧。"

林锦屏开演唱会，往往要唱六七首曲，很辛苦。彭逸文就首创了一个《彩凤双飞》的节目，就是请两个花旦同台演出，先后请过曾慧、蒋文端，观众非常欢迎；不需要背曲，她们很乐意。香港的艺员没有固定戏班，今天做这个班，随后又去做那个班，完了以后还要唱曲，生命力是非常强的。在这么困难的情况下还能坚持下来。梁沛锦是专门研究粤剧的专家，他说，内地和香港两地粤剧同一个根，可20世纪50年代后发展的方向有很多不尽相同，各有特色，艺术就需要不断地发展，相互交流。

1994年，林锦屏在广州成立林锦屏剧社。1998年移居香港后，在香港复办，社址设在香港大会堂八楼。该社成立初期，开办培训班，由林锦屏教授粤剧唱腔、身段等。林锦屏与学员先后在牛池湾文娱中心和香港文化中心大剧院演出，引起热烈反响。林锦屏演的戏很多，教的学生也不少，师生关系密切，很有感情，她说："我徒弟楚云玉出身于半业余半专业，对艺术很有兴趣，喜欢粤剧，好中意演戏，她年纪轻、形象好、身材靓，各方面都好，后来她移民到新加坡，就带着我的戏同那些粤曲过去。我想，反正我都准备退休了，好多（物件）也无用，就将很多的服装、道具都给了她，让带到新加坡去，带埋（齐）过去

相聚在家乡平洲，（左起）赵毅生、邵志华、林锦屏、白超鸿、林小群、叶兆柏、陈仲琰

三　粤韵姐妹花——林慧、林锦屏
林锦屏篇

用。我与她常微信联系，我教徒弟是不遗余力的，完全没有保留地教他们，所以那些徒弟都很感谢我，说真的是服了我，她说，亲爱的师父，没有你就没有我的艺术。我说，又不能这样讲，是你自己努力。她说，意旨在于继承我的艺术。"

楚云玉听说师父家乡要写书，特地从新加坡来信讲述她们师徒情深，她写道："斯文大方，温文尔雅，仪表出众，平易近人。这是师父林锦屏给我的第一印象。师父肯收我为徒，我真不知自己上辈子修了什么福，我决心追随德艺双馨的林师父，努力学艺，认真做人。20多年，我视师父如亲姐，师父视我如亲妹，感情笃实诚挚，互相关心爱护。为什么我如此敬爱师父？原因如下：师父有德，她是当红花旦，名闻海内外，视功名富贵为浮云；从不炫耀自己，从不揽势附权，与别人攀比；她更孝敬母亲，心地善良，爱护动物。如此有德之人，实在罕见。所以我对师父深深热爱及敬重。"

楚云玉写道："师父虽然已退休，但她艺术的魅力却永远在我心中不减退。我移民到新加坡后，征得师父同意，创办了林锦屏粤剧艺术研究社，传承师父的艺术，演师父的戏，按师父的教学方法教导学生。新加坡的同学有不少人曾看过师父演出的《白蛇传》《颠龙倒凤十八秋》，都十分敬仰师父的艺术，学习非常努力。前几年应邀回师父故乡平洲演出的折子戏《贵妃醉酒》，就是我在香港学习此戏后，回新加坡教导学生排练出来的。师父演戏认真，诲人不倦，她的人品及艺术永远是我的楷模。"

林锦屏远在加拿大的徒弟、闺秀唱家潘芳瑜来信写道：

自2000年开始，由陈鸿福师傅推荐我跟随恩师林锦屏小姐学习粤剧基本功和身段。多年来我都被邀前往多伦多为鸿福音乐社社庆演出折子戏。恩师林锦屏便为以下的折子戏作精心的编导和艺术指导。折子戏曲目有《洛水梦会》《梦会骊宫》《别馆盟心》《芙蓉仙子》《琴缘叙》

林锦屏一九九四年与上海越剧院徐玉兰、黄文娟合影（后排为郭慧及师姐黄婉红）（郑迅翻拍）

《天仙配之重逢》《沈园遗恨》等，每套折子戏必邀请多伦多一级舞蹈员联合演出，以大型歌舞为特色。多年来深受观众欢迎，反应热烈，好评如潮，每次演出必定全场爆满，一票难求。恩师的悉心教导和观众的热烈爱戴，亦奠定了我在多伦多、闺秀界一定的地位。

缅怀恩师的教导，有着无限的感激，每一次上课，恩师必定和颜悦色地耐心教导，分解和执手教导每个造手，分析每个唱腔，不厌其烦地悉心指导。每一套折子戏都设计得别具特色和具有新鲜感，令我学到的和得到的更多，艺术方面，不断进步和增值。不负观众期望，有值回票价的感觉。虽然我们每次演出的折子戏，都是压轴节目，但绝对没有一位观众随便离开，他们对我的支持与爱护都有赖师父的恩赐。恩师除了尽心尽力地执手教导之外，每次的演出都为我们精心设计戏服和头

三　粤韵姐妹花——林慧、林锦屏
林锦屏篇

饰，为我的头饰再亲手加工，务求尽善尽美。可说是无微不至，犹如一个妈咪为着快出生的宝贝做好一切准备。真的禁不住滴下感激之泪。衷心感谢恩师。

坐落在佛山市南海区桂城天佑四路的南海区档案馆，2005年设立名人珍贵档案资料库，收藏古今南海籍人士的文献史料，彰显其功绩。林锦屏伉俪先后两次向南海区档案馆捐赠珍贵粤剧档案，包括演出戏服、鞋、照片、录音（录像）带、海报及剪报等。在捐赠仪式上，林锦屏感谢南海区档案馆对文化艺术档案保管所付出的实际行动。她表示，将这批粤剧档案资料捐赠给南海区档案馆作永久保存，不仅使粤剧档案得到最好的归宿，也使粤剧艺术文化遗产得到最好的记录和传承。南海区档案馆为林锦屏设

林锦屏辅导家乡平洲少儿粤剧小演员（郑迅翻拍）

置两个展柜，并出版《粤剧人生艺术之路——馆藏林锦屏个人从艺图片集》。

　　林锦屏故土情深，1992年正是当红之时，在百忙中回到南海平洲参加"平北管理处四项重点工程奠基典礼"，随后又不时出席家乡的文化艺术活动。她在《我爱家乡，我爱艺术》一文中写道："我爱我的家乡——平洲。那里有我的故居，我的亲人，我的童年。家乡那清甜的水，给了我聪慧和美丽；家乡那芬芳的沃土，给了我蓬勃向上的朝气；家乡那笔挺的树木，给了我正直和坚毅；家乡淳朴的亲人，教给我诚实与善良。"家乡的亲人也给予这位平洲的女儿极大的关怀和支持，1994年初，在家乡的支持下成功举办了"爱在家乡——林锦屏粤剧艺术欣赏会"，在广州向家乡各界全面汇报了多年来努力的艺术成果。她先后多次向平洲有关部门捐赠自己的演出戏服、照片、实物，以作纪念。2017年是大戏"乐群英"童子班在平洲创建100周年，桂城街道党工委举行

三　粤韵姐妹花——林慧、林锦屏
林锦屏篇

了隆重的纪念活动，筹建了"桂城粤剧粤曲艺术馆"，展出了多位本地著名老倌的剧艺成果，"林门四旦"——林超群、林小群、林慧、林锦屏的事迹格外引人注目。

林锦屏热爱生活，尊重生命，关怀动物，一直都是个"猫痴"，现在还养了不少"野猫"、家猫。六姐林慧为我们讲述了七妹小时候保护猫儿的一桩趣事，她说："那时候我们家在广州恩宁路，住三楼。我们有个小玩伴花名'鼻涕平'，他的母亲叫谭师奶，住在二楼。我们上楼必经她的厨房。有一天，我和七妹经过时，看到一只用布袋扎紧的猫被泡在一个木盆里，猫儿拼命挣扎惨叫，七妹见状不管三七二十一，解开了布袋，猫儿一溜烟跑了……我一把抓住妹妹赶紧跑回家。一会谭师奶回来了，发现猫儿跑了，气愤破口大骂：'是谁放了我的猫！'我

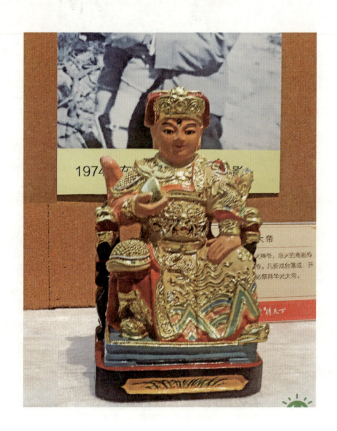

林锦屏赠给南海桂城粤剧粤曲艺术馆粤剧华光师傅塑像（郑迅摄）

和七妹你眼望我眼，大气不敢出。这事我是撑七妹的，因为我极之厌恶谭师奶残忍的'杀猫行为'！我俩一直保守着这个秘密，足见姊妹同心。"

退休之后，林锦屏伉俪居住在环境舒适的中山三乡，怡然自得。近日，她在家里又上演了一场"爱心救小猫"的感人故事。她的夫婿特此撰文写道：

一日暴雨肆虐，水浸异常严重，室外小猫危在旦夕，内子不顾安危，六番涉水拯救孤雏，终把五只小猫安全救返家中暂避，义行令人动容，特书对联一副以志：

　　　　古有诸葛亮六出祁山伐曹魏，

　　　　今有林锦屏六番涉水救孤雏。

　　　　　　　　　　　　　　　　彭逸文　题

2022年仲春，林锦屏的一众徒弟从四面八方汇聚而来，为师父祝寿。林锦屏既开心又感触，她认为，粤剧的传承与发展离不开老一辈艺人的坚持，更离不开新一代艺人的努力。她希望粤剧能一代代传承，并不断发扬光大。

三 粤韵姐妹花——林慧、林锦屏
林锦屏篇

1998年，林锦屏（右二）在牛池湾大会堂举行个人演唱会，大姐（左一）、六姐（左二）及六姐夫（右一）捧场

2003 年，林锦屏在香港大会堂演出《贵妃醉酒》时的化妆照

2003 年，林锦屏在香港大会堂演出《贵妃醉酒》时的剧照

2004 年，林锦屏演出《昭君出塞》时的剧照

2005 年，林锦屏在香港文化中心演唱《花好月圆》

2006 年，林锦屏（左）在香港大会堂举行师生演唱会，与徒弟楚云玉（右）在后台合影

2006 年，林锦屏与丈夫彭逸文于在中山名树园合影

2007 年，林锦屏在企业家叶志成举办的虾腔演唱会上与罗家宝合唱《白玉红梅》

成慈善基金有限公司
SHING CHARITABLE FOUNDATION LIMITED
之共襄善舉
石牢詠
再進沈園

在书稿付印前夕，林锦屏回顾多姿多彩的艺术人生，感慨万千，由衷地写下了深情的话语，表达对广东粤剧学校和戏班前辈的深切怀念与敬仰之情，真挚感人，尊师重道，一代伶人的表率。林锦屏写道：

粤校的首届班是第一批被挑选进校的学生，由于戏曲训练的特殊性，我们进校时年龄都很小，从10岁至14岁，许多同学都是家中的宠儿，没受过苦和累，也不懂管理自己的衣食住行。当时文化局除了请一批老艺人师傅教艺术外，还派了一批干部当班主任及文化老师。黎玲玉是教导主任，班主任是杨林、曾均平、刘桦。他（她）们把我们当作自己儿女一样爱护，生活上照顾得无微不至（我们是住校的，每个星期六晚回家，星期天晚上回校），但在言行、举止、作风上却严格要求我们。由于从小有好的教养，我们都比较自律，懂得如何做一个正直的人，懂得礼貌待人，也能注意仪表，学习时也很专心，不会受外界太多诱惑。教文学知识的区婉敏老师给我们上课时，由于她教得认真，我们都很专心学习，我做的笔记，其他同学都愿意借来抄，因为我写得快、全面。

教我们腰腿基本功的是陈道薇老师，她在教我们跑圆台时，用小鼓敲出节奏，要求我们跟节拍跑，并且要求脸上表情要宽容，不能愁眉苦脸，再辛苦也要挺着！这对我们在舞台上演戏的表情变化、表达人物性格、不会千人一面是最好的基本功。教舞蹈的老师是芭蕾舞演员周金枝老师，她从另一角度教我们在传统戏曲动作的基础上吸收现代舞蹈的一些动作，在粤剧表演上加入新的元素，而不会墨守成规。

声乐老师是朱订南（花腔女高音歌唱家）、夏秋燕（花腔女高音歌唱家）、施明新（合唱指挥），这三位都是广东歌舞剧院的专家，他（她）们教我什么是西洋发声方法，从发声位置到用气方法，与粤剧唱法糅合得天衣无缝，使我在表演时解决了许多困难，进步飞跃。

我感谢母校为我处世做人及表演艺术打下了良好的基础，更感谢一批老编剧家陈冠卿、杨子静、陈自强、陈晃宫、蔡衍棻、秦中英等老先生写了许多好剧本。前辈演员演过后，给观众留下了深刻印象，我们这些后辈，也演这些剧本，但又有了新的元素加入，有些剧目真可谓历演不衰，应了那句古人名言："江山代有才人出，各领风骚数百年。"

后 记

　　继《粤剧男花旦——林超群》《氍毹伉俪——白超鸿、林小群》书稿完成后，《粤韵姐妹花——林慧、林锦屏》面世，是近年来岭南戏曲界一件值得庆贺的盛事，人们从中可以略知"林门四旦"的概貌，有利于探索此现象形成的缘由所在，及其对粤剧发展产生的影响，并为林氏家乡和本土文化留下些小文化路，留下些小图文记录，载入史册。

　　林慧女士远在加拿大，身系故园，她手执如椽之笔，不辞辛苦，赶写了多篇内容丰富、生动有趣的回忆文稿，我们据此加工、串联，编辑成书，十分顺利。她既是书中传主，又是主要执笔人，一身二任难能可贵。林锦屏、彭逸文伉俪，秋日在中山热情接受采访，谈笑风生，提供了丰富、有价值的资料，为本书打下了坚实基础。在成书过程中，萧柱荣、李悦强、叶兆柏、小蝶儿、谢少聪、黎月梅、楚云玉、梁家碧、胡梓琪、梁燕、苏能业、龙翌等给我们提供了帮助和支持，在此表示由衷感谢。《粤韵姐妹花——林慧、林锦屏》书稿"林慧篇"由梁锦江执笔，"林锦屏篇"引言、后记由崔颂明执笔。本书编写时间仓促，水平所限，错漏、不足之处在所难免，敬请专家、学者、读者批评、指正。

2021年12月29日